SV

Cynthia Fleury

Hier liegt Bitterkeit begraben

Über Ressentiments und ihre Heilung

Aus dem Französischen von Andrea Hemminger

Suhrkamp

Die Originalausgabe erschien 2020 unter dem Titel *Ci-gît l'amer. Guérir du ressentiment* bei Éditions Gallimard.

Klimaneutral
Druckprodukt
ClimatePartner.com/14438-2110-1001

3. Auflage 2024

Erste Auflage 2023
Deutsche Erstausgabe

Umschlaggestaltung: Hermann Michels und Regina Göllner
Satz: Satz-Offizin Hümmer GmbH, Waldbüttelbrunn
Druck: GGP Media GmbH, Pößneck
Printed in Germany
ISBN 978-3-518-58795-9

www.suhrkamp.de

INHALT

I.
Das Bittere
Was der Mensch des Ressentiments erlebt

Hier gibt es eine Entscheidung, eine Parteinahme, ein Axiom. Dieses unantastbare Prinzip, diese regulative Idee lautet: Der Mensch kann, das Subjekt kann, der Patient kann. Dabei handelt es sich weder um einen frommen Wunsch noch um eine optimistische Sicht des Menschen. Es handelt sich um eine moralische und intellektuelle Wahl in dem Sinne, dass darauf gesetzt wird, dass der Mensch handlungsfähig ist, und vor allem wird der dem Patienten geschuldete Respekt auch von dieser Seite aufgerollt: Er kann, er ist Akteur, der Akteur *par excellence*. Niemand wäscht sich von seiner Verantwortung rein, doch streitet auch niemand dem anderen seine Fähigkeit ab, sich der Realität zu stellen und aus der Verweigerung auszubrechen. Das Leben, in seinem banalsten Alltag, widerspricht dem ebenso sehr, wie es dies bestätigt. Ich verlasse mich schon seit langem nicht mehr allein auf die Fakten, um die Form, die man Leben nennt, zu führen. Die Bekämpfung des Ressentiments lehrt die Notwendigkeit der Toleranz gegenüber Ungewissheit und Ungerechtigkeit. Am Ende dieser Auseinandersetzung steht das Prinzip Selbsterweiterung.

I.
DAS BITTERE

Was der Mensch des Ressentiments erlebt

1
Allgemeine Bitterkeit

Woher kommt die Bitterkeit? Vom Leiden und von der verschwundenen Kindheit, wird sogleich gesagt. Seit der Kindheit spielt sich etwas mit dem Bitteren und dem Realen ab, das unsere heile Welt sprengt. Hier liegt die Mutter (*la mère*) begraben, hier liegt das Meer (*la mer*) begraben. Jeder wird seinen Weg gehen, doch alle kennen die Verbindung zwischen der möglichen Sublimierung (*la mer* – das Meer), der elterlichen Trennung (*la mère* – die Mutter) und dem Schmerz (*l'amer* – das Bittere), diese Melancholie, die sich nicht von selbst löst. Ich glaube nicht an essentialisierte Bereiche – zweifellos sterben manche Menschen an dieser Illusion oder durch sie –, ich verfechte dialektisierte Bereiche. *L'amer, la mère, la mer* (das Bittere, die Mutter, das Meer), alles ist miteinander verknüpft – die Mutter ist auch der Vater, der Elternteil, das Diesseits der Trennung, das, wovon man sich nicht trennen will, das, was nur in Bezug auf die Trennung Sinn macht, das, was man selbst werden muss, Elter für andere, seien es die eigenen Kinder oder nicht, Elter in dem Sinne, dass man ein Stück weit die Notwendigkeit der Übertragung akzeptiert.

Man muss das Bittere begraben. Und darauf wächst etwas anderes. Kein Boden ist jemals für immer verflucht: eine bittere Fruchtbarkeit, die das künftige Verständnis begründet. Das Bittere begraben oder sich ihm stellen, diese Frage ist nicht wirklich wichtig: In der Klinik, mit den Patienten, tun wir das eine und das andere, eines nach dem anderen, das eine trotz des anderen; auch hier gibt es immer einen Rest, als ob das Unheilbare bestehen bliebe, aber es gibt den Stand,[1] in dem sich die Gesundheit der Seele erholt. Und die Herausforderung für den Analysanden besteht darin, ihn zu verstärken.

Wenn Melville zu Beginn seines Buches Ismael über die unermüdliche Suche nach dem weißen Wal sprechen lässt, beschreibt er die Form von Unwohlsein, die ihn packt, und vor allem die existentielle Ressource, nach der er sich sehnt, mit folgenden Worten:

> Immer wenn mir der Mißmut am Mundwinkel zerrt und nieselnder November in die Seele einzieht, wenn ich unwillkürlich vor den Fernstern der Sargtischler stehenbleibe und hinter jedem Leichenzug hertrotte, der mir in die Quere kommt; nun gar, wenn die Grillen überhandnehmen, daß ich mir Gewalt antun muß, um nicht auf die Straße hinunterzulaufen und jedem, der mir begegnet, kalten Blutes den Hut herunterzuschlagen – dann ist's für mich allerhöchste Zeit, zur See zu gehen.[2]

Zur See zu gehen ... Melville schreibt noch, »den nassen Teil der Welt zu besehen«, und man begreift, dass das Motiv des Meeres keine Sache der Schifffahrt ist, sondern der großen existentiellen Weite, der Sublimierung der Endlichkeit und des Überdrusses, die auf das Subjekt einstürzen, ohne dass es weiß, was es antworten soll – denn es gibt keine Antwort. Daher muss man auf See,

1 Im französischen Original wird hier »*stances*« verwendet und mit folgender Fußnote versehen: »Etymologie: Ital. *stanza*, Stand, im eigentlichen Sinne von Bleibe, Aufenthalt, Anhalten, von lat. *stare*, stehen bleiben, ruhen; der Stand wird so genannt, weil er eine Art Halt ist.« (Émile Littré, *Dictionnaire de la langue française*, allgemein und im Folgenden: *Littré*.)

2 Herman Melville, *Moby Dick* (1851), übers. v. Thesi Mutzenbecher, unter Mitwirkung v. Ernst Schnabel, Hamburg, Claasen & Goverts Verlag, 1946, S. 23.

umherreisen, auf den Horizont zugehen, ein Anderswo finden, um wieder in der Lage zu sein, im Hier und Jetzt zu leben. Man muss sich entfernen, um die Hüte nicht »herunterzuschlagen« und das aufsteigende Ressentiment nicht herauszubrüllen. »Zuweilen hegt wohl jeder auf seine Weise ähnliche Empfindungen für das Weltmeer wie ich«.[1] Ismael weiß also, dass es sich hier nicht um eine persönliche Angelegenheit handelt, sondern dass das Bedürfnis nach dem Ozean das ursprüngliche Gefühl der Verlassenheit für jeden Menschen mildert, ein Gefühl, das sein Leben wie ein trauriger Refrain begleitet und ihn daran erinnert, dass es einen Countdown gibt und dass es weder in der Herkunft noch in der Zukunft einen Sinn gibt, sondern vielleicht nur in der Sehnsucht nach der unendlichen Weite und Schwebe, die das Wasser, das Meer, der Ozean darzustellen vermag.[2] »Was gibt's da zu sehen? Stumm wie Schildwachen rings um die Stadt stehen Tausende unsersgleichen, in ozeanische Träumereien versunken.«[3] Solange diese im Menschen überwiegen, bilden sie eine Art Schutzwall gegen eine dunkle, mehr innere und gefährliche Finsternis, nämlich die Verbitterung und ihre endgültige Verhärtung, die zum Ressentiment führt.

1 Ebd.
2 Das ozeanische Gefühl wurde von Romain Rolland in seinem Briefwechsel mit Freud (1927) definiert, um den *universellen* Wunsch, mit dem Universum eins zu werden, zu beschreiben. Es wird bei Rolland mit der Grundlage des religiösen Gefühls gleichgesetzt, wobei das ozeanische Gefühl von einer spontanen Spiritualität des Menschen zeugt, die von diesem unabhängig ist. Das Ozeanische dialektisiert sich mit der anfänglichen Verlassenheit, was es dem Subjekt erlaubt, sich nicht als »mangelhaft« zu empfinden, sich der Trennung und der Endlichkeit (hier liegt die Mutter begraben) zu stellen, ohne der Melancholie zu verfallen. Es offenbart ein Gefühl der Ewigkeit, des Leuchtens und der Ruhe. Freud widmet ihm den Anfang von *Das Unbehagen in der Kultur* (1929), in dem er ausführlich auf das ozeanische Gefühl des Ich eingeht.
3 H. Melville, *Moby Dick*, S. 23.

2
Das Ressentiment bei Individuum und Gesellschaft. Das Grollen des Wiederkäuens

Na und, werden Sie sagen: Jeder Mensch kennt das Ressentiment, und ein Übel, das so weit verbreitet ist, kann weder für das Individuum noch für die Gesellschaft so schlimm sein. Ich bin wie Cornelius Castoriadis, ein Philosoph und Psychoanalytiker, der Auffassung, dass es in der Fähigkeit, zu ihrem eigenen Ressentiment auf Distanz zu gehen oder nicht, zwischen den Menschen einen radikalen Unterschied gibt. Auch wenn jeder Mensch es kennen kann, wird nicht jeder Mensch zum Ort seiner Verfestigung. Ganz im Gegenteil trennt sich das Schicksal der Menschen hier, wie auch das Schicksal der Gesellschaften. »Was kann man bei der Psychoanalyse eines Individuums anstreben? Sicherlich nicht, das dunkle Innere, mein Unbewusstes oder sein Unbewusstes zu beseitigen – ein Unterfangen, das, wenn es nicht unmöglich wäre, mörderisch wäre; sondern eine andere Beziehung zwischen dem Unbewusstem und dem Bewusstem herzustellen.«[1] Aus der schöpferischen und in sich ruhenden Beziehung zwischen Bewusstsein und Bewusstlosigkeit entsteht so die Individuation eines Wesens, seine Subjektivierung, und das, was Wilhelm Reich später als »Freiheitsfähigkeit« bezeichnen wird. Castoriadis erinnert an die entscheidende Wahrheit der Analyse, und zwar nicht nur für ein Subjekt, sondern auch für die Gesellschaft, in der dieses Subjekt lebt:

1 Cornelius Castoriadis, »L'exigence révolutionnaire«, Gespräch mit Olivier Mongin, Paul Thibaud und Pierre Rosanvallon, aufgezeichnet am 6. Juli 1976, *Esprit*, Februar 1977; erneut abgedruckt in *Le Contenu du socialisme*, 10/18, 1979. In *Extraits choisis* von quentin@no-log.org, S. 33.

> Die ganze Frage ist, ob das Individuum durch einen glücklichen Zufall oder durch die Art von Gesellschaft, in der es lebte, eine solche Beziehung herstellen konnte oder ob es diese Beziehung so verändern konnte, dass es seine Phantasmen nicht für die Realität hielt, dass es sich über seine eigenen Wünsche so klar wie möglich war, dass es sich selbst als sterblich akzeptierte, dass es nach dem Wahren suchte, auch wenn es ihn etwas kostete etc. Im Gegensatz zu dem derzeit herrschenden Betrug behaupte ich seit langem, dass es einen qualitativen und nicht nur graduellen Unterschied zwischen einem so definierten Individuum und einem psychotischen oder so schwer neurotischen Individuum gibt, dass man es als entfremdet bezeichnen kann, nicht in dem allgemeinen soziologischen Sinne, sondern genau in dem Sinne, dass es »durch« sich selbst »von« sich selbst enteignet wird. Die Psychoanalyse ist entweder ein Schwindel, oder sie zielt genau auf diesen Zweck, auf eine solche Veränderung dieser Beziehung ab.[1]

Hier geht es um die Entstehung eines Menschen, der sich qualitativ von seinen Mitmenschen unterscheidet, eines Menschen, der über einen Schlüssel zum Humanismus und der damit verbundenen Zivilisation verfügen würde.

Umgekehrt kann sich in der Entfremdung kein Mensch am Aufbau einer gemeinsamen Welt beteiligen, die nicht die Verkörperung eines Verdinglichungsprozesses wäre. Das Schicksal der Psychoanalyse ist ebenso therapeutisch wie politisch. »Die heutige Macht verdinglicht den anderen; alles, was ich will, geht genau in die entgegengesetzte Richtung. Wer in den anderen Dinge sieht, ist selbst eines; ich dagegen will kein Ding sein und die anderen auch nicht zu solchen machen; ich wüßte nicht, was ich damit sollte. Wenn ich für die anderen existiere und von ihnen aner-

1 Ebd., S. 34.

kannt werde, soll das nicht vom Besitz einer äußeren Sache abhängig sein (der Macht), noch möchte ich für die anderen nur im Imaginären existieren.«[1] Castoriadis zeichnet das bekannte erbärmliche Bild der Dynamik der Verdinglichung, die sowohl die Gesellschaft als auch die intimsten Beziehungen gestaltet, weil sie untrennbar mit den in den Individuen vorhandenen Triebkonflikten verbunden sind. Die Herausforderung ist auf der individuellen und auf der gesellschaftlichen Ebene die gleiche: den anderen und sich selbst nicht als Ding zu betrachten, denn dann wird sich der kollektive Mechanismus des Ressentiments verfestigen und die Menschen und Gesellschaften werden ihr Schicksal entsprechend dieser ressentimenthaften Verzerrung spalten, was eine psychische und soziale Ent-Entfremdung fast unmöglich macht.

3
Definition und Äußerungsformen des Ressentiments

Max Scheler hat das Ressentiment in einem Essay, den er diesem Phänomen 1912, vor dem Ersten Weltkrieg, der schrecklichen Zeit der Todestriebe, widmet, mit einer großen Klarheit definiert: Es ist »das wiederholte Durch- und Nachleben einer bestimmten emotionalen Antwortsreaktion gegen einen anderen […], durch die jene Emotion eine gesteigerte Vertiefung und Einsenkung in das Zentrum der Persönlichkeit sowie eine damit einhergehende

1 Cornelius Castoriadis, »Subjektive Wurzeln des revolutionären Entwurfs«, in *Gesellschaft als imaginäre Institution. Entwurf einer politischen Philosophie*, übers. v. Horst Brühmann, Frankfurt am Main, Suhrkamp Verlag, 1990, S. 155-161.

Entfernung von der Ausdrucks- und Handlungszone der Person erhält«.[1]

Der Schlüsselbegriff, um die Dynamik des Ressentiments zu verstehen, ist das wiederholte Durch -und Nachleben, etwas, das durchgekaut und wiedergekäut wird, übrigens mit der charakteristischen Bitterkeit einer vom Kauen ausgelutschten Speise. Das wiederholte Durch- und Nachleben ist selbst das eines anderen Durch- und Nachlebens, insofern es sich von Anfang an um das Wiedererleben einer emotionalen »Re-Aktion« handelt, die sich ursprünglich auf jemand Bestimmtes bezogen haben mochte. Doch mit dem fortschreitenden Ressentiment nimmt die Unbestimmtheit der Adresse zu. Die Abscheu wird weniger persönlich und mehr global; sie kann diverse Personen treffen, die zunächst nicht von der affektiven Reaktion betroffen waren, nun aber durch die Ausweitung des Phänomens erfasst werden. Von da an vollzieht sich eine Doppelbewegung, die an die von Karl Polanyi beschriebene[2] erinnert: Je mehr das Ressentiment an Tiefe gewinnt, je mehr die Person in ihrem Innersten, ihrem Herzen, davon beeinflusst ist, desto weniger bleibt ihre Handlungsfähigkeit erhalten, und die Kreativität ihres Ausdrucks lässt nach. Das zehrt. Es bohrt. Und die Kompensation wird mit jeder Wiederankurbelung des besagten Ressentiments unmöglicher, da das Bedürfnis nach Wiedergutmachung an diesem Punkt unstillbar ist. Das Res-

1 Max Scheler, *Das Ressentiment im Aufbau der Moralen*, Frankfurt am Main, Klostermann, 1978, S. 2. Schelers Thesen werden zitiert, ohne die Äußerungen von ihm zu unterstützen, die möglicherweise den Nährboden für einen Antisemitismus bildeten, der für die 1930er Jahre sehr charakteristisch war und ewig verwerflich ist. – Was Scheler als »wiederholtes Durch- und Nachleben« bezeichnet, wird im Französischen mit »rumination« übersetzt, was wörtlich »Wiederkäuen«, »Grübeln« bedeutet, Anm. d. Übers.

2 Karl Polanyi, *The Great Transformation. Politische und ökonomische Ursprünge von Gesellschaften und Wirtschaftssystemen* (1944), übers. v. Heinrich Jelinek, Berlin, Suhrkamp Verlag, 12. Aufl. 2015.

sentiment führt uns auf den zweifellos illusorischen, aber dennoch sehr bitteren Weg der unmöglichen Wiedergutmachung, wenn nicht ihrer Ablehnung. Es ist offensichtlich, dass es unmögliche Wiedergutmachungen gibt, die zur Erfindung, zur Schöpfung, zur Sublimierung zwingen. Aber sich in das Ressentiment hineinzubegeben bedeutet, in die Sphäre eines spitzen Stachels einzudringen, der klare Projektionen verhindert oder vielmehr durch eine Umkehrung, wie durch eine umgekehrte Stigmatisierung, eine bestimmte Form des Genusses des Dunklen bestätigt. »Dieses Immer-wieder-Durch- und Nachleben der Emotion ist hierbei von einer bloß intellektualen Erinnerung an sie und die Vorgänge, auf die sie ›antwortete‹, sehr verschieden. Es ist ein Wiedererleben der Emotion selbst – ein Nachfühlen, ein Wiederfühlen.«[1]

Wie kann man sich dem ständigen schmerzhaften Wiedererleben widersetzen? Hier sieht man übrigens, dass eine mögliche Verwandtschaft mit dem Phänomen des Traumas besteht, das einen »Durchbruch«[2] in die Psyche erzeugt; es hat also ursprünglich eine Verletzung, einen Schlag, eine erste Unfähigkeit zur Vernarbung gegeben, und der nicht verheilte Bruch macht später die Öffnung aktiver, manchmal akut, manchmal chronisch. Und gegenüber der Schwankung, die das wiederholte Durch- und Nach-

1 M. Scheler, *Das Ressentiment im Aufbau der Moralen*, S. 2.

2 Diese Definition ist freudianisch: »Solche Erregungen von außen, die stark genug sind, den Reizschutz zu durchbrechen, heißen wir *traumatische*. Ich glaube, daß der Begriff des Traumas eine solche Beziehung auf eine sonst wirksame Reizabhaltung erfordert. Ein Vorkommnis wie das äußere Trauma wird gewiß eine großartige Störung im Energiebetrieb des Organismus hervorrufen und alle Abwehrmittel in Bewegung setzen. Aber das Lustprinzip ist dabei zunächst außer Kraft gesetzt. Die Überschwemmung des seelischen Apparates mit großen Reizmengen ist nicht mehr hintanzuhalten; es ergibt sich vielmehr eine andere Aufgabe, den Reiz zu bewältigen, die hereingebrochenen Reizmengen psychisch zu binden, um sie dann der Erledigung zuzuführen.« (Sigmund Freud, *Jenseits des Lustprinzips*, 1920, S. 29.)

leben in Gang hält, bleibt die Arbeit des Intellekts, die Hilfe des Vernünftigen, hilflos.

Sicher sollten wir die Performativität der Arbeit der Vernunft nicht so schnell aufgeben, doch ordnen wir das Argument richtig ein. Akzeptieren wir, dass es schwierig ist, sich den Schwankungen des Gefühls der Trostlosigkeit zu widersetzen, das an Neid, Eifersucht, Verachtung des anderen und schließlich seiner selbst, an das Gefühl der Ungerechtigkeit und an den Wunsch nach Rache grenzt. Es grollt, wie Scheler schreibt:

> Vielleicht wäre das deutsche Wort »Groll« noch am ehesten geeignet, einen Grundbestandteil der Bedeutung zu decken. Das »Grollen« ist ja solch dunkel durch die Seele wandelndes, verhaltenes und von der Aktivität des Ich unabhängiges Zürnen, das durch wiederholtes Durchleben von Haßintentionen oder anderen feindseligen Emotionen schließlich sich bildet und noch keine bestimmte feindliche Absicht enthält, wohl aber alle möglichen Absichten solcher Art in seinem Blute nährt.[1]

Groll, das ist die Tatsache, gram sein zu wollen; und man sieht, wie dieses Gramsein den Platz des Willens einnimmt, wie eine negative Energie an die Stelle der positiven Lebensenergie tritt, wie diese Verfälschung des Willens, oder vielmehr diese Hintertreibung des *guten Willens*, dieser Verlust des *Willens zu*, wie dieses schlechte Objekt den Willen einer guten Richtung beraubt, wie es das Subjekt beraubt. Man muss defokussieren. Aber mit dem fortschreitenden Ressentiment wird die Unbestimmtheit größer und die Defokussierung schwieriger. Alles ist kontaminiert. Der Blick fällt auf das, was ihn umgibt, er schweift nicht mehr umher. Alles ist ein Bumerang, um das Ressentiment anzufachen, alles ist ein schlechtes Zeichen; ein Zeichen, das nicht da ist, um auszubrechen, sondern um im Wiedererleben gefangen zu bleiben. Das

1 M. Scheler, *Das Ressentiment im Aufbau der Moralen*, S. 2-3.

Subjekt »nährt in seinem Blute«; es verliert seine Agilität, die für die Möglichkeit der Bewegung so notwendig ist, sei sie körperlich oder geistig. Zu voll, zu eingezwängt, befindet sich das Subjekt an der Grenze zur Übelkeit, und sein sukzessives Erbrechen, seine Schreie werden nichts dagegen ausrichten; sie werden es nur für eine sehr kurze Zeit beruhigen. Nietzsche sprach von Vergiftung,[1] Scheler von »Selbstvergiftung«,[2] um die *schädlichen Wirkungen* des Ressentiments zu beschreiben. Diese hat »gewisse dauernde Einstellungen auf bestimmte Arten von Werttäuschungen und diesen entsprechenden Werturteilen« zur Folge.[3] Die Wirkung des Ressentiments greift somit den Sinn des Urteils an. Letzteres ist verdorben, von innen zerfressen, verrottet. Daher wird es schwierig, ein klares Urteil zu fällen, obwohl dies der Weg zur Erlösung ist. Es geht darum, das Echo, die Aura des Ressentiments zu identifizieren, auch wenn dieser Begriff zu würdig ist, um das zu bezeichnen, was sich hier abspielt, nämlich eher eine Ausstrahlung, eine sklavische Kontamination, die mit der Zeit Rechtfertigungen finden wird, die diesen Namen verdienen. Die Urteilskraft dient so der Aufrechterhaltung des Ressentiments und nicht seiner Dekonstruktion. Das ist das Verfahrene an diesem Phänomen, welches das mögliche Instrument der Befreiung – die Urteilskraft – als Instrument zur Aufrechterhaltung der Knechtschaft und Entfremdung gebraucht. Denn es besteht durchaus eine Knechtschaft gegenüber dem Todestrieb. Die »Sklaven-Moral« kommt bereits hier zum Tragen, in der Tatsache, sich dem wiederholten Durch-und Nachleben zu unterwerfen.

1 Friedrich Nietzsche, *Die Genealogie der Moral* (1887); *Ecce homo* (1908). Der Affekt des Ressentiments, der aus einer Vergiftung hervorgegangen ist, die vom jüdisch-christlichen Glauben nicht zu trennen ist, erlaubt, zwischen der »Sklaven-Moral« und der »Herren-Moral« zu unterscheiden.

2 M. Scheler, *Das Ressentiment im Aufbau der Moralen*, S. 4.

3 Ebd.

4
Trägheit des Ressentiments und Ressentiment-Fetisch

Man kann und muss sich anders ernähren, verdorbene Nahrung ablehnen. Doch hier wird die Wahl des Aases bevorzugt. Die Bevorzugung des Verdorbenen ist für das Vorgehen wesentlich, denn das Ressentiment ist nicht mit einer Gegenwehr, einer Notwehr, einer einfachen Reaktion gleichzusetzen. Es handelt sich oft um eine Nicht-Reaktion, um den Verzicht auf eine Reaktion. Es besteht darin, bei sich behalten zu haben – nicht, dass man nichts bei sich behalten sollte; man muss die Zeit »ausgesetzt« haben, um besser und dauerhafter hassen zu können. Man muss sich diese ganz besondere Form von Hoffnung, die die Rache darstellt, zu eigen machen, auch hier eine verdorbene Hoffnung, deren belebende Kraft jedoch sehr heftig sein kann. »Für den Tatbestand der Rache wesentlich [ist]: Eine mindestens momentane oder eine bestimmte Zeit währende Hemmung und Zurückhaltung des sich unmittelbar einstellenden Gegenimpulses (und auch der damit verbundenen Zorn- und Wutregungen).«[1]

Um das Ressentiment zum Verschwinden zu bringen, genügt es nicht, sofort zu kontern. Letztlich ist das Ressentiment nicht einfach eine Re-Aktion, ja das Fehlen der Re-Aktion, sondern offenbart das wiederholte Durch- und Nachleben, die Entscheidung, wiederholt durch- und nachzuleben, oder die Unmöglichkeit, nicht wiederholt durch- und nachzuleben. Es ist nicht leicht, zwischen einer Definition des Ressentiments zu wählen, die es auf die Seite des *Unvermögens zu* stellt, und einer anderen, die schließlich einräumt, dass es eine Entscheidung für das *Unvermögen zu* gibt. Das ist hier zweifellos eine Frage des Grades und der vom

1 Ebd., S. 5.

Ressentiment geschaffenen mehr oder weniger akzeptierten Beeinträchtigung. Man kann in der Falle des Ressentiments gefangen sein, aber versuchen, sich daraus zu befreien, sich weigern, dem auf den Leim zu gehen, was es heraufbeschwört. Man kann sich auf der Schneide der Rache befinden, wiederholt durch- und nachleben, aber immer noch genug auf der Schneide, um ihr nicht völlig zu verfallen, ihr nicht völlig verfallen zu wollen.

Und dann ist die Rache kein Ressentiment; sie ist ebenso schrecklich wie kontaminierend, bleibt jedoch adressiert, bestimmt, insofern sie möglicherweise gestillt werden kann. »Die gelungene Rache hebt das Rachegefühl auf«,[1] glaubt Scheler. Ich bin mir dessen nicht so sicher. Weiß die Rache doch, sich zu bewegen, und findet ein neues Objekt. Es ist alles andere als einfach, diese Form einer tödlicher Dynamik, diese verdorbene Energie loszuwerden. Doch mit dem Ressentiment ist das nicht so. Sein Gegenstand scheint die Verhinderung jeglicher moralischen Überwindung zu sein; sein Ziel: sich selbst dem Scheitern zu verschreiben, Sie dem Scheitern zu verschreiben, Sie, die Sie versuchen, eine Lösung zu schaffen.

Bei einigen hartnäckigen Psychosen kann man sehr gut sehen, wie der Patient seine ganze Energie darauf verwendet, eine Lösung zu verhindern, den Arzt oder die Medizin versagen zu lassen und nichts als den Nicht-Ausweg zu produzieren. Es wird keine Überwindung akzeptiert: Zweifellos würde ihre Akzeptanz einen neuen Durchbruch produzieren, den man nicht auf sich nehmen will. Dann ist die Dysfunktionalität als Funktionsweise vorzuziehen. Die einzige Fähigkeit des Ressentiments, in der es brilliert, ist: zu verbittern, die Persönlichkeit zu verbittern, die Situation zu verbittern, den Blick auf die Welt zu verbittern.[2] Das Ressentiment verhindert die Öffnung, es verschließt, es *schließt aus*, kein Ausweg ist möglich. Das Subjekt ist vielleicht außer sich, aber in

1 Ebd., S. 6.
2 Ebd., S. 7.

sich, es zerfrisst das Selbst und zerfrisst damit die einzig mögliche Vermittlung zur Welt.

Auch wenn das Ressentiment des Habens (Neid) und das Ressentiment des Seins (Eifersucht) voneinander zu unterscheiden sind, ist ihre Paarung möglich. Dies ist zweifellos die Vollendung des Ressentiments: die Innerlichkeit der Person zu zerfressen und nicht nur das Verlangen nach Erwerb, sie in der Wahrung ihrer Identität zu erschüttern. »Der Neid spannt nicht, sondern entspannt den Willen zum Erwerb«, fährt Scheler fort, und je größer der Neid wird, desto ohnmächtiger macht er das Subjekt und desto mehr lässt er sein Unbehagen am Haben in ein ontologisches Unbehagen abgleiten, das weitaus zerstörerischer ist: »Alles kann ich dir verzeihen; nur nicht, daß du bist und das Wesen bist, das du bist; nur nicht, daß ›ich‹ nicht ›du‹ bin. Dieser ›Neid‹ entmächtigt die fremde Person von Hause aus schon ihrer bloßen Existenz, die als solche als ›Druck‹, ›Vorwurf‹, furchtbares Maß der eigenen Person empfunden wird.«[1] Hier schnappt die Falle über dem Subjekt zu. Denn auch wenn man glauben kann, dass das endlich wiedererlangte Haben (die Güter) schließlich zur Beruhigung führt, macht sich niemand Illusionen über die mögliche Beruhigung eines Subjekts, das vom Hass auf den anderen zerfressen ist, der von einer überbordenden Phantasie in Gang gehalten wird.

Wenn das Subjekt in dieses Versagen abgleitet, das in ein Versagen seines eigenen Selbst umschlägt, ist die Heilung, das Herausholen aus dieser Umklammerung, äußerst kompliziert. Man muss die regulative Idee aufstellen, dass die Heilung möglich ist, dass aber die Klinik in ihrem Bemühen, in der ständigen Ausweitung ihres Bemühens, zweifellos nicht ausreichend ist. Der Therapeut ist ein Mensch: Man muss auch diese strukturelle Unzulänglichkeit der Kur einkalkulieren. Es ist unmöglich, das Ressentiment

1 Ebd., S. 11.

zu überwinden, ohne dass der Wille des Subjekts in Aktion tritt. Genau dieser Wille fehlt aber, er wird jeden Tag vom Subjekt selbst begraben, um auch zu vermeiden, sich seiner Verantwortung, seiner Seelenlast und seiner moralischen Verpflichtung zur Überwindung zu stellen.

Einzig die Zerstörung des anderen kann dann Genuss bereiten, zum »Lustprinzip« verhelfen, das erlaubt, einer Realität zu trotzen, die man nicht ertragen kann, weil sie als ungerecht, unsozial, demütigend und der Verdienste, die man sich selbst zuschreibt, unwürdig angesehen wird. Das Ressentiment ist ein Opferwahn, ein Wahn nicht in dem Sinne, dass das Individuum kein Opfer ist – dies ist es potenziell –, sondern ein Wahn, weil es keineswegs das einzige Opfer einer ungerechten Ordnung ist. Die Ungerechtigkeit ist global, undifferenziert, sicher betrifft sie es zwar, aber die Komplexität der Welt macht die genaue Bestimmung, die Adresse der Ungerechtigkeit unmöglich. Außerdem: Opfer in Bezug auf was, auf wen, auf welche Ordnung von Werten und Erwartungen? Schließlich ist es eine Sache, sich vorübergehend als Opfer zu definieren und sich einen Moment lang als solches zu sehen, und eine andere, die Identität ausschließlich auf der Grundlage dieser »Tatsache« mit ihrer zweifelhaften Objektivität und sicheren Subjektivität zu konsolidieren. Daher handelt es sich sehr wohl um eine »Entscheidung« des Subjekts, das wiederholte Durch- und Nachleben zu wählen, sich für den Genuss des Schlechteren zu entscheiden, sei diese Entscheidung bewusst oder nicht – sie ist es in der Regel nicht. Es gibt den »Wahn«, weil es die Entfremdung gibt, die Nichtwahrnehmung der eigenen Verantwortung bei der wiederholten Klage; es gibt den Wahn, weil das Subjekt nicht sieht, dass es die Mechanik des wiederholten Durch- und Nachlebens bedient. In dem Wissen, dass die Wiedergutmachung illusorisch ist, weil sie niemals der empfundenen Ungerechtigkeit entsprechen wird, weigert es sich zu defokussieren, die Idee von der Wiedergutmachung aufzugeben. Man muss abschließen, und das Subjekt will nicht abschließen. Das ist zweifellos die von François Roustang aufgestellte Definition der »Klage«, welche immer vom Leiden getrennt wird. Klage bedeutet »Klage erheben«. Im psychologischen und emotionalen Universum muss man jedoch von der Klage Abstand nehmen, um nicht davon zerfressen zu werden und an einer Wut festzuhalten, die einen verzehrt. Erinnern wir uns auch an Freuds Lehre von der Realitätsverneinung, in der anklingt, was sich beim Ressentiment abspielt. Das in das Ressentiment verliebte Subjekt geht nicht so weit, die Realität zu verneinen, da es unter ihr leidet, aber das Subjekt funktioniert mit seinem Ressentiment, wie es dies mit einem »Fetisch« tun könnte.[1] Wozu dient der Fetisch? Genau dazu, die Realität zu ersetzen, die für das Subjekt unerträglich ist. Anders gesagt, wenn das Subjekt solche Schwierigkeiten hat, sich von der Klage zu lösen, dann deshalb, weil sie wie ein »Fetisch« funktioniert, sie bereitet ihm den gleichen Genuss, sie schirmt es ab, sie erlaubt, die Realität zu ertragen, sie zu vermitteln, sie zu derealisieren. Die einzige lebbare Realität wird durch das Lustprinzip, zu dem sie verhilft, zur Klage, und der Ressentiment-Fetisch wirkt wie eine Obsession. Das Ressentiment dient nicht nur dazu, die Erinnerung an das aufrechtzuerhalten, was als Verletzung empfunden wurde, es erlaubt auch den Genuss dieser Erinnerung, als ein Lebendigerhalten der Idee der Bestrafung.

1 Sigmund Freud, *Fetischismus*, 1927.

5
Ressentiment und Egalitarismus. Das Ende des Unterscheidungsvermögens

Scheler beschreibt es perfekt: Das Ressentiment bedient sich der Urteilskraft, um alles zu entwerten, was es dazu bringen könnte, sich zu reformieren und damit zu verschwinden. Das Ressentiment hat eine extrem starke Fähigkeit zur Selbsterhaltung:

> Das vom »Gemeinen« gesuchte Bewußtsein der Mehrwertigkeit oder Gleichwertigkeit, das die Spannung löst, wird hier erreicht durch illusionäre Herunterdrückung der wertvollen Eigenschaften des Vergleichsobjekts oder durch eine spezifische »Blindheit« für sie; in zweiter Linie aber – und hierin erst liegt die Hauptleistung des Ressentiments – durch Illusion und Fälschung der Werte selbst, unter deren Sein und Geltung mögliche Vergleichsobjekte überhaupt positiv wertvollen und hochwertigen Charakter besitzen.[1]

Gesund wäre es also, seine Gleichheit mit dem anderen anerkennen zu können, ohne das Bedürfnis zu haben, ihm seine eigenen Qualitäten abzusprechen. Ein erster Weg zur Entwicklung eines Gegenmittels gegen das Ressentiment ist der Begriff der gefühlten Gleichheit. Die Struktur des Ressentiments ist egalitär: Es entsteht in dem Moment, in dem sich das Subjekt zwar als ungleich, aber vor allem als benachteiligt, weil gleich, empfindet. Sich ungleich zu fühlen reicht nicht aus, um einen solchen Gemütszustand zu erzeugen. Die Frustration entwickelt sich auf dem Nährboden des *Rechts auf*. Ich fühle mich frustriert, weil ich an mein Soll oder an mein Recht glaube. Es bedarf des Glaubens an ein

1 M. Scheler, *Das Ressentiment im Aufbau der Moralen*, S. 15-16.

Recht, um Ressentiments zu empfinden. Zumindest ist dies die These von Scheler und der Erben Tocquevilles, die davon ausgingen, dass die Demokratie ihrem Wesen nach ein System ist, welches das Ressentiment genau deshalb hervorruft, weil der Begriff der Gleichheit ein strukturelles Problem ist.

Es geht hier nicht darum, die Notwendigkeit der Gleichheit zur Vermeidung des Ressentiments zu leugnen – das hieße, die »Ultralösung«[1] der Palo-Alto-Schule zu übernehmen, die darin besteht, den Kranken zu töten, um ein Übel auszurotten: »Operation gelungen, Patient tot.« Nehmen wir noch einmal das Zitat von Scheler: Wenn der »Gemeine« nur durch das Gefühl zufrieden ist, einen gleichen Wert zu besitzen, bedeutet das nicht, dass er einen solchen besitzt, sondern dass er die Illusion davon haben muss. Anders gesagt: Die »gemeinsame Welt« wird dadurch auf-

1 Es gibt mehrere Versionen der Ultralösung: Sicherlich ist jede maximalistische, für die Verhandlungsdynamik untaugliche Version (eine Lösung vorzuschlagen, auf die niemand zurückkommen kann, ist keine) klassischerweise eine Ultralösung; alles, was das Unterscheidungsvermögen, die Nuance und die Komplexität unter dem Vorwand ablehnt, dass es sich hier um einen inakzeptablen Kompromiss handelt – es gibt inakzeptable Kompromisse, die daher keine Kompromisse, sondern Scheinkompromisse sind. Aber nicht jeder Kompromiss ist strukturell inakzeptabel. Das Problem mit der Ultralösung ist die Illusion, zu wissen, auf welcher Lösung sie beruht: keine ist strukturell endgültig, bestimmte Prinzipien können es sein, aber keine Lösung besitzt für sich alleine, in der ihr eigenen Raum-Zeit, endgültig den Schlüssel zur Lösung eines Problems. Wenn das Problem einfach ist, sicherlich, aber dann handelt es sich nicht wirklich um ein »Problem«, sondern um einen Punkt ohne Eigendynamik. Ein Problem verweist auf die Berücksichtigung der Komplexität eines Ökosystems, ein Problem ist immer in Bewegung. Daher ist der Glaube an die Ultralösung, welche die eigene, immer mit einem Umfeld in Wechselwirkung stehende »Motorik« des Problems stoppen wird, intellektuell ziemlich unzureichend. Das bedeutet nicht, dass es nie eine Lösung gibt, sondern dass die Lösung dynamisch ist, dass sie auf einen Zyklus verweist, der verschiedene, aufeinanderfolgende Raum-Zeiten in Szene setzt.

rechterhalten, dass jeder das Recht hat, sich über seinen eigenen Wert Illusionen zu machen. Außerdem ist das, was den Gemeinen ausmacht oder ihn zumindest in der Mittelmäßigkeit gefangen hält, die Unfähigkeit, den Wert anderer anzuerkennen, obwohl er glaubt, dass ihm das helfen würde, aus seiner Unzulänglichkeit herauszukommen. Doch die Erfindung der eigenen Überlegenheit hat noch nie Überlegenheit hervorgebracht. Bewundern zu können, den Wert anderer anerkennen zu können ist dagegen ein echtes Gegenmittel gegen Ressentiments, auch wenn es zunächst mehr Seelenstärke erfordert. Gleichwohl reicht es beim Ressentiment nicht, andere schlechtzumachen. Es bedarf eines weiteren Schrittes, nämlich der Anklage. Da diese aber keinen wirklichen Gegenstand hat, schlägt sie in Denunziation und Desinformation um. Da es keinen Mord gegeben hat, muss man eine Leiche fabrizieren. Von nun an wird der andere schuldig sein. Es setzt sich eine Art »universelle Entwertung« in Gang.

Diese »vollständige Verdrängung« bringt einen »ganz allgemeinen Wertnegativismus« auf, wie Scheler weiter sagen wird, eine »plötzliche haßerfüllte Ablehnung«.[1] Denn auch das heißt »in seinem Blute nähren«: etwas Plötzliches zu nähren, einen brennbaren Stoff zu nähren, eine Deflagration zu nähren, die unterschiedslos alles treffen kann. Das Ziel des Ressentiments ist das Ende des Unterscheidungsvermögens: die Dinge nicht mehr angemessen zu unterscheiden, die *Tabula rasa* anzustreben, ohne anderen Plan. Sich zu verbreiten, den Ursprung des Schmerzes nicht mehr zu kennen, seine Ursache, seinen Schmerz nicht mehr »verursachen« zu können – womit es noch schwieriger wird, ihn zu lindern –, den Umfang des Schadens zu ermessen, wenn das Universum der Lösungen immer mehr schrumpft, ein umgekehrtes *Ethos* hervorzubringen, eine »allgemeine Disposition«, Feindseligkeit herzustellen, wie andere in der Welt Gastfreundschaft herstellen, zu regredieren, die Involution zu produzieren, da die

1 M. Scheler, *Das Ressentiment im Aufbau der Moralen*, S. 27.

Evolution zu bedrohlich und gleichbedeutend mit Verlust erscheint.

Es ist logisch, dass das Unterscheidungsvermögen angegriffen wird, wenn das Subjekt sich von seinem Ressentiment »überrollen« lässt. Das Unterscheidungsvermögen ist die Handlung des Trennens, Aussortierens, Differenzierens, um die Spezifität der Dinge besser zu erfassen, des Nicht-Verallgemeinerns und, noch einfacher gesagt, die »Disposition des Geistes, die Dinge klar und gesund zu beurteilen«.[1] Es ist eine gesunde Disposition, die von der psychischen und physischen Gesundheit des Menschen zeugt, die Disposition von jemandem, der die Komplexitäten der Vernunft »schätzt« und sich von ihr nicht desavouiert fühlt. Unterscheiden und Fühlen können manchmal sogar miteinander gleichgesetzt werden, und zwar genau in dem Sinne, dass Unterscheiden die Fähigkeit ist, ohne jegliche Unklarheit zu fühlen, zu empfinden und zu erkennen, wiederzuerkennen und nicht zu verwechseln. Es ist klar, dass unsere Zeit diese Unterscheidungsfähigkeit beeinträchtigt, nicht, dass sie sie verhindert; aber die Übersättigung mit Informationen, insbesondere falschen, und der Reduktionismus, den die neuen Formen des öffentlichen Raums (insbesondere die sozialen Netzwerke) an den Tag legen, fördern unaufhörlich Angriffe auf die Unterscheidungsfähigkeit, die von ihrer Struktur her nicht den richtigen Rhythmus hat, um Widerstand zu leisten. Zu unterscheiden setzt Zeit, Geduld und Vorsicht voraus, die Kunst des Prüfens, Beobachtens und Auf-der-Lauer-Seins: Man unterscheidet, indem man den Atem anhält, stiller wird, sich zum Sehenden und nicht zum Voyeur macht, indem man verschwindet, damit sich das Beobachtete besser natürlich verhalten kann. Unterscheiden setzt voraus, dass man sich dorthin zurückzieht, wo das ressentimenthafte Subjekt sich als erster Protagonist der Angelegenheit erlebt. Lange Zeit war das Unterschei-

1 Siehe die Definition von Littré.

dungsvermögen ein ganz spiritueller, jesuitischer[1] Wert, der dem Menschen erlaubte, seine Beweggründe[2] zu klären und seine Emotionen zu reinigen. Bei Ignatius von Loyola oder Franz von Sales ist Gott das, was zu unterscheiden erlaubt. Gott oder, genauer gesagt, die göttliche Gnade ist die Zeit, die es dem Subjekt gestattet, sich innerlich zu wandeln. Hier nimmt die Philosophie natürlich eine Säkularisierung des Begriffs der Unterscheidung vor, und der Rechtsstaat, der diesen Namen verdient – der Gesellschaftsvertrag –, muss sich als Beschützer dieser Zeit erweisen, die notwendig ist, um die Verwandlung von sich selbst und der Welt zu vollziehen. Der Verlust der Urteilsfähigkeit ist das Grundsymptom narzisstischer Pathologien und psychotischer Störungen.

Schließlich sollten wir nicht glauben, dass es einen Gegenstand gibt, der es wert ist, wiedergekäut zu werden. Kein Gegenstand rettet das Wiederkäuen vor seinem traurigen Schicksal, den Menschen zu schwächen, nicht einmal das Erlernen des Todes. Das berühmte »Philosophieren heißt sterben lernen« könnte einen glauben lassen, wir müssten uns jeden Augenblick an unsere End-

1 Catherine Fino, »Discernement moral et discernement spirituel à l'époque moderne. Une collaboration en vue de la liberté du sujet«, *Revue d'éthique et de théologie morale*, Éditions du Cerf, 2018/2, Nr. 298, S. 11-24, zitiert Ignatius von Loyola, »Bemerkung 1«, dt. *Geistliche Übungen*, übersetzt, eingeleitet und mit Anmerkungen versehen von Alfred Feder S.J., Regensburg, Verlagsanstalt vorm. G.J. Manz, Buch- und Kunstdruckerei A.G., 1922, S. 19: »so nennt man geistliche Übungen jede Art, die Seele vorzubereiten und in Stand zu setzen, damit sie alle ungeordneten Neigungen von sich entferne und nach ihrer Entfernung den göttlichen Willen suche und finde in der Regelung des eigenen Lebens zum Heile der Seele«. Die *Geistlichen Übungen* wurden erstmals 1548 in Rom gedruckt.

2 »Ein gutes Unterscheidungsvermögen erfordert daher, die Beweggründe zu klären, die Gefühle zu reinigen und das Verlangen zu beurteilen, um das Gute zu würdigen und das Schlechte abzulehnen«, I. von Loyola, zit. n. C. Fino, »Discernement moral et discernement spirituel à l'époque moderne«.

lichkeit erinnern, sie wie eine Totenglocke läuten lassen, um fähig zu werden, alles zu lieben, alles umzuwerfen. Nichts dergleichen. Selbst Montaigne, der in Anlehnung an Sokrates einer der großen Verfechter der Notwendigkeit ist, sterben zu lernen,[1] warnt uns vor einem möglichen Widersinn; er entdeckt mit zunehmendem Alter, dass das Erlernen des Todes alles andere als ein Wiederkäuen ist und dass es im Gegenteil an einen Irrtum grenzt, sich ihm zu überlassen. »Wenn ich die Bemühungen sehe, denen Seneca sich unterzieht, um gegen den Tod gewappnet zu sein, wenn ich ihn [...] vor Anstrengung ins Schwitzen und außer Atem geraten sehe [...]. Seine so häufige und fieberhafte Unrast zeigt aber, was für ein ungestümer, hitzköpfiger Mann er von Natur aus war.«[2] Anders gesagt: Zu glauben, dass der Tod das Ziel unseres Lebens ist, kann uns nicht aus einer eben tödlichen Beunruhigung herausholen. Das Wiederkäuen des Todes erzeugt keine befreiende Analyse des Todes. »Wir bringen Unruhe in unser Leben durch die Sorge um den Tod; und in unser Sterben durch die Sorge um das Leben.« Montaigne optiert daher für eine ebenso grundlegende Definition des Todes, spricht ihm jedoch ab, die Finalität des Lebens zu sein. Er ist nicht das »Ziel«, sondern das bloße »Ende«. Die Metaphysik befindet sich anderswo, sie wechselt wieder auf die Seite der Erfindung des Lebens.

1 Montaigne, *Essais* (1580/1582/1587), übers. v. Hans Stilett, Frankfurt am Main, Eichborn Verlag, 1998, Erstes Buch, 20. Kapitel.

2 Ebd., Drittes Buch, 12. Kapitel.

6
Die Melancholie im Überfluss

Scheler sieht in der demokratischen Ordnung einen Ort, der strukturell mehr zum Ressentiment neigt. Tocqueville hatte dies zu seiner Zeit bereits gespürt, als er auf ein Übel hinwies, das den Menschen befällt, den Egalitarismus, und auf die Tatsache, dass er für die Gleichheit umso sensibler wird, je klarer sich die Egalisierung der Bedingungen abzeichnet. Dies ist ein logisches, aber schwer zu kanalisierendes Phänomen. Die geringste Ungleichheit verletzt das Auge, hatte er gesagt, und die Unersättlichkeit des Individuums in Bezug auf den Egalitarismus ist verheerend. Schon damals sprach er vom Übel der Melancholie inmitten des Überflusses.[1] Ich komme immer wieder auf diese Passage zu-

1 Alexis de Tocqueville, *Über die Demokratie in Amerika* (1830-1835), hg. v. Jacob P. Mayer in Gemeinschaft mit Theodor Eschenburg und Hans Zbinden, übers. v. Hans Zbinden, München, Deutscher Taschenbuch Verlag, 1976, S. 627-628: »Ist die Ungleichheit das allgemeine Gesetz einer Gesellschaft, so fallen die stärksten Ungleichheiten nicht auf; ist alles ziemlich eingeebnet, so wirken die geringsten Unterschiede kränkend. Deshalb wird der Wunsch nach Gleichheit umso unersättlicher, je größer die Gleichheit ist. In den demokratischen Völkern erlangen die Menschen leicht eine gewisse Gleichheit; die, die sie ersehnen, können sie nicht erreichen. Sie entweicht täglich vor ihnen, ohne aber ihren Blicken je zu entschwinden, und mit ihrem Zurückweichen verlockt sie zu ihrer Verfolgung. Sie glauben, sie immerfort zu fassen, und unaufhörlich entzieht sie sich ihrem Griff. Sie sehen sie nahe genug, um ihre Reize zu kennen, sie nähern sich ihr nicht genug, um sich ihrer zu erfreuen, und ehe sie ihre Annehmlichkeiten voll ausgekostet haben, sterben sie. Diesen Ursachen muss der seltsame Trübsinn zugeschrieben werden, der sich oft bei den Bewohnern demokratischer Gegenden inmitten ihres Überflusses zeigt, und jener Lebensüberdruß, der sie manchmal inmitten eines bequemen und ruhigen Lebens erfaßt.«

rück,[1] da sie mir als Schlüssel für ein unreifes demokratisches Verhalten erscheint, ein perverses Verhalten, welches das Außergewöhnlichste an diesem System verkümmern ließ, nämlich seine Forderung nach Gleichheit und seine Arbeit, um diese konkret werden zu lassen.

Ist diese Perversion unausweichlich? Ich glaube nicht. Es ist eine Frage der Erziehung. Sie spielt sich auf der Ebene der »Regierung des Selbst« (Foucault) ab, dem einzigen Horizont, der eine »Regierung der anderen« ermöglicht, die diesen Namen verdient und die egalitäre Herausforderung der Demokratie respektiert. Für Scheler ist das Ressentiment natürlich nicht das Ergebnis einer perfekten Demokratie, sondern das einer misslungenen Demokratie – die sich letztlich immer als die Realität der Demokratie erweist, auch wenn man sie keineswegs als solche gelten lassen darf. »In einer nicht nur politischen, sondern auch sozialen, auf Besitzgleichheit hin tendierenden Demokratie wäre zum mindesten das soziale Ressentiment gering.«[2]

Das Ressentiment entsteht durch eine Diskrepanz zwischen den anerkannten und gleichen politischen Rechten und der Realität konkreter Ungleichheiten. Diese Koexistenz des formalen Rechts mit dem Fehlen eines konkreten Rechts erzeugt das kollektive Ressentiment. Zweifellos. Doch im Gegensatz zu Scheler glaube ich, dass das Ressentiment mehr strukturell im Menschen angelegt ist. Denn in einer egalitären wirtschaftlichen Situation verlegt es sich auf die symbolische Anerkennung und fordert immer mehr Gleichheit oder projiziert seine Abneigung auf den anderen. Dies verweist durchaus auf persönliche nicht analysierte Faktoren. Das bedeutet jedoch nicht, dass unsere Gesellschaften durch das Wiederaufleben der Ungleichheit nicht das Potenzial für Ressentiments produzieren. Wenn man sich »beleidigt«, gedemütigt und machtlos fühlt, führt dies zunächst zu einem Rück-

1 Seit *Les pathologies de la démocratie*, Paris, Fayard, 2005.

2 M. Scheler, *Das Ressentiment im Aufbau der Moralen*, S. 9.

zug auf sich selbst, ja sogar zu einer Art Zustimmung, die auf eine Art *Knock-out* folgt; dann richtet sich das Subjekt glücklicherweise wieder auf. Wenn die Sache jedoch andauert, sich wiederholt und das Gefühl vermittelt, dass sie von einer wachsenden Zahl von Individuen, zum Beispiel einer Elite, getragen wird, wird die Beleidigung zur Welt, einer Welt der Einsperrung, die das Subjekt zu ihrem Gefangenen macht, und es stellt sich das Gefühl der Fatalität ein.

Hier gibt es zwei mögliche Wege: einerseits die Selbstzerfleischung und andererseits die Umkehrung des Stigmas, sprich die Tatsache, dass man sich fortan an als »beleidigt« definiert und die Opferidentität tyrannisch gebraucht – das Ressentiment ist ein erster Weg zum Terror. Die Heftigkeit von Schelers Angriff gegen den Egalitarismus erinnert an Nietzsche, der darin eine »Sklaven-Moral« sieht, die sich die Schwächung der anderen wünscht, um das Gefühl von Gleichheit zu haben. Hinter der harmlosen Forderung nach Gleichheit verbirgt sich Letzteren zufolge oft eine egalitaristische Perversion, die Angst, nicht mithalten zu können, eine schrecklich traurige Leidenschaft: »Nur der, der fürchtet zu verlieren, fordert sie als allgemeines Prinzip!«[1] Dies ist natürlich eine sehr konservative und diffamierende Sicht der Gleichheit – die als einziges Kapital des Egalitarismus angesehen wird –, welche die Gleichheit des Wertes der Menschenwürde allerdings verfehlt. Dennoch ist die Analyse bezüglich des Ressentiments richtig, da sie den Prozess der Verfälschung der Werte gut erkennen lässt, der im Übrigen an die Sophistik erinnert, die häufig versucht, mit ihrer Eloquenz eine Schwäche der Seele zu verbergen. Ressentiment und Eloquenz können sich miteinander verbinden, doch kommt es im Allgemeinen zwischen beiden sehr schnell zu einer Spaltung, da zwischen der Kultur und den Werten eine Verwandtschaft besteht. Sämtliche Werte zu bestreiten, zwingt dazu, die Kultur oder den Intellektualismus herabzuwürdigen.

1 Ebd., S. 87.

Scheler setzt die Analyse fort, indem er den Durchschnittsmenschen als »Schwächling« bezeichnet. Darunter ist eine Schwäche der Seele zu verstehen, die sehr schnell die Zustimmung der Masse benötigt, um sich legitimiert zu fühlen. »Aber alsbald macht sich das Bedürfnis nach bindenden Formen der Beurteilung wieder bemerkbar.« Da die Beurteilung nichts anderes ist als eine verdorbene Meinung, bedarf es der Menge, um ihr die Konsistenz zu verleihen, die sie nicht hat, und um von da an bei den anderen ein wenig vom Potenzial zum Ressentiment aufzuspüren. Und jeder weiß, dass die Schwäche der Seele niemandem fremd ist. Der Mensch des Ressentiments ist »ein Schwächling; er kann mit seinem Urteil nicht allein stehen. [...] So wird die ›Allgemeinheit‹ oder ›Allgemeingültigkeit‹ des Werthaltens sein Ersatz für die echte Wertgegenständlichkeit.«[1]

Die Prüfung des Alleinseins kann gegen die Beschädigung durch das Ressentiment Schutz bieten, da sie einerseits ein Akt ist, der zur Individuation führen kann, und andererseits, weil ein Individuum, das den Entschluss fasst, sich der Einsamkeit zu stellen, zwar eine ungeheure Verbitterung erfahren kann, für seine Mitmenschen aber weniger schädlich ist, weil es auf sich selbst beschränkt ist. Indem der Mensch des Ressentiments die Zustimmung aller sucht, zeigt er, dass er in der Falle des Konformismus gefangen ist. Die Beurteilung stellt sich oft als ein Mehr an kritischem Geist dar – dieses Phänomen ist dem paranoiden Verschwörungswahn ähnlich –, in Wahrheit befindet man sich aber ganz unten. Verfälschung der Werte, weil sie sich auch als eine neue Ordnung der Werte darstellt, welche die aktuelle Wertehierarchie außer Kraft setzt; Verfälschung aber auch, weil sie an den moralischen Relativismus oder Nihilismus grenzen kann.

Die These Nietzsches vom Christentum als »Feinheit des Ressentiments«, die Scheler widerlegt hat, ist bekannt. Aber dass ein Ressentiment die Quelle einer neuen Moral sein kann, genauer

1 Ebd., S. 89.

gesagt einer modernen Moral, die für die heutigen bürgerlichen Gesellschaften typisch ist und deren Ideal die Bourgeoisie darstellt, ist die These Schelers, der sich von da an als antimodern gibt. Überhaupt vertritt er ein sehr elitäres, quasi aristokratisches Christentum, das eine Antithese zum »modernen Humanitarismus« darstellt; es ist seinem Wesen nach nicht demokratisch, wie man es zuweilen interpretieren kann, insbesondere wenn man sich auf den Begriff der christlichen Liebe stützt. Für Scheler ist dem Christentum jede Vorstellung von der Gleichheit der Werte der Menschen völlig fremd; ein Beweis dafür ist die Unterscheidung zwischen Hölle, Himmel und Fegefeuer. Das ist zwar völlig richtig, aber dennoch vertritt das Christentum die Gleichheit der Würde der Menschen und sieht die Vergebung als Möglichkeit vor.

Die gegenwärtige Stärkung des Individualismus kann ebenfalls einen Nährboden für das Ressentiment bilden, insofern sich das Individuum abspaltet und anfängt, seine Verantwortung nur dann zu sehen, wenn es sie von der Verantwortung anderer unterscheidet. Der erste Reflex besteht darin, die anderen für die wahrgenommene Dysfunktion verantwortlich zu machen; der zweite Reflex besteht darin, zu glauben, dass wir für das Versagen der anderen nicht verantwortlich sind. Das Individuum will die kollektive Verantwortung nicht mehr übernehmen, betrachtet gleichzeitig aber jedes Mal, wenn ihm die Möglichkeit gegeben wird, eine individuelle Verantwortung zu übernehmen, diese als eine verdeckte kollektive Verantwortung. Kurzum, das Ressentiment ist ein psychischer Trick, der darin besteht zu glauben, dass der Fehler immer bei den anderen liegt und nie bei einem selbst. Man fordert jedermann dazu auf, Verantwortung zu übernehmen, aber sobald sich die Gelegenheit dazu bietet, hält man sich für untadelig. Das ist genau der Unterschied zwischen der christlichen Moral, die alle Menschen in ihrer Verantwortung verbindet, und der individualistischen demokratischen Moral, die behauptet, die Individuen in die Verantwortung zu nehmen. »Die Vorstellung einer sittlichen Solidarität der Menschheit kommt nicht nur in Ideen wie daß ›wir alle in Adam gesündigt‹ und alle ›in Jesu wieder auferstanden‹ sind, sondern auch in der Vorstellung, daß wir uns angesichts jeder fremden Schuld ›mitschuldig‹ fühlen sollen [...], sodann in der Vorstellung der Anteilnahme aller an den Verdiensten der Heiligen, der möglichen Erlösung der ›armen Seelen‹ durch sittliche Werke ihrer Nachfahren zur Geltung.«[1] Die Sklaven-Moral, wie Nietzsche sie beschreibt, versucht hingegen immer »die Verantwortung maximal zu begrenzen und jede Schuld für ›fremde‹ Handlungen nach Möglichkeit zurückzuweisen – andererseits sich auch hier ›nichts schenken zu lassen‹.«[2]

7
Was Scheler über *Care* sagen würde

Es ist also nicht einfach, den Anspruch zu erheben auf eine kollektive Solidarität, auf ein gemeinsames Verantwortungsgefühl, selbst wenn es uns nichts zu kosten scheint, und gleichzeitig die tatsächliche individuelle Verantwortung zu predigen, die nicht versucht, die eigene Verantwortung zu kaschieren, indem nur die der anderen geltend gemacht wird. So lautet die Herausforderung erfüllter Reife: genug Demut, um seine Last zu tragen; genug Klarheit, um nicht in Ressentiments zu verfallen, wenn andere die ihre nicht übernehmen. Angesichts des Ressentiments des Durchschnittsmenschen verurteilt Scheler gleichermaßen den »bürgerlichen Humanitarismus«, das falsche Mitleid, das »Es dauert mich«, die völlige Deklassierung der christlichen Barmherzigkeit, die Internationale der guten Gefühle, wie Althusser sagen würde, oder

1 Ebd., S. 85.
2 Ebd., S. 86.

auch das, was er als fehlgeleiteten Altruismus bezeichnet, der sich mit leeren Worten begnügt. Scheler wäre zweifellos ein erbitterter Gegner der Ethik der *Care* oder vielmehr ihrer parodistischen und karikaturhaften Vorstellung, dass man den Verwundbaren schließlich unter Hausarrest stellt oder die Unterstützung in Serie als Lebensweise produziert. Er übernimmt eine Formulierung Goethes, der befürchtet, dass die Welt zu einem »großen Hospital« werden könnte, in dem »einer des andern humaner Krankenwärter« wird, oder auch die sehr bildliche Assoziation der »Sozialgesetzgebung« mit einer »Hospital- und Lazarettpoesie«.[1]

In diesen Begriffen wird jeder eine konservative Denunzierung des Sozialismus sehen, aber auch die Auswüchse, die eine Ethik der *Care* ebenfalls zu vermeiden wissen muss – anders gesagt, die Förderung der moralischen Abstumpfung unter einem nach außen getragenen Mitgefühl. Nützlich ist die Verhärtung des rechten Denkens auch, insofern sie eben erlaubt, die eigene Abstumpfung im Auge zu haben und sich dabei von ihrer Systematik zu distanzieren. Ein Beweis dafür ist die Kritik an der sozialistisch geprägten Sicht des Christentums, die es zum Vorzimmer der Demokratie und, genauer gesagt, einer egalitären Ordnung macht: Jesus ist keineswegs ein Republikaner, der die Nächstenliebe predigt, wie andere die Menschenrechte verteidigen würden, behauptet Scheler und erweist sich damit als ebenso ideologisch wie seine Gegner. Und Scheler wird erneut zum Nietzscheaner, wenn er daran erinnert, dass die Liebe Christi alles andere als lauwarm ist und dass Christus keineswegs die »Naturen, die [...] zur Feindschaft unfähig sind«, oder, wie Nietzsche sie nennt, die »zahmgewordenen modernen Herdentiere« rühmt.[2]

Auch hier ist es interessant, daran zu erinnern, dass das Ressentiment sich nicht mit der Unfähigkeit zur Feindschaft begnügen kann, sondern der bewussten Entscheidung bedarf, nicht darin

1 Ebd., S. 68.
2 Ebd., S. 58

zu versinken und sie zu überwinden. So wie im klinischen Bereich der Schritt zur Tat mit der Unfähigkeit zu handeln identifiziert wird (obwohl er die Illusion einer Handlung vermittelt), muss man begreifen, dass die Ablehnung von Gewalt eine Handlung, ein Handeln und nicht allein Feigheit ist. Die Ablehnung von Gewalt kommt nicht nur den »Schwachen« zu, sondern ist auch eine Seelenfestigkeit, die auf jeden Fall anzustreben ist. Im Übrigen kann jeder anhand der Geschichte und Gegenwart bestätigen, dass diejenigen, die »zur Feindschaft unfähig sind« sind, dies in der Regel nur konjunkturell sind und dass die Feindschaft bei der geringsten Möglichkeit, sie auszudrücken, ohne den Preis dafür zu zahlen, wieder ausbricht. Man muss also wachsam bleiben. Das Ressentiment ist ein umso tödlicheres Gift, als es mit der Zeit wächst und tief in die Herzen der Menschen eindringt. Die Liebe ist, wie Scheler in Erinnerung ruft,[1] nach christlichem Verständnis ein Akt des Geistes und nicht des Empfindens, anders gesagt, ein Akt der Entscheidung, des Pflicht- und Verantwortungsgefühls.

8
Ist das Ressentiment weiblich?

Der Umstand, dass Frauen laut Scheler der Gefahr des Ressentiments stärker ausgesetzt sind, ist nicht essenzialistisch zu verstehen; er spiegelt die patriarchale Struktur wider, in die Frauen eingebunden oder in der sie vielmehr gefangen sind. Der Groll ist die Waffe der »Schwachen«; die »üble Nachrede« ist die einfachste Art, sprachliche Performativität zu erzeugen, umso mehr, als das Handeln entzogen ist. Schelers etwas ranziger Konservatismus

1 Ebd., S. 59.

muss ebenso wie sein Antisemitismus dekonstruiert werden. Seine Ode an die »rein weibliche« Frau wird vielleicht diejenigen entzücken, die die emanzipatorische und feministische Moderne verurteilen; hier hat sie das Verdienst, zu zeigen, dass eine oft zutreffende Beschreibung des Ressentiments uns nicht unbedingt vor unserem eigenen Ressentiment schützt und dass die Arbeit der Dekonstruktion immer zuerst bei einem selbst zu leisten ist. Abgesehen davon ist es gut, sich in Erinnerung zu rufen, wie sehr Pathologien in Epochen eingebettet und schwer teilbar sind, auch wenn manche von ihnen auf persönlichen Faktoren beruhen.

Nehmen wir die Hysterie. Diese wurde lange Zeit feminisiert, obwohl sie vor allem eine bestimmte Konditionierung widerspiegelt, die der Frau auferlegt wurde: die Reduzierung ihrer Welt, die Beschränkung auf das Private und Kleine, der Hausarrest, das Verbot der weiten Welt und der Selbsterweiterung. Im klinischen Bereich sind heute die Hysterien, wenn sie in den demokratischen Gesellschaften bestehen bleiben, ebenso männlich wie weiblich, da sie – leider – auf ein eher egalitäres Schicksal in der Unterwerfung verweisen. Man hätte sich gewünscht, dass die Unterwerfung in unseren sogenannten modernen Gesellschaften an Boden verliert, was sie in mancher Hinsicht auch getan hat, doch hat sie dabei ihren Wirkungskreis vergrößert und die Männer konsequenter einbezogen. Daher die ziemlich offenkundige Umkehrung, dass die Träger des Ressentiments nicht die Frauen sind, die damit beschäftigt sind, die Anfänge ihrer Emanzipation zu bestätigen – die, selbst wenn sie unscheinbar ist, doch sehr real ist –, sondern die Männer, die »Gemeinen«, wenn man Schelers Bezeichnung aufgreift. Es sind die Deklassierten, diejenigen, die verächtlich als »Überzählige« oder »Schmarotzer« bezeichnet werden, diejenigen, die »hatten«, oder nur das Gefühl hatten, »gehabt« zu haben, und die nun nur noch den Verlust konstatieren.

9
Das falsche Selbst

Die Sehnsucht nach dem Haben kann ein sehr sicheres Gift für die Seele sein. Donald Winnicott beschreibt sie auch als eines der wesentlichen Elemente, um das »falsche Selbst« zu definieren – die falsche Persönlichkeit, die das Subjekt erfindet, um sich gegen das zu verteidigen, was es als Bedrohung für seine Identität, seine Gesundheit und sein psychisches Leben ansieht. Eine grundlegende und manchmal notwendige Technik der Dissimulation, die jedoch nicht Bestand haben kann; daher nistet sich das falsche Selbst ein, das immer schwieriger vom Selbst zu unterscheiden ist. Auch Marc Angenot stellt es in den Mittelpunkt seiner Beschreibung des »ressentimenthaften Ich«: »Das ressentimenthafte Ich ist eine Art ›falsches Selbst‹, eine Scheinpersönlichkeit voller Starrsinn, Arroganz, Rachegelüste und Feindseligkeit – hinter der sich das wahre, zerbrechliche, herdenförmige und versklavte Ich verbirgt.«[1]

Der Begriff des »falschen Selbst« ist entscheidend, um die psychische Natur des Ressentiment-Menschen zu erfassen: Ebenso wie er nicht agiert, sondern reagiert, ist er auch nicht, er versteckt sich, auch wenn er sich dessen nicht bewusst ist. Und außerdem wird er nicht aufhören, sich zu weigern, sein eigenes Gewissen zu prüfen, da er sich weigert, zu berücksichtigen, dass er irgendeine Verantwortung für seine Situation hat. Er entscheidet sich auf immer für die Unaufrichtigkeit und bleibt darin gefangen:

> Er dreht sich völlig von der Richtung nach innen fort, auf welchem Wege er hätte vorwärts gehen sollen, um in Wahrheit ein Selbst zu werden. Die ganze Frage nach dem Selbst im tieferen

1 Marc Angenot, *Les Idéologies du ressentiment*, Montreal, XYZ Éditeur, 1996, S. 107.

> Sinne wird eine Art blinde Tür im Hintergrunde seiner Seele [...]; er geht sehr vorsichtig mit dem bißchen Reflexion in sich um, er fürchtet, es könnte wieder hochkommen, dies im Hintergrund.[1]

Ein anderer entscheidender Punkt, um das falsche Selbst zu verstehen, ist seine Unterwerfung. Dieses Merkmal teilt es mit dem Ressentiment. Das Subjekt praktiziert das »falsche Selbst«, um sich vor etwas zu verstecken, was es für die Stärke des anderen hält, oder vor etwas, was es für den Wunsch des anderen hält, den es dann zu befriedigen gilt; es verfällt in Ressentiments, wenn sich dieser Wunsch in Wirklichkeit als unbedingt, durch seine Täuschung nicht manipulierbar erweist. Bei Winnicott gibt es mehrere Grade des »falschen Selbst«, darunter einige, die für die Innerlichkeit des Subjekts selbst nicht bedrohlich sind, insofern es sie vor den Angriffen von außen und vor der Toxizität seiner Umwelt schützt. Hinter dem »falschen Selbst« besteht das »wahre Selbst« immer fort, das sich der Spaltung, die es sich auferlegt, bewusst ist, unter deren Gewalt aber nicht unbedingt leidet und auch weiß, dass sie nicht von Dauer ist und dass man sich von ihr freimachen muss, um sich wieder auf den Weg des wahren Handelns zu begeben.

1 Søren Kierkegaard, *Die Krankheit zum Tode* (1849), übers. u. mit Glossar, Bibliographie sowie einem Essay »Zum Verständnis des Werkes« hg. v. Liselotte Richter, Frankfurt am Main, Taschenbücher Syndikat/EVA, 1984, S. 54.

10
Die Membran

Das Zurückkommen auf den nietzscheanischen Willen zur Macht erlaubt, das Ausmaß der Herausforderung der Moderne zu erfassen: die Konfrontation mit der Leere, die »Sinnlosigkeit des Geschehens«[1] und die Überwindung der davon hervorgerufenen Erosion. Die Moderne ist zweifellos der Moment, in dem der Mensch zum Subjekt wird oder sich vielmehr des Begriffs des Subjekts bewusster wird – ein illusionärer und widersprüchlicher Begriff, aber ein Begriff, der den Blick auf eine mögliche *Agency* eröffnet, den Versuch, zum Akteur zu werden, ohne sich über sein eigenes Können zu täuschen. Die Moderne also als Begegnung mit dem Fehlen von Sinn und der ganz persönlichen Möglichkeit, einen solchen zu schaffen, der regelmäßig der Vergessenheit anheimfallen wird, sich zuweilen mit einem allgemeineren und kollektiven Sinn verflechten kann, aber nicht unbedingt alle Herausforderungen der »Sinnstiftung« meistern wird.

Es ist unnötig, in die Schlussfolgerung des »extremsten« Nihi-

1 F. Nietzsche, *Umwertung aller Werte* (1901), hg. v. Friedrich Würzbach, München, Deutscher Taschenbuch Verlag, 1977², S. 475. – Anm. d. Übers.: Nietzsche hat nie ein Werk mit dem Titel *Der Wille zur Macht* verfasst; siehe hierzu u. a. Mazzino Montinari, *»La volonté de puissance« n'existe pas*, übers. v. Patrizia Farazzi, Paris, éditions de l'éclat, 2020. Seit 1901 wurden unter diesem Titel sich erheblich unterscheidende und teilweise im Sinne des NS verfälschende Kompilationen aus den nachgelassenen Aufzeichnungen Nietzsches herausgegeben. Die von Cynthia Fleury zitierte zweibändige 1935 von Friedrich Würzbach herausgegebene Ausgabe *La volonté de puissance* ist in Frankreich die am meisten verbreitete Fassung. Eine deutsche Entsprechung dazu gibt es nicht. Die ebenfalls von Friedrich Würzbach herausgegebene Ausgabe mit dem Titel *Umwertung aller Werte* ist mit der französischen nicht identisch, dient aber trotz ihrer teilweise veränderten Anordnung als Referenz für die vorliegende Übersetzung.

lismus zu verfallen, denn auch hier handelt es sich um einen Glauben. Die »Sinnlosigkeit des Geschehens« nimmt, wenn sie systematisch ist, Züge eines Glaubens an und unterschreibt die Anmaßung des Menschen: »wo er den Sinn nicht sieht, ihn zu leugnen«.[1] Tief in diesen Glauben einzutauchen könnte außerdem zum Ressentiment führen, also sollte man sich davor hüten, wachsam bleiben, was den möglichen Einfluss des Gefühls betrifft, und die *Frage nach dem Wozu* hinter sich lassen oder nur selten und sehr sparsam damit flirten. »Die Frage des Nihilismus ›wozu?‹ geht von der bisherigen Gewöhnung aus, vermöge deren das Ziel von außen her gestellt, gegeben, gefordert schien – nämlich durch irgendeine übermenschliche Autorität. Nachdem man verlernt hat, an diese zu glauben, sucht man doch nach alter Gewöhnung nach einer anderen Autorität, welche unbedingt zu reden wüßte und Ziele und Aufgaben befehlen könnte.«[2]

Das hat etwas mit dem Ressentiment gemein, etwas, das sich mit dem Außen abspielt, eine Dezentrierung, die aber in Wirklichkeit keine ist. Die Dezentrierung besteht lediglich darin, das Zentrum der Macht zu verlagern, sich selbst zu etwas dem Außen Unterworfenes zu machen. Nicht, dass das Subjekt niemals dem Außen unterworfen wäre, das ist es unbestreitbar auch. Doch ist es dies ebenso ganz und gar nicht. Sowohl das Ressentiment als auch der Nihilismus vergessen die grundlegende Wahrheit, dass es ein Innen und ein Außen gibt, eine dünne Membran, die das Individuum und die Welt, das Selbst und das Außer-Selbst voneinander trennt. Diese Membran bewahrt den Menschen vor dem Wahnsinn, wenn er mit der Pflicht zur Unterwerfung, mit Gewalt oder auch mit der Leere konfrontiert ist, er entzieht sich so. Gewiss ist sie winzig, gewiss kann sie beschädigt werden, und die Erosion des Selbst zeugt von der möglichen Korrosion der Membran; doch bleibt sie in den meisten Fällen noch bestehen. Das

1 Ebd., S. 475.
2 Ebd., S. 476.

Verschwinden dieser psychischen Membran kommt nur in Extremfällen vor: Folter, dem Zwang zu Grausamkeiten gegenüber denjenigen, die man liebt, dem Durchmachen von etwas Unmöglichem, das das Subjekt dazu zwingt, sich zu spalten, vielleicht endgültig.

»Es sind uns, wie noch nie irgendwelchen Menschen, Blicke nach allen Seiten vergönnt, überall ist kein Ende abzusehen.«[1] Heute ist das allgemeine Gefühl etwas anders und erzeugt eine neue Angst, die Angst vor der Leere, gewiss, aber auch die Angst vor etwas Schlimmerem, die Angst vor der schwindenden Illusion der Fülle, die das Subjekt sprachlos macht. Doch das einfache Zurückgehen zum klinischen Bereich der Patienten, insbesondere der jungen Patienten, zeigt, dass das Gefühl der Leere weiterhin Opfer fordert, dass der so »riesige« moderne Raum nicht leicht zu begreifen ist, dass die Jugend daran zerschellt, wobei das Alles und das Nichts zunächst ziemlich undifferenziert sind und gerade die Anstrengung eines Lebens erfordern, um sich zu unterscheiden. Die nietzscheanischen Techniken der Betäubung, um der Leere zu begegnen, sind übrigens äußerst einfallsreich. Hier versteht man, dass Ressentiment und Vergnügen einander nicht so fremd sind, da Letzteres der Weg ist, den die »Schwächsten« wählen, um die Leere und das Scheitern bei ihrer Überwindung zu vermeiden. Das Vergnügen ist eine dürftige Art und Weise, den Angriffen des Ressentiments zu widerstehen. Es stellt eine Form der unmittelbaren, aber wenig dauerhaften Wirksamkeit dar. Sie muss immer wieder von neuem gespeist werden. Letztlich ist es ziemlich logisch, dass das Risiko der Verdauungsstörung das Gegenteil der Verdauung ist, der Fähigkeit, damit umzugehen und auf eine mögliche Synthese zuzugehen. Das Gegenteil dieses furchtbaren Gefühls der Leere, so Nietzsche weiter, »ist der Rausch: wo sich gleichsam die ganze Welt in uns gedrängt hat

1 Ebd.

und wir am Glück der Überfülle leiden«.[1] Wie kann eine Fülle übermäßig sein? Das ist der Beweis selbst, dass sie wertlos ist, dass es sich nur um eine Parodie der Fülle handelt, und »wie täuschen wir uns mit dieser summierenden Arglist«, um »den vielen kleinen Genuss« zu summieren, in der Hoffnung, unser Gefühl der Leere zu lindern, während in der Ferne bereits das Ressentiment der anderen grollt, die denselben Weg der kleinen Genüsse gegangen sind, nur dass diese beschlagnahmt wurden.

Das Ressentiment entsteht auch aus dem misslungenen Vergnügen, aus dem betrogenen Willen zum Vergnügen, aus der Illusion zu glauben, dass das Subjekt darauf verzichten kann, sich seiner eigenen Einsamkeit zu stellen, dass es sein ganzes Unglück auf andere abwälzen kann – doch das ist absurd, insofern die »anderen« sich selbst als ebensolche Subjekte erleben, die nicht für sich verantwortlich sind, die ebenso vom Gefühl der Leere genötigt werden und versuchen, sich allein um ihr Schicksal zu kümmern. Es gibt beim Ressentiment, zumindest bei seiner Fortdauer, seiner Vertiefung, seiner Einrichtung im Herzen des Subjekts, eine Leugnung der Verantwortung, eine vollständige Delegierung der Verantwortung für die Welt und damit für sich selbst an die anderen, eine gewaltige Illusion, kurz ein Vergessen der Membran, die das Innere vom Äußeren trennt.

11
Die notwendige Konfrontation

Das Ressentiment ist ein Versagen von Seele, Herz und Verstand. Doch sollten wir einräumen, dass eine Beziehung zur Welt, die es nicht erprobt hat, vielleicht noch nicht ganz dagegen abgehärtet

1 Ebd.

ist. Man muss das Ressentiment am Horizont auftauchen sehen, um das Problem der Subjektivierung zu verstehen, die sich davon befreit. Ich glaube, dass dieses Problem in der analytischen Kur das entscheidendste von allen ist. Montaigne erkennt in seiner Weisheit übrigens, dass eine Tugend, die nicht Gegenstand der Versuchung des Lasters ist, vielleicht gar nicht so groß wäre. In diesem Sinne kann man davon ausgehen, dass das Ressentiment eine Herausforderung für jede Seele ist, die als tugendhaft aufzutreten versucht.

> Gleichwohl schwingt in der Tugend etwas, wie soll ich sagen, Größeres und Tatkräftigeres mit als in einer bloß glücklichen Veranlagung, die einen Menschen fügsam und friedlich den Geboten der Vernunft folgen läßt. Wer aus angeborner Sanftmut und Duldsamkeit Kränkungen einfach nicht beachtet, tut etwas sehr Schönes und Lobenswertes; wer aber von einer solchen Kränkung bis ins Innerste getroffen und herausgefordert, sich mit Waffen der beßren Einsicht gegen den wilden Ansturm seiner Rachgier zur Wehr setzt und ihrer nach heftigstem Kampf schließlich Herr wird, voll bringt zweifellos weit mehr.[1]

Der Rachsucht zu widerstehen, mit dem Ressentiment selbst in Konflikt zu geraten und nicht mit dem Gegenstand des Ressentiments – was einer Verfälschung des Kampfes gleichkäme –, sich der Beleidigung bewusst zu sein und sie dennoch zu überwinden, sich hier nicht zu unterwerfen, das ist etwas »Aktives« – das sowohl die Fähigkeit zur Symbolisierung als auch die Fähigkeit zum Engagement in der umgebenden Welt erfordert. Montaigne stellt sich keineswegs als höchst tugendhaften Menschen dar, ganz im Gegenteil. Er verfügt über eine köstliche, sehr reale, aber nicht selbstgefällige Demut, mit ihrer ganzen Unzulänglichkeit.

1 Montaigne, *Die Essais*, Zweites Buch, 11. Kapitel, »Über die Grausamkeit«.

Hat er das Ressentiment in sich überwunden, oder hatte er das Glück, nicht allzu sehr damit konfrontiert zu sein, sei es durch die Qualen des Lebens oder durch die seiner Seele? Seine Antwort ist die zweite Hypothese. »Wäre ich mit einem wilderen Temperament zur Welt gekommen, hätte mein Leben, so fürchte ich, einen jämmerlichen Verlauf genommen, denn ich konnte bisher in meiner Seele wenig Widerstandskraft gegen die Leidenschaften feststellen, sobald sie mir nur im geringsten zusetzten.«[1] Er schiebt sein glückliches Schicksal seiner natürlichen Klugheit und Vorsicht zu. Trotzdem erkennt er bei sich eine essentielle Abneigung gegen eine verhängnisvolle Vehemenz; denn er hat keine Freude daran, seine Laster zum Ausdruck kommen zu lassen, und er hält sich in einer ganz wirksamen Alarmbereitschaft von ihnen fern: »doch behalte ich sie so weit im Griff, daß ich sie am Zusammengehn mit anderen Lastern hindre«; seine Laster nicht lieben, um seine Laster nicht zu hegen, entleiht er noch Juvenal, was von dem Bemühen zeugt, sich zu zwingen, das, was ausufert, zu beschränken und Verantwortung zu übernehmen.

12
Geschmack an der Bitterkeit

Dem Ressentiment nicht nachgeben. Das Unheilbare sublimieren und sich der Zerstörung widersetzen, die es hervorrufen kann – denn man kann das Ressentiment auch in bloße Enttäuschung, Melancholie verwandeln und sich von der Welt zurückziehen. Montaigne lehrt auch diese Kunst der Bitterkeit, den Umgang mit der Bitterkeit, bei dem man sich nicht der Illusion der Reinheit oder Absolutheit unterwirft. Das ist nicht einfach, denn die Bitterkeit

1 Ebd.

beeinträchtigt den Geschmack. »Wir [genießen] die Dinge nie in ihrer natürlichen Einfachheit und Reinheit«,[1] schreibt er, um sich schließlich auf Lukrez zu berufen, den Dichter der Natur, der sich der Unruhe, die den Menschen befällt, wohl bewusst ist: »Inmitten all der Blütenpracht entsteigt dem Quell der Freuden auch ein Bitteres, das zittern macht.«[2]

Die spezifische Besonderheit des menschlichen Lebens und seiner Freuden ist zweifellos, sich vor dem Hintergrund der Endlichkeit und Unzulänglichkeit zu entwerfen. Jedes Vergnügen, jeder Moment der Beruhigung ist nur von kurzer Dauer und heilt nichts endgültig, da die letzte Wahrheit unausweichlich heraufzieht. Ganz zu schweigen von den Verletzungen des Lebens, die das eigene Leben durchziehen und den Geschmack am Leben abermals beeinträchtigen. Man müsste Geschmack an der Bitterkeit finden können; das wäre wohl die stoische Lektion *par excellence*. Nicht für Bitterkeit sorgen, doch wenn sie einmal da ist, sie goutieren können, ohne schwach zu werden. »Schenke mir den bittersten vom alten ein«, schreibt Catull.[3] Und Montaigne beschreibt uns die Freude als eine Form von »Strenge« – weit entfernt von den süßlichen Bildern der Werbung für Glück –, die immer mit einem »Preis« verbunden ist, einem *pretium doloris*, würden wir sagen. Die Bitterkeit ist der Preis, den man für die fehlende Illusion zahlen muss, doch verleiht sie dem bleibenden Geschmack dann eine Form von Reinheit; zweifellos lautet die Wahl: eine völlige Illusion ohne Bitterkeit, die es jedoch an jeglicher Wahrnehmung des wahren Geschmacks fehlen lässt, und andererseits eine wirkliche Bitterkeit, die, wenn sie sublimiert wird, eine mögliche Süße erkennen lässt, die schrecklich subtil und nach Wunsch verletzlich, aber von einer großen, wunderbaren Seltenheit ist.

1 Ebd., Zweites Buch, 20. Kapitel.

2 Lukrez, IV, 1133-1134, in ebd., Zweites Buch, 20. Kapitel.

3 Catull, XXVIII, 1-2, in ebd.

13
Melancholische Literatur

Die Bitterkeit war ein großes Thema der Literatur und Poesie. Verlaine ist unbestritten einer ihrer virtuosesten Experimentatoren, auch wenn der Geschmack, den er hinterlässt, eher sauer als delikat ist. Das ist der Horizont der *Saturnischen Gedichte*, dieser großen Ode an die Söhne des Saturn, die »einen guten Teil an Unglück und einen guten Teil an Zorn« haben, deren Phantasie nur ein Verbündeter ist, so sie die Vernunft unfähig machen kann, ohne zu wissen, was mit diesem »Ideal, das zusammenbricht«, zu tun ist. Doch begeht diese Ode am Scheitern Verrat. Denn obwohl sie davon erzählt, beschränkt sie sich nicht darauf. Im Gegenteil schwingt sie sich auf und strebt für die Seelen nach einem anderen *Azur*. Dank Verlaine wird ihre Bitterkeit zum Meeresschaum, zur totalen Landschaft, zur Möglichkeit, der Welt Farbe zu verleihen, mit Farbtönen, die trist erscheinen, deren Reize sich jedoch jedem aufmerksameren Auge zeigen.

Victor Hugo verstand es in seiner so großen Fähigkeit zur Sublimierung, einen Mann zu beschreiben, der in der Bitterkeit gefangen ist, ihr aber nicht erliegt und sich auf sie stützt, um ein anderer zu werden. Er spricht von Männern als Ozean. Bei ihrer Beschreibung denkt er an Dante, Shakespeare und Michelangelo, diese berühmten, talentierten Genies, die durch die Höhen und Tiefen des Lebens gegangen sind, dieses »schreckliche Hin und Her«, das »Rauschen aller Dinge, das Dunkel und Halbdunkel, die der Tiefe eigenthümlichen Gewächse«.[1] Das sind die Ozean-Männer, die das große Werk erschaffen, die die Gnade berühren, obwohl sie sich am Abgrund befinden. Nicht, dass der Abgrund wie durch Zauberei sein Gegenteil erzeugt. Keineswegs. Er nennt

1 Victor Hugo, *William Shakespeare*, 1864, übers. v. A. Diezmann, Leipzig, Verlag von E. F. Steinacker, 1864, Erstes Buch, II.

sie die »Adler im Schaume«, diejenigen, die zu einer solch »glatten Fläche nach der Umwälzung« fähig sind, diejenigen, die dem Schiffbruch nicht erliegen, denn es gibt den Schiffbruch. »Und es ist gleich, ob man diese Seelen betrachtet oder den Ocean«, fährt er fort. Das ist wohl eine der schönsten Huldigungen, die wir jenen erweisen können, welche die Bitterkeit erfahren und ihren seltsamen Reiz entdecken; sie können auch unsere Welt erhöhen; sie können uns wieder mit ihr verbinden, während wir in den Netzen unserer Verzweiflung gefangen sind, ohne Stil.

Nietzsche formuliert die Dinge anders, denn bei ihm wird die Bitterkeit zur Trockenheit; doch herrscht ein heimliches Einverständnis mit den Dichtern. Für ihn schafft das Verschwinden einer Illusion nicht sofort die Wahrheit, sondern ein neues Fragment der Unwissenheit, eine Erweiterung unseres leeren Raumes, eine Ausweitung unserer Wüste.[1] Weder Saturn noch der Ozean, sondern die Wüste. »Unser« leerer Raum, »unsere« Wüste: Die Singularität, das Eigene, nistet sich unmerklich und nicht immer angenehm ein. Auch hier gibt es das Subjekt, das Selbst, sogar in dieser Leere, die dennoch nicht an uns adressiert zu sein scheint. Allein die Tatsache, erstmals Mensch zu sein, bewirkt, dass es dennoch eine Adresse gibt. An die Adresse zu glauben ist ein Fehler, ebenso wie zu vergessen, dass das Subjekt nur eine von unendlich vielen Sichtweisen ist, das weiß, dass es auch eine Menge anderer möglicher Sichtweisen auf die besagte Wüste hat. Wir bleiben für uns selbst die einzig mögliche oder zumindest irreduzible Vermittlung der Welt. Man kann nicht nicht über sich selbst gehen. Man erfindet »mans«, »Selbsts«, um sich zu distanzieren, zu Recht. Man visiert das verschwindende Selbst an, um zu versuchen, sich der Realität und den anderen zu nähern, aber jedes Viatikum ist ein Viatikum des Selbst. Für manche ist das die traurige Realität, für andere kann es auch etwas anderes sein, der Versuch, die »Skla-

1 Friedrich Nietzsche, *Der Wille zur Macht* (1901).

ven-Moral« zu überwinden, wenn man den Sprachgebrauch Nietzsches aufgreift und in das hegelianische Erbe einreiht.

14
Die Menge der Missratenen

Zu dieser Moral des sich selbst genießenden Ungenügens sind mehrere Dinge anzumerken. »Die Menge der Mißratenen erschüttert; noch mehr die Behaglichkeit und Sicherheit (der Mangel an Mitgefühl für die ganze Entwicklung ›Mensch‹ – wie alles schnell zugrunde gehen kann«.[1] Die Menge der Missratenen sind bei Nietzsche die Herde, der »Pöbel«, die »Sklaven«, genau gesagt diejenigen, welche die Prüfung verweigern, sich gegen die Schwierigkeit sträuben, die Frustration verweigern und die Prüfung des Lebens verweigern, insofern sie den Tod des Subjekts mit sich bringen kann. Nietzsches These mag binär erscheinen, da es zweifellos nicht auf der einen Seite den Herrn und auf der anderen Seite den Knecht gibt, sondern, im Selbst, die Dialektik von beiden, wie Hegel darlegt:

> Es ist allein das Daransetzen des Lebens, wodurch die Freiheit, wodurch es bewährt wird, daß dem Selbstbewußtsein nicht das Sein, nicht die unmittelbare Weise, wie es auftritt, nicht sein Versenktsein in die Ausbreitung des Lebens das Wesen [...] ist.[2]

Das Daransetzen des Lebens ist nicht imaginär, sondern real: Das Subjekt wird zum Herrn, weil es kämpft, weil es sich dem Risiko

1 Ebd., S. 489.

2 Georg Wilhelm Friedrich Hegel, *Phänomenologie des Geistes*, Frankfurt am Main, Suhrkamp Verlag, 1973, S. 149.

stellt, das ihn besiegen kann und das ein anderer aus Angst, ins Straucheln zu geraten, nicht eingehen will und das daher ein sicheres Straucheln hervorruft – nämlich den Sklaven. Bei Nietzsche ist das Ressentiment genau die Denkweise der Masse, des nichtswürdigen Menschen, des nicht differenzierten Menschen, der sich zum Opfer macht, obwohl er für diese Undifferenziertheit verantwortlich ist, weil er sich bewusst gegen das Risiko und für das Vergnügen entschieden hat – Nietzsches Begriff ist der Rausch. Das Ressentiment ist eine Trägheit der Seele, das scheint uns kontraintuitiv, so ekelerregend ist es, so sehr brennt die Säure und kann die Illusion eines intensiven Geschmacks vermitteln. Die »Menge der Erfolglosen«, sagt Nietzsche weiter, die Herde gegen den Ausnahmemenschen. Wir müssen die Angst begreifen, eine Ausnahme zu sein, oder vielmehr den brennenden Wunsch, außergewöhnlich zu sein, ohne den Preis dafür zu zahlen – den Preis der Herde zu zahlen und die Auszeichnung zu wollen, geht nicht. Hier kommen wir auf den Begriff des *pretium doloris* zurück, das für die Subjektivierung, die Emanzipation oder den Ausgang aus der Unmündigkeit unerlässlich ist. Dieses existenzielle Risiko des Denkens, dieses Risiko der unwiderruflichen Trennung muss das Subjekt zwangsläufig eingehen, wenn es das subjektive Abenteuer wagen will:

> Der Sklavenaufstand in der Moral beginnt damit, dass das Ressentiment selbst schöpferisch wird und Werthe gebiert: das Ressentiment solcher Wesen, denen die eigentliche Reaktion, die der That versagt ist, die sich nur durch eine imaginäre Rache schadlos halten. Während alle vornehme Moral aus einem triumphierenden Ja-sagen zu sich selber herauswächst, sagt die Sklaven-Moral von vornherein Nein zu einem »Ausserhalb«, zu einem »Anders«, zu einem »Nicht-selbst«: und dies Nein ist ihre schöpferische That. Diese Umkehrung des werthesetzenden Blicks – diese nothwendige Richtung nach Aussen statt zurück auf sich selber – gehört eben zum Ressentiment: die

> Sklaven-Moral bedarf, um zu entstehn, immer zuerst einer Gegen- und Aussenwelt, sie bedarf, physiologisch gesprochen, äusserer Reize, um überhaupt zu agieren, – ihre Aktion ist von Grund aus Reaktion.[1]

Sich für das Ressentiment zu entscheiden, besteht genau darin, sich für die Nicht-Tat zu entscheiden, im Imaginären und nicht im Realen ein Kompensationssystem zu installieren. Außerdem bedeutet es, sich »im Gegensatz zu« zu konstituieren und die strukturelle Erschöpfung einer solchen Situation nicht zu begreifen; denn sich immer in Bezug auf einen anderen zu konstituieren bedeutet, das eigene Subjekt zu schwächen, es abhängig zu machen, in einer Art Panoptikum zu leben, in dem man der erste Gefangene ist. Es bedeutet, sich als *Zweiter nach*, als »Knecht« zu erleben, die Konsequenz hinnehmen zu müssen, der Ursache fremd zu sein. Das macht krank. Sich ständig zu vergleichen endet damit, dass man sich selbst zum Maßstab macht, oder vielmehr, dass man sein Sein sequenziert, damit es mit dem eines anderen verglichen werden kann, der selbst von Anfang an unvergleichlich ist, weil er singulär ist, aber der Wille, sich zu vergleichen, verrät die Leere, die uns antreibt, die Angst, nichts zu sein, also sucht man, und man vergleicht, um zu bestätigen, dass man besser ist oder im Gegenteil – was auf eine andere Form der Entfremdung hinausläuft, aber genauso schädlich ist –, dass man minderwertig ist, und das ist das, was unerträglich wird, so unerträglich, dass man die Werte entwerten und den anderen schlechtmachen muss, um diesen Vergleich, der uns ein so schlechtes Bild von uns selbst vermittelt hat, für bedeutungslos zu erklären.

Das *pretium doloris* zu akzeptieren bedeutet nicht nur, das Ri-

1 F. Nietzsche, *Zur Genealogie der Moral* (1877), in: *Sämtliche Werke. Kritische Studienausgabe*, hg. v. Giorgio Colli u. Mazzino Montinari, Bd. 5, München, Berlin, New York, Deutscher Taschenbuch Verlag, Walter de Gruyter, 1980, S. 270-271.

siko des Denkens oder Handelns einzugehen, sondern auch, sich vom Bedürfnis nach Wiedergutmachung zu lösen. Dieses Risiko einzugehen, das Risiko der Nicht-Wiedergutmachung des begangenen Unrechts, bedeutet aufzuhören, die Wiedergutmachung in Form eines *deus ex machina* zu erwarten, sich von dieser Erwartung freizumachen, emotional und nicht bloß theoretisch. Es bedeutet, das Risiko einzugehen, die Wunde selbst vernarben zu lassen, mit der bekannten Unzulänglichkeit, dass wir für uns selbst nicht immer die besten Ärzte sind, dass wir uns aber dafür entscheiden müssen. Die anfängliche Schwelle der Entscheidung ist, den Mut zu haben, nicht mehr auf Wiedergutmachung zu warten. Nicht unbedingt zu verzeihen, aber von der zwanghaften Erwartung der Wiedergutmachung abzukommen, sich nicht auf das Bedürfnis nach Wiedergutmachung zu versteifen. Die Klage aufzugeben, das Recht auf diese Klage, das Risiko einzugehen, nicht zu kapitulieren, sondern zu beschließen, dass die Verletzung anderswo sein wird, dass sie nicht hier ist, in diesem bedeutungslosen Austausch mit dem anderen. Auf Gerechtigkeit verzichten, nicht auf die Idee der Gerechtigkeit, sondern auf die Idee, der bewaffnete Arm dieser Gerechtigkeit zu sein oder dass andere dies sind. Vielleicht wird es Gerechtigkeit geben, die Suche danach kann bestehen, aber einzig unter der Bedingung, nicht das Ressentiment, den Hass auf den anderen als treibende Kraft hervorzurufen. Unsere gesamte Geschichte, der historische Prozess der Zivilisation sind darauf aufgebaut: Somit ist es keineswegs einfach, von diesem klassischen Motor der Geschichte abzukommen und eine andere Form der Entfaltung zu erfinden: eine Gerechtigkeit, die über das Handeln, das Engagement, die Erfindung, die Sublimierung und nicht über die Wiedergutmachung gedacht wird. Natürlich sind die Protokolle der Wiedergutmachung unerlässlich und werden von Institutionen erstellt, mit allem, was es bei diesem Prozess an Unzulänglichem gibt. Sie bilden oft den Kern der öffentlichen Politik. Doch hier sprechen wir vom Individuum, wie es seinem eigenen Ressentiment entkommt, wie es sich aus dem

Gefängnis der sozialen Ungerechtigkeit und dem Gefängnis seiner eigenen mentalen Vorstellungen befreit oder wie es schließlich begreift, dass man nicht das repariert, was verletzt, zerbrochen und gedemütigt wurde, sondern dass man »anderswo« und »anders« repariert: Was repariert werden wird, existiert noch nicht.

Nietzsche geht in seiner Kritik noch einen Schritt weiter, indem er der Ansicht ist, dass die Moderne die Kranken, Schwachsinnigen, Mittelmäßigen, die Herde triumphieren ließ, dass sie global das Zeitalter des Ressentiments errichtet hat. Diese Kritik der modernen Zeit gegenüber einer hypothetischen und kühnen alten Zeit kann leicht dekonstruiert werden, und vor allem schadet eine solche quasi absolutistische Kritik letztlich seiner Absicht. Nutzen wir die Interpretation, eine höchst nietzscheanische Kategorie, um die Bedeutung seines Denkens und dessen, was folgt, zu erfassen. Das Ressentiment zu wählen heißt, in sich die Herde zu wählen, bei den anderen die Spur der Verbitterung anzuvisieren, wie um die eigene besser zum Ausdruck zu bringen. Nietzsche nennt dies den Herdentrieb. »So ist der Mensch des Ressentiments weder aufrichtig, noch naiv, noch mit sich selber ehrlich und geradezu. Seine Seele schielt; sein Geist liebt Schlupfwinkel, Schleichwege und Hinterthüren, alles Versteckte muthet ihn an als seine Welt, seine Sicherheit, sein Labsal; er versteht sich auf das Schweigen, das Nicht-Vergessen, das Warten, das vorläufige Sich-verkleinern, Sich-demüthigen.«[1] Zweifellos sieht der Mensch des Ressentiments die Täuschung nicht, zweifellos ist er sich dieses *Abzielens auf das Kleine*, dieser gewählten Schwächung nicht bewusst, da er ganz damit beschäftigt ist, das Fieber der Verbitterung zu empfinden und an seine magische Macht zu glauben, denn er entscheidet sich nunmehr oft für den Glauben an die Magie, an die vom Himmel gefallene Wiedergutmachung, während er einer der größten Atheisten sein kann. Doch Ressen-

1 Ebd., S. 272.

timent und Aberglaube gehen Hand in Hand. Diejenigen, die in das Ressentiment verliebt sind, glauben an die Wiedergutmachung der Ungerechtigkeit, ohne über das einzige Heilmittel des Handelns zu gehen. Sie glauben, dass die Reaktion die Wiedergutmachung bewirken kann. Sie glauben an den Feind, den sie künstlich erschaffen haben – denn wir müssen einräumen, dass es zumindest für eine gesunde Seele nicht einfach ist, Feinde zu haben.

Sicher kann jeder eines Tages mit etwas konfrontiert sein, was er für eine immense Gefahr für sich hält, einem Barbar oder ganz einfach einem Feind in dem Sinne, dass dieser ihn vernichten will. Es wird also unmöglich sein, zumindest wenn man sich selbst und die, die man liebt, schützen will, diesem anderen gegenüberzutreten und zu hoffen, ihn zu schlagen. Aber darum geht es hier nicht. Das Ressentiment schafft Feinde, nicht um sich gegen sie zu verteidigen, so als wollten sie den Menschen des Ressentiments dezimieren, sondern um exakt ihren Tod zu wünschen. Natürlich werden die Menschen des Ressentiments das Gegenteil behaupten und erklären, dass ihr Leben just durch die berühmten »Anderen« in Gefahr ist. Aber die Wahrheit ist sehr viel härter: Diese Feinde sind keine, denn die sogenannten Feinde und die Menschen des Ressentiments durchzieht dasselbe Ideal; Letztere wollen den Platz dieser sogenannten Feinde einnehmen, was deutlich beweist, dass sie sich die Kategorie des Feindes widerrechtlich angeeignet haben. »Er hat ›den bösen Feind‹ concipiert, ›den Bösen‹, und zwar als Grundbegriff, von dem aus er sich als Nachbild und Gegenstück nun auch noch einen ›Guten‹ ausdenkt – sich selbst!«[1]

Selbst wenn ich der Meinung bin, dass die Bekämpfung des Ressentiments das Hauptziel der analytischen Kur ist, glaube ich doch auch, dass es am Ende des Weges keine Wiedergutmachung gibt. Nicht selten kommen Patienten mit diesem Wunsch in die Kur: Wiedergutmachung, wieder so leben, wie sie gelebt haben, vor dem Drama, vor dem Trauma. Dann begreifen sie, dass

1 Ebd., S. 274.

es kein Zurück gibt, dass es das Erschaffen und nicht die Wiedergutmachung geben wird, dass es ohne Erschaffen nur die Regression geben wird. Worauf sie mit dem Phantasma vom Zurück im Grunde abzielen, ist ein sorgloses Leben, die Illusion von Glück, um nicht zu sagen das Glück selbst... und das bleibt möglich. Aber dieses Glück wird niemals das alte Glück sein. Es wird etwas sein, was es nie gegeben hat; und es ist ziemlich beeindruckend, sich der Herausforderung zu stellen, etwas zu erschaffen, was es nie gegeben hat. Es ist normal, dass man schwankt und sich dazu unfähig fühlt. Aber zu einer Form von Gesundheit zurückzufinden bedeutet, den Weg des Erschaffens, der möglichen Emergenz wieder aufzunehmen.

15
Die Fähigkeit, zu vergessen

Um das Prinzip des Ressentiments und seine Funktionsweise zu erfassen, kann man Nietzsche, Freud und Deleuze zusammenbringen und seine unbewusste und bewusste Doppelbewegung beschreiben. Ausgehend von Freuds Schema der topischen Hypothese wird deutlich, wie ein Reiz vom Unbewussten aufgenommen und als Spur im Gedächtnis behalten wurde und dann durch eine neue, heutige Erregung wiederbelebt wird, wodurch die »momentane« Spur »dauerhafter« wird.[1] Ohne die bewusste

1 »Wir nehmen an, daß ein vorderstes System des Apparats die Wahrnehmungsreize aufnimmt, aber nichts von ihnen bewahrt, also kein Gedächtnis hat, und daß hinter diesem System ein zweites liegt, welches die momentane Erregung des ersten in Dauerspuren umsetzt«, in Sigmund Freud, *Die Traumdeutung*, *Gesammelte Werke*, Bd. 2 u. 3, Frankfurt am Main, Fischer Verlag, 1999, S. 543. Siehe auch den Artikel über das Unbewusste von 1915 (in *Metapsychologie*, 1915) und *Jenseits des Lust-*

Wiederbelebung würde das Ressentiment also nicht existieren; es bliebe bei dem unbewussten, traumatischeren, aber nicht unbedingt zum Ressentiment gewordenen Jenseits. In seinem Kommentar zu Nietzsche erinnert Deleuze daran, dass das Vergessen bei Nietzsche eine Fähigkeit der großen Seelen ist. Man könnte die Fähigkeit der Verdrängung anführen, aber diese ist nicht genau das Gleiche wie das Vergessen; sie hat nicht dessen Unschuld. Es ist unbestreitbar, dass das echte Vergessen auch eine Kraft sein kann, da es das Geschehen von etwas anderem, die Entstehung von etwas anderem erlaubt. Es wäre eine Art unbewusste Dynamik der Regeneration, natürlich außerhalb der Definition eines kognitiven Defizits. Das Vergessen wurde allzu oft nur von der Seite des Bewusstseins aus gesehen, als Unzulänglichkeit, dabei kann es auf der Seite des Unbewussten und dann in seiner Bestätigung durch das Bewusstsein eine ungeheure vitale Kraft besitzen. Denn wenn das Bewusstsein vergisst und das Unbewusste behält, kann sich das Subjekt in der Tat unwohl fühlen und genau das erleben, was man als Wiederkehr des Verdrängten bezeichnet. Allerdings scheint es schwierig, das Vergessen bewusst anzustreben: Ist ein willentliches Vergessen noch ein Vergessen? Klar ist auch, dass diejenigen, die Ressentiments empfinden, nicht vergessen; aber Vorsicht vor der Fehlannahme, den Menschen des Ressentiments als Garant des Gedächtnisses zu betrachten, als denjenigen, der nie vergisst, was geschehen ist. Das ist nicht der Fall. Der vom Menschen des Ressentiments empfangene Reiz ist von ihm unweigerlich vermittelt. Anders gesagt, was empfangen wird, ist nicht unbedingt das, was gewesen ist; oder es ist auf jeden Fall nur ein kleiner Teil dessen. Das Problem ist nicht, dass er nie vergisst, sondern dass das, was in Erinnerung bleibt, bereits verzerrt ist und durch die Wiederbelebung seines Bewusstseins noch wei-

prinzips (1920). Siehe ferner Gilles Deleuze, *Nietzsche und die Philosophie*, übers. v. Bernd Schwibs, München, Rogner & Bernhard, 1976, S. 123.

ter verzerrt wird, das im Übrigen keinerlei Bedürfnis haben wird, dasselbe Objekt zu haben, um sich wiederzubeleben, da es von Anfang an den Gefühlsausbruch gibt. Wie wir gesehen haben, kann das Ressentiment sehr schnell ohne Objekt und damit eben ohne Erinnerung auskommen. Wenn es nicht vergisst, verfälscht es, nicht weil der empfangene Reiz sich notwendig von der ursprünglichen Realität unterscheidet, sondern weil es ihm an der Demut fehlt, zu glauben, dass er sie abdeckt, und weil es keine Unterscheidung macht. Auf der unbewussten Ebene nicht zu unterscheiden, lässt sich gerade durch die Arbeit mit dem Unbewussten ausgleichen – das ist das Charakteristikum der analytischen Arbeit. Auf der bewussten Ebene nicht zu unterscheiden ist hingegen ein entschiedenes Ungenügen. Die große Schwäche des Ressentiments ist: sich von sich selbst täuschen zu lassen und, um dem Ganzen die Krone aufzusetzen, zu glauben, dass es nicht vergessen hat, während es die Verwirrung, die es stiftet, vergessen hat.

Die Fähigkeit zu vergessen ist ein Weg, um sich vor dem Ressentiment zu schützen, wobei die grundlegende Schwierigkeit darin besteht, das Vergessen nicht mit dem bloßen Wunsch zu vergessen zu überdecken.

> Das Ressentiment des vornehmen Menschen selbst, wenn es an ihm auftritt, vollzieht und erschöpft sich nämlich in einer sofortigen Reaktion, es vergiftet darum nicht: andererseits tritt es in unzähligen Fällen gar nicht auf, wo es bei allen Schwachen und Ohnmächtigen unvermeidlich ist. Seine Feinde, seine Unfälle, seine Unthaten selbst nicht lange ernst nehmen können – das ist das Zeichen starker voller Naturen, in denen ein Überschuss plastischer, nachbildender, ausheilender, auch vergessen machender Kraft ist.[1]

1 F. Nietzsche, *Zur Genealogie der Moral*, S. 273.

Es steht fest, dass das wirkliche Bewusstsein des Tragischen, das tiefe Verständnis dieses Begriffs und in gewisser Weise seine Akzeptanz, nicht um es zu rechtfertigen oder hervorzurufen, sondern einfach um zu begreifen, dass es einen entscheidenden Unterschied gibt zwischen dem Subjekt und dem Wirklichen, und zwischen dem, was wir Wahrheit nennen, und dem Wirklichen selbst, die Herausforderung von Nietzsches literarischem und philosophischem Werk kennzeichnet. Und auch hier gibt es einen großen Unterschied zwischen sich ernst nehmen und dem bloßen Verständnis des Tragischen.

Bei Jankélévitch kommen die Begriffe zur Bezeichnung derselben Realität dem merklich nahe, auch wenn man das Gegenteil glauben könnte. Wenn Jankélévitch schreibt, »es ist unnötig, sich für tragisch zu halten, es genügt, ernst zu sein«, bezeichnet er dasselbe wie Nietzsche: ein ziemlich feines Verständnis der Realität und ihres Schmerzes, ein unvermeidliches Gefühl für das *pretium doloris*, aber das Fehlen einer sentimentalen oder viktimistischen, ja sogar diskursiven Vereinnahmung dieses Gefühls. Es ist nicht nötig, sich selbst ernst zu nehmen, und nicht nötig, über die Ernsthaftigkeit zu diskutieren: eine Akzeptanz, die nicht in einen selbstgefälligen und reaktionären Verzicht auf das Ressentiment umschlägt, reicht aus. Im Übrigen taucht eine andere Bedeutung des »Es reicht« auf. Ein nicht rachsüchtiges »Es reicht«, das aber dennoch von der moralischen Verpflichtung zeugt, sich etwas anderem zuzuwenden, damit sich wieder eine Geste der Erkenntnis entfaltet.

Nietzsche erinnert an Aristoteles' Missverständnis, Tragik mit zwei deprimierenden Affekten wie Angst und Mitleid gleichzusetzen: »Hätte er recht, so wäre die Tragödie eine lebensgefährliche Kunst; man müsste vor ihr wie vor etwas Gemeinschädlichem oder Anrüchigem warnen.«[1] Indem sie sich in den Dienst

1 F. Nietzsche, *Umwertung aller Werte*, S. 770, § 465.

des Anrüchigen stellt, würde sich die Kunst selbst verleugnen, fährt er fort. Die Tragödie ist hingegen ein »*tonicum*«, zumindest muss man sie so verstehen, als Gelegenheit zu einer kathartischen Dynamik und nicht zu einer wiederkäuenden Verdoppelung. Anders gesagt, der Sinn der Tragödie ist, zur Aktion zu schreiten, und nicht zur bloßen Reaktion, die das gerade Gegenteil der Aktion ist. »Die Tragödie lehrt nicht Resignation … Die furchtbaren und fragwürdigen Dinge darstellen ist selbst schon ein Instinkt der Macht und Herrlichkeit am Künstler: er fürchtet sie nicht.«[1] Für den Künstler ist es zweifellos leichter, sagen wir, selbstverständlicher, das Tragische zu sublimieren. Für den Nicht-Künstler, der die Sublimierung nicht als technischen und methodischen Quasi-Reflex hat, ist die Herausforderung schwieriger. Er muss den Weg des Künstlers selbst ausprobieren, seinen eigenen Weg, der nicht notwendig ein literarisches oder künstlerisches Werk sein muss, aber denselben libidinösen Prozess und dieselbe Einbringung in die Welt offenbart, sowie dieselbe Fähigkeit, das Tragische zu erfassen und dabei sein mögliches Gift fernzuhalten.

16
Auf die Welt hoffen

Nietzsche sagt: Der Mensch, der dem Ressentiment entgeht, entgeht ihm nicht von vornherein, das ist immer die Frucht einer Arbeit. Und das Werk muss unablässig wiederholt werden: Es besteht eine ständige Wachsamkeit, um sich zur Sublimierung zu verpflichten und sich nicht einfach mit der Inspiration zufriedenzugeben. Dies ist eine der freudschen Definitionen von Kultur: »Die Triebsublimierung ist ein besonders hervorstechender Zug

1 Ebd., S. 772, § 466.

der Kulturentwicklung, sie macht es möglich, daß höhere psychische Tätigkeiten, wissenschaftliche, künstlerische, ideologische, eine so bedeutsame Rolle im Kulturleben spielen.«[1] Die Sublimierung ist die Fähigkeit, die das individuelle Subjekt benötigt, sei es isoliert oder im Netz der Gesellschaft: Sie ist die Fähigkeit, aus den eigenen Neurosen und aus den noch schwerer zu ertragenden Neurosen der anderen das fast alchemistische Talent zu entwickeln, mit den Trieben etwas anderes zu machen als eine regressive Triebbefriedigung, sie auf ein Jenseits von sich selbst auszurichten, die kreative Energie, die sie durchströmt, sinnvoll zu nutzen.

Denn man muss begreifen, dass es an Energie mangelt, dass sie erneuerbar ist, dass aber jedes Subjekt seinen eigenen Rhythmus der Erneuerung hat und dass das Verbrennen seiner Energie für dafür ungeeignete Objekte die ökosystemische Resilienz aufbraucht und gefährdet. »Da der Mensch nicht über unbegrenzte Quantitäten psychischer Energie verfügt, muß er seine Aufgaben durch zweckmäßige Verteilung der Libido erledigen.«[2] Die Analyse erlaubt zu verstehen, wie der Mensch libidinös funktioniert: wie seine Energie auf dieses oder jenes Objekt fokussiert wird und wie die Energie, wenn sie zu sehr auf das Objekt fokussiert wird, verbraucht wird, leerläuft, ohne Möglichkeit, sich wieder aufzuladen; wie man die »zweckmäßige Verteilung der Libido« lernen muss, denn es ist die gleiche Energie, die den Körper und den Geist durchströmt, die Investition in die Gesellschaft und diejenige, die man außerhalb von dieser zu leisten imstande ist. Die Regeln variieren von Mensch zu Mensch, manche können die gleiche Energie beim Schreiben, im öffentlichen Leben und in der Sexualität einsetzen. Andere müssen hingegen »wählen« oder vielmehr die Tatsache ertragen, dass diese Energie nicht un-

1 Sigmund Freud, *Das Unbehagen in der Kultur* (1929), *Gesammelte Werke*, Bd. 14, Frankfurt am Main, Fischer Taschenbuch Verlag, 1999, S. 457.
2 Ebd., S. 463.

endlich ist und dass man sie lenken muss, dass man wählen muss, obwohl man es gerne anders hätte.

Freud konnte seinen gewöhnlichen Sexismus sprechen lassen, der sich im Übrigen auf ein charakteristisches Phänomen seiner Zeit stützen konnte, nämlich den Platz der Hysterie, die bei den Frauen stärker ausgeprägt war als bei den Männern. Freuds Fehler[1] ist, die Frau zu essentialisieren und nicht zu sehen, dass es das historische Moment gibt. Wenn die Frau Ressentiments hat, dann nicht, weil sie nicht mehr Gegenstand der männlichen Aufmerksamkeit ist – *de facto*, zum Teil –, sondern vor allem, weil sie ihres eigenen libidinösen Engagements beraubt ist. Jeder Mensch, der sich nicht durch seine Libido in die Welt einbringen kann, stirbt einen langsamen Tod und verfällt dem Ressentiment als Abwehrmechanismus. Hier ist im Übrigen die Überkreuzung von persönlicher und gesellschaftlicher Anstrengung entscheidend. Denn natürlich gibt es strukturelle Bedingungen, die Ressentiments erzeugen. Das bedeutet nicht, dass man sich dem unterwerfen müsste, aber wir sollten anerkennen, dass die Situation für denjenigen – und häufiger für diejenige –, der damit konfrontiert ist, schwieriger ist. Es ist daher die Aufgabe der Politik und eines Rechtsstaats, der diesen Namen verdient, Bedingungen zu schaffen, die das Ressentiment nicht verstärken, indem sie der größten Zahl erlauben, die Welt libidinös in Beschlag zu nehmen, und nicht nur erlauben, was Winnicott als Hoffnung auf eine von der Welt erfüllte Erwartung bezeichnet,[2] sondern auch die Bereit-

1 »Was er [der Mann] für kulturelle Zwecke verbraucht, entzieht er großenteils den Frauen und dem Sexualleben: das beständige Zusammensein mit Männern, seine Abhängigkeit von Beziehungen zu ihnen entfremden ihn sogar seinen Aufgaben als Ehemann und Vater. So sieht sich die Frau durch die Ansprüche der Kultur in den Hintergrund gedrängt und tritt zu ihr in ein feindliches Verhältnis«, in ebd.

2 »Über diese erste Etappe in der Entwicklung des Kindes hinaus ist die primäre mütterliche Sorge für Winnicott eine Metapher für die therapeutische Arbeit: ›Was wir in der Therapie tun, ist der Versuch, den natürlichen

stellung von Mitteln, um dahin zu kommen. Kein Individuum kann sich auf der Pflicht des Rechtsstaats ausruhen, dies zu tun, denn der Rechtsstaat ist nichts ohne das ständige Bemühen der In-

Prozess nachzuahmen, der das Verhalten jeder Mutter mit ihrem eigenen Säugling kennzeichnet.‹ ›Den Säugling gibt es nicht‹, schreibt Winnicott, um hervorzuheben, dass ein Säugling ohne eine Mutter oder eine Person, die diesen Platz einnimmt und für das Baby sorgt, nicht existiert. Mit Winnicott hört das Individuum auf, eine isolierte Einheit zu sein: ›Das Gravitationszentrum des Individuums entsteht nicht aus dem Individuum heraus. Es befindet sich in der Gesamtheit von Umwelt und Individuum.‹ (Winnicott, 1952.) Um die mütterliche Fürsorge zu definieren, greift Winnicott auf den Begriff der Hingabe zurück, wie um gewissermaßen ihre Unbegrenztheit, ihre Nicht-Diskriminierung, Fürsorglichkeit, Unendlichkeit besser herauszustellen. ›Das Fundament der psychischen Gesundheit jedes Kindes wird durch die Mutter gelegt, während sie fast ausschließlich mit der Versorgung ihres Säuglings beschäftigt ist. Man kann das Wort ›Hingabe‹ von seinem sentimentalen Beiklang befreien und es zur Bezeichnung des wesentlichen Zuges benützen, ohne den die Mutter ihren Beitrag, eine sensible und aktive Anpassung an die Bedürfnisse ihres Säuglings – Bedürfnisse, die zu Anfang absolut sind –, nicht leisten kann. Das Wort Hingabe erinnert uns auch daran, dass es bei der Erfüllung ihrer Aufgabe als Mutter nicht auf besondere Klugheit ankommt. Psychische Gesundheit ist also ein Ergebnis der fortwährenden Pflege, die eine Kontinuität des persönlichen emotionalen Wachstums ermöglicht‹ (Winnicott, 1952). Die Hingabe ist kein theoretischer Akt, sie ist eine uneingeschränkte Gabe von sich, eine Form der vollkommenen Verfügbarkeit und Aufmerksamkeit. Dies bezieht sich nicht nur auf die Handlungen, die die Mutter in Form der grundlegenden Pflege, in Form des *Handlings*, zukommen lassen kann. Es bezieht sich auch auf das Gefühl der Sicherheit, das das Kind dank der Aufmerksamkeit der Mutter erfahren kann: Es fühlt sich ›getragen‹, beschützt, und diese Unterstützung – diese Sorge – ermöglicht es ihm, einen ersten Kontakt mit der Welt aufzubauen. ›Das Baby weiß nicht, dass der Raum um es herum von Ihnen aufrechterhalten wird. Sie sorgen dafür, dass die Welt es nicht verletzt, noch bevor es sie entdeckt! Mit einer Ruhe voller Leben verfolgen Sie das Leben beim Säugling und bei Ihnen und warten auf die Bewegungen, die von ihm kommen, die Bewegungen, die zu Ihrer Entdeckung füh-

dividuen, die Mittel zur Bekämpfung des Ressentiments zu schaffen. Doch ist das *einzelne* Individuum nicht *alleine* für das Versagen der Demokratie verantwortlich, vor allem nicht für ihre Nachsichtigkeit zu glauben, die Aufrechterhaltung von Strukturen, die das Ressentiment schüren, sei eine Nebensächlichkeit. Auf die Welt zu hoffen, bedeutet nicht, sich der Frustration zu verweigern, sondern bloß, sie in eine Ordnung der möglichen Bedeutung und Symbolisierung einzuschreiben. Wenn das Individuum davon überzeugt ist, dass es von der Welt nichts erwarten kann, kommt es zur Verwerfung, und das beeinträchtigt seine Fähigkeit zu »Lust- und Unlustempfindungen«. Es ist zur »Narko-

ren.‹ (Winnicott, 1957.) Die Unterstützung der Mutter ist hier die Unterstützung der Welt, in dem Sinne, dass der Säugling die Welt entdecken kann, ohne von ihr traumatisiert zu werden. Die Welt wird ohne diese anfängliche Unterstützung der Mutter nicht zur Welt. Danach kann die Trennung erfolgen, und das Kind kann seine eigene Beziehung zur Welt aufbauen. ›Vieles hängt also davon ab, wie man den Säugling und das Kind die Welt entdecken lässt. Die normale Mutter kann mit dieser außergewöhnlichen Arbeit, die Welt in kleinen Dosen zu präsentieren, beginnen und sie fortsetzen, nicht weil sie gelehrt ist, wie ein Philosoph, sondern ganz einfach, weil sie sich ihrem Säugling widmet.‹ (Winnicott, 1957) Hier entscheidet sich die psychische Gesundheit des zukünftigen Individuums, zwar nicht in ihrer Gesamtheit, aber dennoch ist eine unzureichende Betreuung am Ort der Kindheit für das zukünftige Subjekt höchst schädlich, insofern der anfängliche Riss zutiefst verstärkt wird, wenn die Werkzeuge fehlen, die ihn überwinden könnten. In der Kindheit gibt die Mutter ›Grund zu der Annahme, dass die Welt ein Ort ist, an dem die Hoffnung besteht, das Äquivalent dessen zu finden, was erwartet, vorgestellt und benötigt wird‹. (Winnicott, 1957.)« In Cynthia Fleury-Perkins, »Unersetzbarkeit und Elternschaft«, *Spirale*, Bd. 79, Nr. 3, 2016, S. 41-52. Siehe Donald W. Winnicott, *L'Enfant et sa famille* (1957), Paris, Payot, ›Petite Bibliothèque Payot‹, 2006; Donald W. Winnicott, »Psychose und Kinderpflege« (1952), in *Von der Kinderheilkunde zur Psychoanalyse*, übers. v. Gudrun Theusner-Stampa u. Thomas Auchter, Gießen, Psychosozial-Verlag, 2008 (in der deutschen Übersetzung sind nicht alle von Cynthia Fleury zitierten Stellen enthalten, Anm. d. Übers.).

tisierung in der Empfänglichkeit« und »allmähliche[n] Abstumpfung« bestimmt.[1]

17
Die Tragik des Thiasos

Der kontraintuitive Wendepunkt besteht jedoch darin, den sicheren Sinn für das Tragische dem Ressentiment entgegenzusetzen und ebenso das richtige Verständnis der Tragödie dem Geist der Ernsthaftigkeit entgegenzusetzen, darin im Gegenteil die Möglichkeit einer Herausforderung zur Freude zu sehen. Die Tragödie übersteigt in der Tat *meine* Tragödie. Die Tragödie ist tragisch, weil sie universell ist, weil das *Ich* ihr von vornherein nicht standhält; es ist ihr nicht gewachsen, wenn sie heraufzieht, aber vor allem ist es von Anfang an nicht in der Lage, sie anzugreifen. Sie befinden sich nicht auf demselben Terrain. *Ich* zu sagen bedeutet, die Welt als *meine* Welt zu setzen; das ist für das Subjekt zweifellos notwendig, kann aber nicht das letzte Wort sein. Denn dann teilt sich der Weg zwischen dem Ressentiment auf der einen Seite und dem ebenso absurden Überlegenheitskomplex auf der anderen: kurzum, Illusion *versus* Illusion. Man kann *ich* (*moi*) sagen; aber die richtige Individuation muss uns sodann dazu bringen, diese Haltung zu überwinden und das Mallarmé'sche Abenteuer eines verschwindenden Ichs (*je*) zu wagen.

Mallarmé wird nicht zufällig zu Hilfe gerufen. Er ist zunächst einmal der Autor einer eröffnenden Partnerschaft,[2] und er ist auch derjenige, der Deleuze hilft, bei Nietzsche die Bedeutung

1 S. Freud, *Das Unbehagen in der Kultur*, S. 448.

2 Cynthia Fleury, *Mallarmé et la parole de l'imâm*, Paris, Éditions d'écart, 2001, Neuauflage bei Gallimard, »Folio«, 2020.

des Tragischen besser zu verstehen, die traditionelle Sicht des Tragischen zu eröffnen. Denn es stimmt, dass der *deus ex machina* oft als etwas angesehen wird, das keinen Ausweg erlaubt, als etwas, das über den Menschen hereinbricht und ihm keine mögliche Zuflucht lässt. Hier nimmt das Tragische die Gestalt eines Würfelwurfs an, der ebenso zerschmetternd, ebenso abrupt, ebenso unmöglich ist, aber dennoch ein Potenzial in sich birgt, das sich zuweilen noch der Sublimierung oder Entschlüsselung widersetzt.

»Die frohe Botschaft«, schreibt Deleuze, »ist das tragische Denken; denn das Tragische steckt nicht in den Gegenanklagen des Ressentiments, nicht in den Konflikten des schlechten Gewissens, nicht in den Widersprüchen eines sich schuldig und verantwortlich fühlenden Willens. Das Tragische steckt nicht einmal im Kampf gegen Ressentiment, schlechtes Gewissen oder Nihilismus. Nietzsche zufolge ward nie begriffen, was das Tragische ist, nämlich: tragisch = froh, fröhlich. Dies [ist] eine andere Form, die große Gleichung zu setzen: wollen = erschaffen. Man hat nicht verstanden, daß das Tragische reine und mannigfache Positivität, dynamische Heiterkeit ist. […] Tragisch ist der Würfelwurf.«[1] Es ist ein Denken, das man zu leben versuchen sollte, ohne sich von seiner einzigartigen Poesie verführen zu lassen.

Im klinischen Bereich muss man bei der Trauer um einen geliebten Menschen, um ein Kind, bei Kummer, ja sogar bei einem grausamen Trauma, das für immer in die Psyche eingebrochen ist, diesen – sehr heftigen – Hang zu dem im Tragischen enthaltenen Sinn hervorlocken; das ist in der Regel in den ersten Phasen der Behandlung und selbst über mehrere Jahre hinweg nicht machbar. Was aber überaus erstaunlich ist und zweifellos den moralischen und intellektuellen Unterschied zwischen den Menschen ausmacht, ist, dass es für manche eines Tages dazu kommt. Niemand kann diesen Tag vorhersehen, niemand kann sich darauf

1 G. Deleuze, *Nietzsche und die Philosophie*, S. 42.

verlassen, dass er eintritt, denn nichts ist weniger sicher. Und doch ist die *wiedergefundene Zeit* genau das: die entfernte Erinnerung an das, was war, aber auch das Vergessen, der Platz für etwas anderes, etwas anderes, das genauso groß sein wird, oder auch nicht. Sie ist die Möglichkeit der Freude, wie die Möglichkeit einer Insel; sie hält den endgültigen Kummer von dieser fern; und dadurch ist sie die Mobilität des Subjekts. Und Nietzsche verweist auf die Figuren von Dionysos und Zarathustra. Beide sind gleichermaßen Figuren des Erkenne dich selbst, wobei die erste mehr Schmerz, die zweite mehr Freude ist, doch sind beide metamorph, beide rufen zur Vielheit auf und zur Vision einer Einheit, die kreativer, weniger absolut ist.

Um die Figur des Dionysos verständlich zu machen, habe ich oft versucht, sie durch ihren Thiasos zu erklären.[1] Dionysos ist einer, aber nicht eines; er ist in seinem Inneren vielfältig, aber er ist auch relational, gebunden an diejenigen, die ihn begleiten, wie Stücke von ihm, wie Sequenzen des Lebens und wie Fremde, die nie er sein werden und die er nie sein wird. Dies ist die Kette der Deformierten, des Alters und der Jugend, die Kette, die man nicht will, die sich jeder Normalisierung widersetzt und zweifellos auch jedem Wunsch, so geformt zu sein – sonst wäre sie nur eine Maskerade. Der Thiasos erlaubt uns auch eine weniger illusionäre, poetischere, demütigere Auffassung vom Subjekt, die weniger der Erwartung einer unseren Stolz erfüllenden Ästhetik entspricht. Es gibt etwas Archaisches in diesem Thiasos, etwas Skurriles, und doch spürt man, dass es hier eine mögliche Freiheit gibt, eine mögliche Freude, während alles Schmerz ist, dass es hier wirklich ein Verschwinden der Beherrschten gibt, dass das Ressentiment verstummt ist, endlich.

1 Im Französischen bezeichnet der oder die *thiasos* das Gefolge, das Dionysos bei seinen Streifzügen begleitet und sich aus Satyrn, Silenen und Mänaden zusammensetzt.

18
Die große Gesundheit: Das Offene wählen; das Numinose wählen

Man kann der Ansicht sein, dass eine Möglichkeit, die Herrschaft zum Schweigen zu bringen, nicht endgültig, gerade der Zugang zur Schöpfung ist. Wer erschafft, hört auf, beherrscht zu werden; in diesem Sinne ist er frei, selbst wenn sein Schaffen einem institutionellen, staatlichen, ja ideologischen Zweck dient, denn das Schaffen ist der Institution ebenbürtig, da es einen zeitlichen Akt darstellt, es erschafft die Zeit, es dauert an. Und was sich in dieser Dauer abspielt, kann für den Schöpfer zu Beginn nicht allein durch die institutionelle Adresse eingegrenzt werden. An die Erschaffung zu appellieren bedeutet, in eine Zeit vorzudringen, die man nicht unbeschränkt in der Hand hat, es bedeutet, sich von der Macht zu befreien, selbst wenn man glaubt, das Werk instrumentalisieren zu können. Wenn es ein echtes Werk ist, wird es sich tatsächlich emanzipieren. In diesem Sinne bedeutet das Werk zu wählen immer das Offene[1] zu wählen, wie Rilke schreiben könn-

1 Ich habe mich oft auf Rilkes Begriff des Offenen berufen, um ihn zu übernehmen und ihm eine klinische Funktion zu verleihen, die bei Rilke zweifellos nicht vorhanden ist. Das Offene hat bei dem Dichter mit dem Realen, dem Nicht-Synthetisierbaren, der tiefen Destabilisierung, aber auch mit der Ruhe zu tun, der Ruhe des Blicks von einem Tier, die er in seinen Elegien so gerne beschreibt. Das Offene kann auch an den Begriff des »Numinosen« bei Rudolf Otto anknüpfen, den Jung in seinen *Briefen* aufgreift, um auch hier von seiner therapeutischen Funktion zu sprechen. Das Offene zu wählen, das Numinose zu wählen ist gleichbedeutend damit, das Prinzip der Individuation gegen das Ressentiment zu wählen, es endgültig außerhalb von zu setzen, als das, was dem Todestrieb widersteht, so als habe der kreative Lebenstrieb seinen Vitalismus aus diesem »außerhalb von« bezogen: existieren (heraustreten), außerhalb des Ressentiments sein. »Sie haben ganz recht. Das Hauptinteresse meiner Arbeit liegt nicht in der Behandlung von Neurosen, sondern in

te; es bedeutet das zu wählen, was vom Ressentiment nicht getrübt werden kann, das, worüber es keine Macht hat, denn die Unendlichkeit seiner Offenheit verhindert entschieden die Gefangenschaft, der sich das Ressentiment ergeben will.

Das Werk schafft Luft, eine Öffnung, ein Fenster, es schafft einen Ausweg, dem man nicht widerstehen kann, weil er so natürlich erscheint, wie für einen gemacht, dynamisch, um zu leben; es ist Leben, in seiner vitalistischen Reinheit. »Der tragische Mensch ist die Natur in ihrer höchsten Kraft des Schaffens und des Erkennens und deshalb mit Schmerzen gebärend.«[1] Gegen den Racheinstinkt steht also Schaffenskraft oder auch nur der Spieltrieb, der Würfelwurf, nicht der Würfel des Relativismus, sondern der Würfel der Auswege, der Möglichkeiten, der Metamorphosen, der neu eröffneten Leben, die lahmgelegt schienen, von einer Öffnung befallen, die nur eine Wunde ist. Und nein, es sind nicht nur

der Annäherung an das Numinose. Es ist jedoch so, daß der Zugang zum Numinosen die eigentliche Therapie ist, und insoweit man zu den numinosen Erfahrungen gelangt, wird man vom Fluch der Krankheit erlöst. Die Krankheit selbst nimmt numinosen Charakter an.« (Brief von Jung an P.W. Martin, 28. August 1945, in *Briefe*, Bd. 1, hg. v. Aniela Jaffé in Zusammenarbeit mit Gerhard Adler, Olten u. Freiburg i.Br., Walter-Verlag, 1972.) Ohne jeden Zweifel gibt es bei Otto, Freud, Jung und selbst Rilke eine Dialektik zwischen dem Numinosen, dem Heiligen und dem Spirituellen, mehr noch als mit der Idee der Erkenntnis, die zweifellos als zu rational angesehen wird, oder mit einer zu engen Sicht der Vernunft. Sicher ist hingegen, dass das Numinose und das Offene mit dem Begriff der *imaginatio vera* im Dialog steht, der vom Prozess der Icherweiterung nicht zu trennen ist, der selbst matrixhaft oder mit dem Prozess der Individuation verknüpft ist. Noch einmal: Die *imaginatio vera* hat mehr mit dem Begriff der Urteilskraft als mit dem Begriff des Imaginären zu tun. Das Offene zu wählen, dem Ressentiment zu widerstehen bedeutet, sich für den kreativen Weg der Urteilskraft zu entscheiden. Wir werden später auf die klinische und therapeutische Funktion der Urteilskraft eingehen. Urteilen ist ein für die Gesundheit unerlässlicher Akt, der die richtige Diagnose widerspiegelt.

1 F. Nietzsche, *Umwertung aller Werte*, S. 797, § 541.

schöne Worte, all das zu sagen, ernsthaft die Poesie von Nietzsche oder Mallarmé anzurufen, Deleuze zu lauschen, wie er, der Adept der *Falte*, die dionysische Metamorphose diskutiert. Es geht einfach darum, zu lesen oder zu schreiben, was im analytischen Raum gesagt wird – noch einmal, dieser Raum ist nicht ausschließlich der der Psychoanalyse –, in dem Raum, der die Analyse entstehen lässt, das Dritte, die Dritten, das Selbst, das Ich, das Unbewusste, den Thiasos, den Sinn fürs Tragische, die abgebrochene und nunmehr verhinderte Verbalisierung, die unmögliche, ja sogar nicht auszuhaltende Sublimierung, die dann eines Tages realisiert wird, ohne dass dies wirklich gleichzeitig bewusst geworden wäre, die wiedergefundene Zeit, die wiedergefundenen Zeiten.

Das ist die Gesundheit, Nietzsches große Gesundheit; aber hier, in meiner klinischen Praxis, der wieder aufgenommene Versuch – die einzige realisierbare Wiederholung –, sich dem Ressentiment zu entziehen, sich auf die Fähigkeit zu verpflichten, es schließlich zu empfinden, ohne dazu verpflichtet zu sein, eine Geste, ein *Ethos*, einen Stil zu produzieren; es schließlich eines Tages zu tun und keine Zeit damit zu verlieren, es zu kommentieren oder sich selbst darüber zu freuen, sich an der Welt, am Leben, am Anderswo zu erfreuen, an einem verschwindenden, aber durchaus vorhandenen Selbst, das seine Verletzungen nicht mehr als stechend wahrnimmt.

Nehmen wir das Kapitel »Gedankenspiel« in Maurice Blanchots *L'Entretien infini*, das den Begriff der »Grenzerfahrung« strukturiert, das heißt die »Antwort, auf die der Mensch stößt, wenn er sich entschieden hat, sich radikal in Frage zu stellen«.[1] Blanchot, derselbe, der den strukturellen Mangel der Geburt geltend gemacht hat, sagt uns, dass der Mensch letztlich »alles« ist, dass er dies in seinem Entwurf ist, dieses »alles«, einem Entwurf, der untrennbar mit einer von ihren Zwängen befreiten Gesell-

1 Maurice Blanchot, *L'Entretien infini* (1969), Gallimard, 1995, S. 302.

schaft verbunden ist. Und was ist dieses »alles«? Eben ein »Gedankenspiel«, eben Löcher – würde Lacan sagen –, oder eben Würfel, Würfelwürfe. Was bei dieser Metapher wichtig ist, ist das Werfen, die unendlichen Kombinationen, nicht nur diejenige, die gespielt wird. Die Idee eines Schicksals, aber auch eines Schlages, eines Schicksals, aus dem man durch einen Schlag herauskommen kann – wer weiß. »O die Würfel, gespielt vom Grunde des Grabes in den Fingern der feinsinnigen Nacht, Würfel von Sonnenvögeln.«[1] Das klingt nach Mallarmé, ist aber Blanchot, der diese scharfsinnige Erklärung für die Poesie, für einen Sprung ins Schicksal gibt. Man spielt nur *die Möglichkeit selbst, zu spielen*. Es gibt keinen anderen *Gewinn*, erinnert er; doch diese *Möglichkeit des Spielens selbst* schafft das unendliche Gespräch der Seelen, und diese Bewegung ist aufständisch, sagt er uns, indem er das Schreiben als Moment des Aufstands hinstellt.[2]

Das ist der Unterschied zwischen dem Wiederkäuen und der Wiederholung, die einen Stil begründen kann. Man denkt natürlich an die Dichtung von Péguy, mit dem man unmöglich das Laster des Wiederkäuens verbinden kann, und man kann auch unmöglich leugnen, dass in Péguys Wiederholung, in ihrer unnachahmlichen stilistischen Verwendung, Nietzsches *amor fati* mitschwingt, der Sinn für die Ewigkeit und ihr möglicher Tanz mit einem Individuum, das die Qualen des Ressentiments überwindet. Bruno Latour hat die Bedeutung von Péguys repetitivem Stil untersucht, um zu zeigen, dass er gerade dadurch ein Anderswo erfindet, das Anderswo der großen Stabilität, der Zeit, die für sich selbst spielt, da sie die Sublimierung erlaubt: »Was natürlich ist, reproduziert sich; was interessant ist, vergeht und bleibt nicht; was unwahr ist, wird wiedergekäut; was wesentlich ist, wiederholt sich. Was wichtig ist, bleibt präsent und wird daher immer wieder aufgegriffen, um nicht zu vergehen, und vor allem wird es anders auf-

1 Ebd., S. 321.
2 Ebd., S. 323: »Der Aufstand, der Wahnsinn zu schreiben«.

gegriffen, um nicht wiedergekäut zu werden [...]. Die Wiederholung entzieht das Sein der Zeit.«[1] Durch die Wiederholung, durch den Stil, können wir eine andere Welt bewohnen als die, die uns umgibt, eine Welt, die mit der Vergangenheit in Verbindung steht, mit dem Fortbestehen der Seelen, die uns vorausgegangen sind und deren Fülle im Stil weiter nachhallt. Wenn man einen – unzulänglichen – Vergleich ziehen müsste, wäre dies die Verbindung, die zwischen dem Ritual und der Wiederholung besteht, oder die Fähigkeit des Rituals, uns mit dieser Verbindung zum Transzendenten in die Immanenz zu projizieren. Das Ritual erlaubt, die Welt zu bewohnen. Die stilistische Wiederholung erlaubt, die Welt zu bewohnen,[2] genau indem sie in ihr oder anderswo eine Raumzeit schafft, auf welche sie keinen Einfluss hat.

In einem Punkt ist Nietzsches Denken schwer zu überwinden, was Deleuze hervorgehoben hat. Denn er hat recht, wenn er den Instinkt der Rache, ja das Ressentiment, als den großen Motor der modernen Geschichte bezeichnet. Der Instinkt der Rache scheint über alles die Oberhand zu gewinnen, die Metaphysik, die Psychologie, die Geschichte.[3] »Der Instinkt der Rache ist das genealogische Element unseres Denkens, das transzendentale Prinzip unserer Weise zu denken«, kommentiert Deleuze. Doch muss man dann daraus schließen, dass das Ressentiment der einzig mögliche Motor der Geschichte ist? Ist es noch möglich, Geschichte außerhalb des Ressentiments zu machen? Besteht das nietzscheanisch-zarathustrische Unternehmen darin, Geschichte anders zu machen, den Anfang nicht aus dem Ressentiment entstehen zu lassen? Ist das der Weg, der von der Vorstellung der ewigen Wiederkehr propagiert wird, ist das das neue Zivilisationsprin-

1 Bruno Latour, »Pourquoi Péguy se répète-t-il? Péguy est-il illisible?«, in Camille Riquier (Hg.), *Péguy*, Les Cahiers du Cerf, 2014, S. 339-341.

2 B. Latour, »Nous sommes des vaincus«, in C. Riquier (Hg.), *Péguy*, S. 28.

3 F. Nietzsche, *Umwertung aller Werte.*, Drittes Buch, § 459. Siehe auch Gilles Deleuze, *Nietzsche und die Philosophie*, S. 41.

zip? War die Geschichte, wie wir sie kennen, nur die Geschichte des Ressentiments? Es besteht kein Zweifel, dass das Ressentiment real ist, ja der historischen Dynamik innewohnt, und es scheint ebenfalls denkbar, dass es nicht selbst durch eine weniger schlechte Dynamik »schlecht« wurde. Aber die Herausforderung stellt sich dennoch und ist sehr schwer zu bewältigen: Wie kann man Geschichte ohne Ressentiment machen? Das ist in meinen Augen eine essentielle Herausforderung, denn es geht nicht darum, die Existenz des Ressentiments zu verleugnen, vielleicht sogar seine Notwendigkeit, sondern es ist wichtig zu sehen, wie man es sublimieren kann, wie man es in der Geschichte nicht alleine den Ton angeben lassen kann. Die humanistische Zivilisation befindet sich im nächsten Schritt, dem der Konfrontation mit dem Ressentiment, nicht seiner Verleugnung, sondern dem seiner Überwindung; das ist der Weg, der die Geschichte von der Ethik trennt oder von dem, was wir als humanistische Zivilisation zu definieren versuchen, eben eine Geschichte, die sich nicht damit zufriedengibt, allein im Fahrwasser des Ressentiments zu sein. Der Mensch ist »der Sträfling der Zwangsarbeiten der Zeitlichkeit«, er ist »in das Werden hineingezwungen«.[1] Wie könnte man die Verpflichtung zum Engagement in der Geschichte besser ausdrücken als Jankélévitch, wie könnte man besser als er sagen, dass der Sinn der Vergangenheit in der Zukunft liegt oder dass man sich an die Zukunft erinnern muss, um die gegenwärtige Zeit aufzubauen und angesichts der Barbarei nicht in Mutlosigkeit zu verfallen? »Der Wertehimmel ist ein zerrissener Himmel«,[2] schreibt er auch, was uns darüber hinwegtröstet, dass wir schließlich die größte Illusion der Reinheit aufgegeben haben.

1 Vladimir Jankélévitch, *Henri Bergson* (1930/1959), übers. v. Ulrich Kunzmann, Berlin, Suhrkamp Verlag, 2022, S. 484.

2 Vladimir Jankélévitch u. Béatrice Berlowitz, *Irgendwo im Unvollendeten*, übers. v. Jürgen Brankel, Wien, Turia & Kant, 2008, S. 115.

19
Weiterhin über die Welt staunen

Einer der grundlegenden Punkte bezüglich der »Eigenschaften« des Ressentiments ist die Tatsache, nicht mehr sehen zu können, den Zugang zum richtigen Blick auf die Dinge zu verlieren, die Fähigkeit zur Verblüffung und, einfacher gesagt, zur Verwunderung zu verlieren – also nicht nur die Blindheit, sondern die Verzerrung von allem, so als habe sich das Subjekt die Augen ausgestochen, so als habe es auch den Zugang zu seiner eigenen Befähigung zum Edelmut verloren.

Bei Descartes ist der Edelmut matrixartig und schützt vor traurigen Leidenschaften (Zorn, Neid, Eifersucht). Artikel 156 der *Leidenschaften der Seele* erlaubt zu begreifen, wie diese menschliche Eigenschaft vorm Ressentiment schützt, insofern dieses eine Art Konvergenz von Neid, Hass und Zorn ist:

> Solche Edelmütigen werden gleichsam [...] völlig Herr ihrer Leidenschaften, insbesondere der Begierden, der Eifersucht und des Neids, weil es für sie nichts gibt, dessen Erwerb nicht von ihnen selbst abhängt und das sie als so wertvoll ansehen, daß es verdiene, in dem Maße gewünscht zu werden –; ferner des Hasses gegen die Mitmenschen, weil sie alle achten; der Furcht, weil das Vertrauen auf ihre Tugend sie sicher macht; des Zorns schließlich, weil sie nur geringfügig allem dem Beachtung schenkt, was von anderen abhängt, und so nicht so viel Überlegenheit ihren Feinden zugeben, daß sie anerkennen, daß sie dadurch verletzt worden sind.[1]

1 René Descartes, *Die Leidenschaften der Seele* (1649), übers. u. hrsg. v. Klaus Hammacher, Hamburg, Felix Meiner Verlag, 1996, S. 243-245.

Vor der Beschreibung des Edelmuts als operative Tugend im Kampf gegen die Ausschweifung der Leidenschaften steht der Begriff der Bewunderung (Artikel 70),[1] der erste der ursprünglichen Affekte. Sie wird nicht nur als Staunen über seltene und außergewöhnliche Dinge definiert, sondern impliziert auch dessen Aufrechterhaltung. Man könnte die Bewunderung außerdem als etwas betrachten, was sich der Doppelbewegung des Ressentiments widersetzt, insofern sie ziemlich ähnlich funktioniert: Es gibt eine Form von erster Erregung und eine Verdopplung dieser Erregung in einer bewussteren Version. Die Dialektik lautet so: Die Bewunderung steigert unsere Fähigkeit zur Aufmerksamkeit, ja sogar zur Liebe, aber die Psyche, die diese Erregung empfängt, ist selbst der Produzent einer Bewunderung. Wir wissen sehr wohl, dass es unmöglich ist, bei der Bewunderung den Blick des Subjekts von dem zu trennen, was gerade bewundert wird. Das Bewundernswerte kann nicht bewundert werden, und man kann bewundern, was nicht bewundernswert ist. Wenn Descartes hier zur Bewunderung aufruft, verknüpft er sie unmerklich bereits mit dem Edelmut, damit sie möglichst wenig versagt und dem Subjekt eine größere Fähigkeit zur Regulierung seiner eigenen Leidenschaften verleiht.

Deleuze kommt auf die Unfähigkeit zur Bewunderung, zum Respekt und zur Liebe bei den in das Ressentiment verliebten Subjekten zurück.[2] Ich sage »verliebt«, da sie etwas von einer perversen Verzückung haben; sie lassen sich vom Ressentiment verzücken, wie andere sich von der Bewunderung oder vielmehr vom Fanatismus, dem überschwänglichen Enthusiasmus verzücken lassen, hinter dem sich natürlich der Wunsch nach Anerkennung verbirgt. Bewunderung, gepaart mit Edelmut und Demut in einer

1 Klaus Hammacher übersetzt »admiration« mit »Verwunderung«; in vorliegendem Kontext scheint »Bewunderung« jedoch die angemessenere Übersetzung zu sein, Anm. d. Übers.

2 G. Deleuze, *Nietzsche und die Philosophie*, S. 128.

Form, die der cartesischen so nahe wie möglich kommt, ist kein Fanatismus, sondern ein vernünftiges Gefühl: Zu lernen, die Welt oder einen anderen zu betrachten, sie zu bewundern, in dem Sinne, dass man bei ihnen auch die Einzigartigkeit erfasst, die erlaubt, das allgemeine Lernen zu steigern, verweist auf eine in der Philosophie wohlbekannte Fähigkeit: die Fähigkeit zum Staunen (*admiratio*) oder zum Hinterfragen, frei von jeder Versuchung der Herabwürdigung. Bewundern heißt in sich das Erwachen zu bewirken, die kognitive Kapazität zu entzünden, die Beweglichkeit von Geist und Körper zu erlauben und damit das Handeln zu erlauben. Die Analyse von Deleuze ist sehr interessant. Sie zeigt, wie der Mensch des Ressentiments von der Unfähigkeit zu bewundern zu der Unfähigkeit übergeht, nicht nur das Objekt seiner Herabsetzung nicht zu respektieren, sondern überhaupt nichts zu respektieren. Das ist übrigens ziemlich logisch: Während die Bewunderung dem Subjekt eine recht unbestimmte Fähigkeit zur Erweiterung seines Geistes und Handlungsbereichs verleiht, bewirkt das Ressentiment umgekehrt eine ebenso undifferenzierte Verengung der Seele. »Das Auffallendste am Menschen des Ressentiments ist nicht seine Boshaftigkeit, sondern sein widerwärtiges Übelwollen, seine Fähigkeit herabzusetzen. Ihr widersteht nichts. Weder respektiert er seine Freunde, noch gar seine Feinde. Nicht einmal das Unglück, oder die Ursache des Unglücks.«[1] Alles wird klein, selbst das Unglück wird klein, insofern es nur zur Schuld eines anderen wird. Alles ist mittelmäßig. Und da man glaubt, von Mittelmäßigkeit umgeben zu sein, ist es nur logisch, dass man ihr letztendlich selbst nicht widerstehen kann; die Fäulnis sucht den Menschen des Ressentiments heim, wenn er auch das Ausmaß der Gefahr nicht begreift.

Ein gesunder Sinn für Selbsterhaltung sollte dazu führen, dass man begreift, dass es wichtig ist, einen Bereich vor der Fäulnis zu bewahren, und sei es nur, um sich dort einzunisten, aber selbst

1 Ebd., S. 128-129.

diese Operation scheint unmöglich zu sein. Zweifellos wird sie dennoch in einer der politischen Übersetzungen des Ressentiments vollzogen, nämlich im Faschismus, der gegen das Ressentiment eine Art Mauer errichten wird, eine Art abgeschlossenen Bereich mit der Illusion von einer Reinigung, in dem sich eine neue, ihrer Schlacke entledigte Gemeinschaft etablieren wird. Zumindest ist dies der Diskurs, der die Notwendigkeit des Faschismus begründet. Das bloß populistische Regime kommt oft nicht über die Schwelle des Versuchs einer perversen Wiederherstellung der Bewunderung hinaus; es verbleibt einzig im Register von Passivität-Aggressivität, das von »mittelmäßigen Perversen«[1] wohlbekannt ist.

Es ist wahr, dass es nicht einfach ist, der Meinung zu sein, dass das eigene Unglück, wenn es ernst ist, nicht ernst genommen werden darf. Das ist Arbeit, eine Selbstüberwindung, die ziemlich unangenehm ist, da man sich entfernen, Distanz schaffen muss – jene Distanz, die wir gegenüber dem Unglück der Welt einnehmen, die uns also nicht fremd ist, nur dass es sich dabei nicht unbedingt um eine Distanzierung, sondern um Ignoranz, Mangel an Empathie oder Achtung, kurz, um Egoismus handelt. Wir glauben, dass wir das Unglück der Welt ernst nehmen, aber die Realität sieht ganz anders aus. Wir nehmen es nicht ernst. Wenn wir dann unser eigenes Unglück ernst nehmen, wird das Lächerliche der Sache und ihre Impertinenz umso offensichtlicher. Nichtsdestotrotz ist es schwer, weil wir zu dem emotionalen Stachel, der uns quält, Distanz schaffen müssen.

Noch einmal: Es geht hier nicht darum, zu sagen, dass dieser Schmerz negiert werden muss oder dass diejenigen, die sich von vornherein von diesem Gefühl distanzieren, »starke« Geister sind.

1 Siehe den Begriff »beliebiger Perverser« bei Eugène Enriquez, »L'idéal type de l'individu hypermoderne: l'individu pervers?«, in Nicole Aubert (Hg.), *L'Individu hypermoderne*, Paris, Érès, 2004, S. 45-46; und des »mittelmäßigen Perversen« in C. Fleury, *Les Pathologies de la démocratie*.

Es geht einfach darum, die Pflicht zur Distanzierung zu vertreten, die ethische und intellektuelle Pflicht, seine Urteile nicht dauerhaft zu verfälschen und nicht nur die persönliche Gesundheit zu bewahren, sondern auch die eher kollektive, die mit dem demokratischen Gefühl verbunden ist. Das ist eine fast stoische, »aristokratische« Übung in dem Sinne, dass sie an das »Beste« von einem selbst appelliert – wenn ein elitäres Verhältnis gewahrt werden soll, dann in erster Linie zu sich selbst, mit der Idee, dass man sich selbst eine Disziplin, eine Methode, ein ethisches Ziel auferlegt. »Die aristokratische Ehrfurcht vor den Ursachen des Unglücks [geht] geradewegs einher mit der Unmöglichkeit, sein eigenes Unglück ernst zu nehmen.«[1] Dieser Satz stammt von Deleuze, er könnte auch von Nietzsche sein. Und er hallt im Stil von Jankélévitch nach, demzufolge das »Ernste« genau deshalb ernst ist, weil es die Verantwortung des Subjekts impliziert und nicht seine Entbindung davon. Anders gesagt, weil es sich nicht vom Unglück der Welt abwendet und in Bezug auf den Ernst seines eigenen Unglücks nicht versucht, noch tragischer zu sein, es zu inszenieren, noch mehr zu dramatisieren oder zu instrumentalisieren. Es handelt im Einklang mit der Berücksichtigung des Unglücks der Welt und hört auf zu glauben, dass es handelt, indem es sich damit begnügt, sein eigenes Unglück zu *empfinden*.

20
Glück und Ressentiment

Die Definition des Unglücks ist also schlecht, und die Definition des Glücks ist logischerweise ebenfalls schlecht. Die erste, sehr typische Umkehrung von jemandem, der nicht liebt, der geliebt

1 G. Deleuze, *Nietzsche und die Philosophie*, S. 129.

werden will und den die Widersinnigkeit dessen nicht betroffen macht. Er will, »daß man ihn liebe, ernähre, tränke, streichle, einlulle. Er, der Ohnmächtige, der Dyspeptiker, der Frigide, der an Schlaflosigkeit Leidende, der Sklave. [...] Er sieht es als einen Beweis notorischer Bosheit an, wenn man ihn nicht liebt«.[1] Ein Dyspeptiker ist jemand, der nicht verdauen kann, der Sodbrennen hat, für den das nicht geht. Nichts geht durch, nichts wird mehr verdaut – die schlechte Verdauung ist ein klassisches Leitmotiv bei Nietzsche und in Anlehnung an ihn bei Deleuze. Er will also geliebt werden wie das Kind, das sich dies heftig wünscht und bei der geringsten Verstimmung in Schreie oder Tränen ausbricht, in Wut, weil der andere eine Handlung begangen hat, die es frustriert – anders gesagt, eine nicht adressierte, indifferente Handlung, die es absichtlich enttäuscht haben kann, weil sie es ganz einfach nicht als Ziel genommen hat.

Was bei einem Kind akzeptabel ist und korrigiert werden kann und muss, ist es bei einem Erwachsenen, der an seinem Gefühl des »Rechts auf« festhält, weniger: Ich, der ich nichts achte und dich nicht achte, habe ein Recht auf Achtung. Eine schlechte Definition von Glück ist dies außerdem, weil fortan nur noch die Materialität des Glücks zählt, die berühmten Beweise, insbesondere jene, die über die bloße Symbolik hinausgehen, die selbst diskreditiert wird. »Der Mensch des Ressentiments ist der Gewinnler und Profitler schlechthin.«[2] Wer nun denkt, dass es einfacher ist, den Menschen des Ressentiments zu heilen, weil es genügt, ihm entgegenzukommen, ihm also zu geben, was er in materieller Hinsicht erwartet, wird enttäuscht sein. Bei diesem Fass der Danaiden ist das nicht der Fall. Wenn das Ressentiment voll entfaltet ist, sind, wie wir gesehen haben, das Ressentiment des Habens und das Ressentiment des Seins nicht mehr voneinander zu trennen; man kann das zweite nicht durch das erste heilen, auch wenn

1 Ebd.
2 Ebd.

das Haben unendlich erscheinen mag – was es nie sein wird. Was gegeben wird, wird nie genug sein.

Das ist die Gefahr eines konsequent entfalteten Ressentiments: Es eignet sich nicht mehr für Verhandlung, Austausch und Schlichtung. Es birgt die Vorstellung, dass sich das Glück rentieren muss, eine »passive« Vorstellung von Glück, wenn man die Begriffe von Nietzsche und Deleuze aufgreift. Das Glück, schreibt Deleuze, tritt als »Betäubungsmittel« auf,[1] mit anderen Worten als eine süchtig machende Substanz, die erlaubt, sich Illusionen hinzugeben und der Realität zu entfliehen, die Freude zu instrumentalisieren, sie auf Bestellung zu haben, doch jede Freude auf Bestellung ist eine falsche Freude und ein immer kurzlebigeres Vergnügen. In jeder Ethik ist das Glück logischerweise eine Anstrengung, es ist untrennbar mit der Arbeit an sich selbst, der Vervollkommnung der Seele verbunden, es ist nicht frei von Leiden, es ist eine Form von Bewusstsein, die dazu fähig ist, das Ganze – mit seinen Mängeln – zu synthetisieren und trotzdem die Kraft zur Bejahung des Selbst und des Lebens zu entfalten. Der Mensch des Ressentiments strebt nicht nach einem so definierten Glück, das recht mühsam ist und ein großes Maß an Ausarbeitung des Subjekts erfordert. Er strebt nach dem Unmittelbaren, dem Bestellten und dem Ferngesteuerten, dem zur Verfügung stehenden Glück, dem Objekt-Glück und nicht nach dem Subjekt-Glück. Seine Frage lautet kurz »Was gewinne ich mit diesem Glück?« und nicht »Wie werde ich ein anderer?«. Deleuze hat eine großartige Formulierung, die den Widerspruch desjenigen vor Augen führt, der nicht bewundern will, aber anerkannt werden möchte: »Er bringt ein Interesse für Aktionen in Anschlag, die er gar nicht ausführt.«[2] Von da an, als letzte Verbindung, die augenscheinlich kontraintuitiv ist, aber – wie gesagt – aus perversen Funktionsweisen wohlbekannt ist, verknüpfen sich die Passivität und der

1 Ebd.
2 Ebd., S. 130.

Wille zur Rendite mit Aggressivität;[1] und der Zirkel nimmt Gestalt an: Je passiver jemand ist, desto aggressiver wird er sein.

21
Die Starken gegen die Schwachen verteidigen

Die »Spinne« ist vor Ort. Sie ist da, und nichts kann ihre Gefräßigkeit stillen. Die Spinne,[2] die Tarantel, so nennt Nietzsche die nicht mögliche Verdauung des eigenen Unglücks ... oder vielmehr dessen, was man als solches betrachtet, denn es ist erstaunlich, in der Klinik zu sehen, dass die großen Leiden, die über die Menschen hereinbrechen – Trauer, Trennung, Krankheit, Vernachlässigung, Folter, Vergewaltigung, Verrat etc. – in ihrer reinen Objektivität nicht notwendig einen Nährboden für das Ressentiments bilden. Sie brechen herein und werfen das Subjekt um. Es ist am Boden, weiter unten als der Boden, manche sind anderswo, in der Unmöglichkeit, in die Welt zurückzukehren, ja sogar in der Unmöglichkeit des Ressentiments – es ist so fehl am Platz, dieses Ressentiment. Einige werden es durchlaufen, aber für die meisten ist es vor allem eine totale Deportation, eine endgültige Trennung, eine Außer-Welt, die über sie hereinbricht. Verunglimpfen, das macht keinen Sinn. Es gibt ein Loch, eine ungeheure Leere, ja

1 Ebd., S. 130: »Die Zurechnung von Fehlern, die Verteilung von Verantwortlichkeiten, die fortwährende Anklage. – Dies alles nimmt die Stelle der Aggressivität ein.«

2 Ebd., S. 127. Siehe: »Zugleich sind sie Prediger der Gleichheit und Taranteln. Dass sie dem Leben zu Willen reden, ob sie gleich in ihrer Höhle sitzen, diese Gift-Spinnen, und abgekehrt vom Leben: das macht, sie wollen damit wehethun«, F. Nietzsche, *Also sprach Zarathustra, Sämtliche Werke*, Bd. 4, S. 129-130.

einen Abgrund, und es gibt ein Ich, das hineinfällt; aber es gibt nicht notwendig eine Spinne.

Es ist klar, dass diejenigen, die von Louise Bourgeois' Spinne ernährt werden, sie wahrnehmen, sowohl in ihrem Schrecken als auch möglicherweise als etwas anderes. Die Kunst des Spinnens: Man kann die Verpflichtung und die Bedeutung der Sache nicht leugnen. Wenn wir uns dazu entschließen, mit Nietzsches Metapher mitzugehen, dann nur, um zu zeigen, wie die Kunst des Spinnens sich nicht darauf reduzieren kann, eine Falle für mögliche Beutetiere zu bilden. Die Spinne braucht die Hilfe des Künstlers, um über den Zweck ihres eigenen Netzes hinauszugehen und einen anderen zu erfinden. Man denke an Tomás Saraceno, bei dem das Netz zum Kunstwerk wird, nichts wird gefangen, der Blick wird bewundernd und erstaunt. »Versucht ja nicht, mich zu überlisten«,[1] sagt der in sein Ressentiment verliebte Mensch, der sein Netz spinnt, um sich darin besser zu verfangen. Die gleiche Seins- und Reaktionsweise findet man beim Paranoiker oder Verschwörungstheoretiker, der seine Dummheit immer für Intelligenz hält, gerade weil sie eine hysterische Dynamik des Spinnens und der Interpretation von Zeichen darstellt, die immer in die gleiche Richtung geht. Die Vernünftelei des Ressentiments ist etwas, das jeder leicht ausprobieren kann und das sich auf das Wiederkäuen stützt.

»Man hat die Starken immer zu beweisen gegen die Schwachen«,[2] lautet ein Satz Nietzsches, der zu zahlreichen, oft faschistoiden Interpretationen Anlass gegeben hat. Mit Deleuze erfasst man ein anderes Verständnis der Schwäche, nämlich das des Ressentiments, das bei Nietzsche und sogar bei Hegel stark vorhanden ist, da es denselben Annahmen unterliegt, welche die Dialektik von Herr und Knecht strukturieren. Der Starke ist auch der

1 G. Deleuze, *Nietzsche und die Philosophie*, S. 128.

2 Ebd., S. 65. Siehe F. Nietzsche, *Umwertung aller Werte*, 1. Buch, § 365, S. 217.

Starke an sich, nicht notwendig der Mächtige in der realen Welt, ja sogar das genaue Gegenteil, denn das Ressentiment ist so mächtig und verrät die Schwäche der Seelen, derjenigen, die auf das eigene Handeln verzichten, indem sie andere beschuldigen. Der Untergang der Starken, die unvermeidliche Förderung der Mittelmäßigen, das ist der Triumph des Ressentiments, und man kann verstehen, dass dieser Untergang bereits persönlich ist, insofern das, was von der Gesellschaft gefördert wird, nicht vornehmlich das Beste von einem selbst ist, sondern das »Niedere«, ein weiterer Begriff Nietzsches, der auch hier dem Begriff der Seelenadels entgegengesetzt ist. Das Nietzsche-Zitat wurde oft instrumentalisiert, um umgekehrt die bereits Mächtigsten zu fördern und darin eine wunderbare Rechtfertigung für ihre Versäumnisse zu finden. »Die Starken gegen die Schwachen zu beweisen« bedeutet keinesfalls, die politisch Mächtigen gegen die Ohnmächtigen zu verteidigen. Die Gleichung ist subtiler, und der Kampf ist vor allem ein innerer, spiritueller Kampf. Den Starken zu verteidigen bedeutet, die Pflicht zur Sublimierung des Ressentiments zu verteidigen, koste es, was es wolle; es bedeutet, die Tatsache anzuerkennen, dass die Vernichtung nicht das letzte Wort in der Geschichte der Erfahrung des Ressentiments sein kann.

Noch einmal: Man kann das Ressentiment durchmachen, aber ihm zu erliegen, auf unbegrenzte Zeit in ihm steckenzubleiben bedeutet, sich zum Sklaven zu machen, sich der tödlichen Leidenschaft zu unterwerfen. Das Ressentiment ist eine Entnatürlichung der Moral, während es sich als solche aufmacht. Denn es schneidet den Menschen von seinem Handeln ab.[1] Natürlich kann nicht jede Trennung des Individuums von seinem Handeln auf das Ressentiment reduziert werden, denn sonst wäre die Reflexion nur Ressentiment und das Gesetz nur eine Waffe der Mittelmäßigen,

1 Ebd., 3. Buch, § 394, S. 549: »Es ist eine Entnatürlichung der Moral, daß man die Handlung abtrennt vom Menschen«.

was es nicht ist. Zu vermitteln bedeutet bereits zu symbolisieren und möglicherweise zu sublimieren.

22
Pathologien des Ressentiments

Wenn es darum geht, das Ressentiment eher klinisch zu definieren, ist es hilfreich, sich die Kriterien des DSM-IV[1] anzusehen. Das Ressentiment wird dort nicht klar als Störung definiert, doch ist es der Kern vieler Störungen, darunter auch der sogenannten »oppositionellen Verhaltensstörung mit Provokation«, die für gewisse Jugendliche sehr typisch ist und durch eine systematisch negativistische, feindselige und rachsüchtige Haltung gekennzeichnet ist. Eine Person, die diese Störung hat, gibt ihre Fehler nie zu, ist aggressiv und provoziert andere, hat unbeherrschte Wutausbrüche, ist pathologisch unaufrichtig, überempfindlich, weist jede Form von Autorität zurück, gehorcht nicht, ohne notwendig Zugang zum Sinn dieses Ungehorsams zu haben, sie ist, kurz gesagt, in einem häufig negativen Verhalten gefangen, schlägt nie eine Lösung vor und stellt ihr Verhalten nicht in Frage. Ihr Ressentiment ist von Dauer und positioniert sie als Opfer und Sündenbock.

Bei diesen Jugendlichen wurde zuvor in ihrer Kindheit außerdem mehr oder weniger oft eine Aufmerksamkeitsstörung mit Hyperaktivität diagnostiziert. Es ist interessant zu sehen, dass eine sich verstärkende Ressentimentstörung eine Aufmerksamkeitsstörung abrunden kann, in dem Sinne, dass ein Subjekt sich nicht mehr vom Blick auf die Dinge ernähren kann, nicht mehr in

1 *Diagnostisches und statistisches Manual psychischer Störungen*, DSM-IV, hg. v. Henning Saß u. Isabel Houben, Göttingen, Hogrefe Verlag, 1996.

der Lage ist, konzentriert zu schauen, also das, was es sieht, als geistige Nahrung zu betrachten, und fortan seine kompensatorische Arbeit nicht mehr leisten kann. Umgekehrt löst das, was gesehen wird, Irritationen aus und wird als »feindlich« identifiziert, zumindest als Gefahr für die Identität des Individuums, das sich selbst für unfähig hält oder sich als Opfer oder als ausgegrenzt oder diskriminiert betrachtet, weil es nicht von dem profitieren kann, was andere haben. Der Antagonismus, der die Haltung des Ressentiments strukturiert, wird häufig mit diesen Aufmerksamkeitsstörungen in Verbindung gebracht, was ziemlich logisch ist, denn die Konzentration erfordert eine Form von Zustimmung, Aufnahme, die der antagonistischen Haltung unverkennbar fremd ist. Etwas zu verstehen, etwas kennenzulernen, einfach zu staunen stützt sich auf eine vorausgehende Aufmerksamkeit. In dem Moment, in dem das Subjekt »verrückt« geworden ist, kann es diese Aufmerksamkeit nicht mehr so leicht aufbringen, obwohl sie für dieses absolut von Vorteil wäre und es schützen würde. Wir sehen nun, warum es notwendig ist, die Aufmerksamkeit und den Vorzug der Aufmerksamkeit zu bewahren, denn sie ist die Matrix für viele kognitive und soziale Verhaltensweisen.

Das Ressentiment tritt auch in der Kindheit auf, in einer damit verbundenen Störung, wenn Trennungsangst und bereits eine erste Unfähigkeit besteht, mit der elterlichen Frustration umzugehen. In der Erziehung kommen dann wichtige Punkte zum Tragen, die das Aufkommen des Ressentiments vielleicht nicht verhindern, aber dem Subjekt die Fähigkeit verleihen, sich seinem Einfluss zu widersetzen oder ihn sogar zu überwinden: Sich trennen zu können, zu begreifen, worin der Sinn der Frustration liegt, der mögliche befreiende Aspekt und nicht nur ihr Defizitäres, ist eine Schlüsselfrage für die Ausrichtung seines künftigen Verhaltens. Die Erziehung lehrt die Trennung, die Fähigkeit, eines Tages eine Autonomie herzustellen, die sich ihrer Interdependenz, aber auch ihrer tatsächlichen Einsamkeit bewusst ist. Dieses subtile Spiel der Zähmung der Distanz, des Schnitts, der Symbolisierung, anders gesagt das, was zu trennen erlaubt, ohne verschwinden zu lassen, was erlaubt, die Präsenz dessen aufrechtzuerhalten, was abwesend ist, ist das, was auch beim Ressentiment defizitär ist. Es gibt eine Unfähigkeit zur Symbolisierung: Man braucht das Ding, hier. Man braucht die Materialität, um daran zu glauben. Man braucht das *Haben*, die Tatsache des Habens, um anzuerkennen, dass es eine Tatsache gibt. Nun ist es aber völlig unmöglich, immer zu haben, ganz zu schweigen davon, dass dies der Gesundheit des Menschen widerspricht, der mobil, in Bewegung, also getrennt, also symbolisierend sein muss.

Dieser sublimierten Frustration gibt Freud einen Namen: Kultur, Zivilisation: »Es ist unmöglich zu übersehen, in welchem Ausmaß die Kultur auf Triebverzicht aufgebaut ist, wie sehr sie gerade die Nichtbefriedigung (Unterdrückung, Verdrängung sonst etwas?) von mächtigen Trieben zur Voraussetzung hat. Diese ›Kulturversagung‹ beherrscht das große Gebiet der sozialen Beziehungen der Menschen; wir wissen bereits, sie ist die Ursache für die Feindseligkeit, gegen die alle Kulturen zu kämpfen haben.«[1] Seine Instinkte unterdrücken und verstehen, wie diese »Unterdrückung« keine Versklavung, sondern eine Befreiung sein soll. Man begreift es dennoch schnell, denn wer unter dem Einfluss der Triebe lebt, hat das Gefühl der Entfremdung, das Gefühl, ihrer nicht Herr zu sein. Doch das Gegenteil kann ebenso wahr sein, und genau hier ist die Erziehung wichtig, nicht um die Veranlagung zur Unterwerfung zu falsifizieren, sondern um zu postulieren, dass es Freiheit nur innerhalb einer Umwelt gibt und somit innerhalb einer Konfrontation mit anderen, mit dem Zwang; Freiheit ist mit anderen Worten keine Sache der Allmacht, sondern eine Sache der Entfremdung von den eigenen Trieben und den Trieben der anderen. Freiheit wird als unsere Fähigkeit definiert, zu handeln, die Initiative selbst in einer Umgebung aufrechtzuerhalten, die nicht ausschließlich die unsere ist, wobei Freud auch

1 S. Freud, *Das Unbehagen in der Kultur*, S. 457.

das Unbewusste postuliert hat, anders gesagt die Tatsache, dass das Subjekt nicht Herr im eigenen Haus ist und oft das Spiel der Triebe nicht kennt, deren Objekt es ist.

Hyperaktivität, Aufmerksamkeitsdefizit, mangelnde Fähigkeit, sich abzugrenzen, Frustration zu akzeptieren und zu sublimieren, Symbolisierungsdefizit, zu diesem Störungsbild muss man die schizoaffektive Störung (typisch für Bipolarismus), und die damit verbundenen Verfolgungswahnvorstellungen, hinzufügen, die für die Schizophrenie klassisch ist und im DSM-IV folgendermaßen definiert wird: »Dieser Subtypus gilt, wenn sich das zentrale Wahnthema einer Person auf die Überzeugung bezieht, man habe sich gegen sie verschworen, sie werde betrogen, ausspioniert, verfolgt, vergiftet oder unter Drogen gesetzt, bösartig verleumdet, belästigt oder am Erreichen langfristiger Ziele gehindert. Ein geringfügiger Affront kann übersteigert und zum Mittelpunkt eines Wahnsystems gemacht werden. Der Mittelpunkt des Wahnes ist oft eine Ungerechtigkeit, die durch gerichtliche Maßnahmen behoben werden muß (›querulatorische Paranoia‹), und die betreffende Person kann sich in wiederholte Versuche verstricken, durch die Einschaltung von Gerichten und anderen Regierungsstellen Wiedergutmachung zu erhalten. Personen mit Verfolgungswahn sind oft nachtragend und wütend und können Gewalt gegen diejenigen anwenden, von denen sie sich geschädigt fühlen.«

Hier sieht man die Schwierigkeit, mit der Kliniker und mehr allgemein gesprochen die Welt der Justiz oft konfrontiert sind. Gerechtigkeit zu fordern ist ein notwendiger und nicht notwendig pathologischer Akt. Das muss gesagt und aufrechterhalten werden. Aber die »querulatorische Paranoia«, das heißt die Fähigkeit zur Prozesswut, birgt den Willen oder vielmehr Glauben, dass das Gesetz alles kann und der Person, die sich geschädigt fühlt, zwangsläufig recht geben wird; mit anderen Worten ist das Gesetz hier nur ein Super-Ich, das den anderen das aufzwingt, was es glaubt – das Gegenteil des Gesetzes also –, und man findet die nietzscheanische Argumentation wieder, die davon ausgeht, dass die Sehnsucht nach dem Gesetz die Vollendung des Ressentiments sein kann. Dieser Wahnsinn der Prozesswut, diese Manie ist jemandem, der nicht von Ressentiments getrieben wird, fremd, und vom Gesetz eine Wiedergutmachung zu erlangen ist für ihn quasi unmöglich, da er das Gesetz nicht als eine persönliche Dynamik der Wiedergutmachung betrachtet. Gerechtigkeit zu fordern, bedeutet nicht, sich selbst Gerechtigkeit zu verschaffen. Hier sieht man, dass unser Verhältnis zum Gesetz im Allgemeinen sehr schlecht ist, und die in einigen Ländern wohlbekannte Fetischisierung des Gesetzes bestätigt diese These. So versteht man besser, wie dieser Widerspruch – Verunglimpfung des Gesetzes und absolute Inanspruchnahme des Gesetzes – den Kern des Ressentiments bildet, das seine Wahnhaftigkeit nicht wahrnimmt, wenn es das begehrt, was es zu verachten vorgibt. Das bedeutet nicht, dass wir ohne das Gesetz auskommen sollten, sondern dass man zweifellos eine große Distanz zu ihm haben und es nur als *ultima ratio* benutzen sollte.

Wir finden hier den inneren Widerspruch des Menschen des Ressentiments und seinen Impuls der Hainamoration[1] wieder. Dieser spiegelt auch seine passiv-aggressive Persönlichkeit wider, die wiederum für negativistische und oppositionelle Persönlichkeiten sehr charakteristisch ist. Auch hier ist daran zu erinnern, dass man von einer Person erst dann sagen kann, dass sie dem Ressentiment verhaftet ist, wenn eine invasive und sich wiederholende Störung auftritt, und nicht, weil sie dieses Gefühl durchleben kann. Die Fixierung kennzeichnet das psychotische Verhalten und nicht die Durchquerung. Passivität-Aggressivität ist hier allge-

1 Die Hainamoration ist ein Neologismus von Lacan, der die undurchschaubare Wechselbeziehung von Liebe und Hass bezeichnet. Siehe Jacques Lacan, *Encore*, *Das Seminar*, Buch XX (1972-1973), übers. v. Norbert Haas, Vreni Haas u. Hans-Joachim Metzger, Weinheim, Berlin, Quadriga Verlag, 1991, S. 97.

mein zu verstehen und nicht nur innerhalb der zwischenmenschlichen Beziehung. Zum Beispiel ist eine Person in Bezug auf die Arbeit passiv-aggressiv, anders gesagt, sie schiebt Dinge auf, macht sich Vorwürfe, dass sie Dinge aufschiebt, ist aber dennoch nicht in der Lage zu handeln; sie kann nur Verdruss über ihre Untätigkeit erleben, wobei sie der Ansicht ist, dass sie für diese Untätigkeit nicht verantwortlich ist, ja diese Reaktion nicht einmal als fehlendes Handeln identifiziert. Starrköpfigkeit, absichtliche Ineffizienz – all das kann ebenfalls eine passiv-aggressive Haltung offenbaren. Dies sind Merkmale, die im DSM-IV aufgestellt werden. Man weiß, dass der Widerstand gegen die Unterdrückung die Form von »Nichthandlungen« annehmen kann, aber in dem ganz anderen Sinne, dass der aktive Widerstand bewusst verheimlichen, Dinge aufschieben und sich zurückhalten kann, doch um ein anderes Engagement besser vorzubereiten, ein Engagement in der Aktion und nicht im Übergang zum Akt.

Ein klassisches klinisches Beispiel, das im DSM-IV beschrieben wird, lautet: »Wenn beispielsweise ein Vorgesetzter einem Untergebenen Unterlagen zur Durchsicht für eine Besprechung am nächsten Morgen gibt, so wird der Untergebene die Unterlagen eher verlegen oder verlieren als deutlich zu machen, daß die Zeit für diese Aufgabe nicht ausreicht. Diese Personen fühlen sich betrogen, mißachtet und unverstanden und beklagen sich ständig bei anderen. Wenn Schwierigkeiten auftreten, machen sie das Verhalten anderer für eigene Fehler verantwortlich. Sie sind oft mürrisch, reizbar, ungeduldig, streitsüchtig, zynisch, skeptisch und widerspenstig.« Interessant ist hier, dass jeder direkte Konflikt vermieden wird, da er eine Form von Handeln erfordern würde, nämlich die, sich mit Argumenten zu widersetzen, möglicherweise indem man zugibt, dass die Zeit zum Handeln fehlt, und somit das Risiko eingeht, gegenüber jemandem, der ebenfalls ein Nörgler ist, als ungenügend angesehen zu werden. Daher zieht man es vor, die Dysfunktion zu verstärken, anstatt sich ihr zu stellen, und erfindet einen vermeintlichen Verlust, anders gesagt die Mitwirkung des Zufalls, gegen den man nichts tun kann, um so sicher zu sein, dass man nicht der Inkompetenz beschuldigt wird. Das ist eine sehr verbreitete Haltung, die leider oft recht wirkungslos ist, da man sie sehr leicht durchschaut: Individuen, die diesen Trick anwenden, tun dies ständig und machen damit die Hypothese vom Zufall zunichte. Wenn sie entlarvt werden, ist die Aggression umso größer und kann sich in Diskriminierungsvorwürfe umwandeln und im Nachgang in eine Opfer- und Ressentimenthaltung.

So muss man begreifen, dass das, was den Menschen des Ressentiments hier aggressiv macht, genau die Aufforderung zum Handeln ist, also seine direkte Ansprache in der Situation. Für ihn ist es vollkommen unerträglich, auf seine Verantwortung verwiesen zu werden, das heißt auf die subjektive Möglichkeit, sich als handelndes Wesen zu konstituieren. Die Aggression wächst, wenn er darüber hinaus aufgefordert wird, bei dieser hypothetisch zu erbringenden Handlung eine angemessene Leistung zu zeigen.[1] Das ist übrigens ein wichtiger Punkt im klinischen Bereich, um den Einfluss des Ressentiments zu bekämpfen: zunächst nicht dazu verpflichten, ein Ergebnis zu erbringen, denn wenn dies nicht gelingt, wird es eine Enttäuschung hervorrufen, die noch schwerer zu ertragen ist. Quasi verhaltenstherapeutisch ist es daher wichtig, das Individuum neu auszurichten, es einfach wieder in die Achse des Handelns zu bringen, ausgehend von dem, was es ist, mit seinen Unzulänglichkeiten. Die Aufforde-

1 DSM-IV: »Ein Mechanismus, bei dem die Person auf emotionale Konflikte oder innere oder äußere Stressfaktoren mit Aggression gegenüber anderen reagiert, die indirekt, nicht kämpferisch zum Ausdruck gebracht wird. Eine Fassade scheinbarer Zustimmung verschleiert den Widerstand, das Ressentiment oder die Feindseligkeit. Die passive Aggression kommt oft als Antwort auf eine von anderen geforderte Handlung oder Leistung oder aus der fehlenden Befriedigung eigener Wünsche. Die passive Aggression kann eine adaptive Modalität für Personen in einer untergeordneten Position darstellen, die sich nicht mit anderen Mitteln offen behaupten können.«

rung zur Leistung ist pervers, und sie in der Therapie einzusetzen wäre ebenso pervers. Bevor man ein Ziel, einen Zweck des Handelns aufstellt, muss der Weg des Handelns bereits mechanisch, vitalistisch wieder aufgenommen werden: man muss zum Beispiel einfach gehen, sich in Bewegung setzen und beim Gehen versuchen, Aufmerksamkeit zu entfalten.

Das ist alles andere als einfach; die Demut eines solchen Vorgehens zu akzeptieren, ist bereits ein Riesenschritt. Wie wir gesehen haben, verlieren Subjekte, die unter Ressentiments leiden, ihre Demut. Man entdeckt – aber ist das eine Entdeckung? –, dass Demut eine Fähigkeit und keine Schwäche ist: Sie ist eine bewusste Form des Mangels, den wir haben, und gleichzeitig der Versuch, die Entlassung aus der Verantwortung abzulehnen, ohne darum in den Wahn der Omnipotenz zu verfallen und zu glauben, dass wir den Mangel zum Verschwinden bringen können. Der Mangel ist die große Frage der Geburt. Geboren werden heißt mangeln.

23
Humanismus oder Misanthropie?

Ich habe immer gedacht, dass ich zu früh geboren wurde, doch geben wir zu, auch später hätte es schlecht ausgesehen (wenn man hier mit der lacanianischen Bedeutung spielen will). Man sollte nicht geboren werden, kann ein Cioran in *Vom Nachteil, geboren zu sein* schreiben. Und Blanchot beschreibt das Unheilbare perfekt: »Geboren werden heißt, nachdem man alles hatte, plötzlich alles zu entbehren, zuerst das Sein […]. Die Ahnung dessen, was sein wird, seine Geschichte, bildet sich im Zuge des Mangels und der Zumutung dieses Mangels heraus.«[1] Auch hier wird eine Dia-

1 M. Blanchot, *L'Entretien infini*, S. 346.

lektik aufgemacht zwischen dem, was sich bei der Bildung des Subjekts abspielt, und dem, was sich in der Geschichte abspielt, der persönlichen wie unleugbar kollektiven. Bei Blanchot gibt es den ursprünglichen Mythos der Fülle, diese Illusion, die nur einen Augenblick währt – wird sie übrigens vom Kind bewusst wahrgenommen? Zweifellos ist dies die früheste Kindheit, die Unmöglichkeit, sich zu trennen, eine Welt zu schaffen, und damit das Fehlen eines Bewusstseins für den Mangel, die Fülle ... doch die Fülle in der totalen Abhängigkeit, außerhalb des Bewusstseins, in der unmöglichen Individuation. Dann wird es – Erziehung und Kultur verpflichten – die Zumutung des Mangels geben, eben den Schritt zur Sublimierung des Mangels, die Ablehnung seiner Verneinung und die Ablehnung seiner Nicht-Überwindung.

Am Ende schreibe ich immer dasselbe Buch, denn auch hier sehe ich die Triade *imaginatio vera* – *pretium doloris* – *vis comica*: Mangel, Zumutung des Mangels, Härte des Weges, Nichtkennen des Ergebnisses, doch bereits eine durch den imaginativen Anfang bewirkte Resilienz, eine sich im Gang befindende Individuation, aber völlige Verhöhnung des Weges, einer von vielen, einer von zu vielen. Doch man darf nicht in der Misanthropie verharren, man muss ihr entfliehen. Seien wir ehrlich, ich weiß nicht, ob die Misanthropie weniger humanistisch ist als der Humanismus. Ich bin mir da nicht so sicher, aber ich habe diesen Weg nicht gewählt oder diesen Weg zu wählen gewagt, weil sich sehr schnell ein sehr starker Widerspruch auftut: das eigene Leben, der Nicht-Wert des eigenen Lebens, das dann von vornherein zu beseitigen ist. Andere werden diese Logik bis zum Äußersten treiben, eine Logik der Ausrottung des anderen, bevor sie sich selbst ausrotten; aber die Geschichte hat gezeigt, dass sie selten sind, diejenigen mit der reinen Absicht der Ausrottung; im Allgemeinen schwächt sich diese auf dem Weg ab und wählt zwischen denen, die ausgerottet werden sollen, und denen, die nicht ausgerottet werden sollen. Die gewählte Ausrottung, *à la carte*, erweist sich letztendlich als ein sehr schwacher Humanismus, der seine Schwächen nicht spürt, der sich damit zufriedengibt, der die Konfrontation mit seinen Trieben nicht sucht. Aus diesem Grund habe ich mich im Endeffekt für den Humanismus des Lachens entschieden, nicht des schallenden Lachens, sondern des vergehenden Lachens, des vielleicht wirklichen, aber vergehenden Lächelns, etwas, das nicht verschwindet, aber nicht um jeden Preis nach Größe strebt, da diese getrübt wäre. Auch hier ist es schwer, den Traum von der Fülle aufzugeben, von einem unermesslich großen Selbst, von einem zur Befriedigung fähigen Selbst, es ist schwer, diesen Traum aufzugeben, ohne sich selbst aufzugeben, ohne von der Pflicht zur Arbeit an sich selbst zu lassen.

24
Das Ressentiment mit der Analyse bekämpfen

Ich habe es schon oft gesagt, doch scheint mir die Herausforderung, das Ressentiment zu bekämpfen, in der Analyse das Wichtigste zu sein. In der Kur werden viele Dinge verbalisiert: die Frage nach dem Ursprung und unser Verhältnis zu ihm, zur Familie, den Eltern, der Kultur und Gesellschaft, der wir entstammen. Das Subjekt wird zu verstehen versuchen, was es nicht verstanden hat, was es als unbedeutend ansah, obgleich dort der mögliche Schlüssel zur teilweisen Erklärung lag. Es wird verbalisieren und durch diese Verbalisierung die Fäden des Realen entwirren, einen Teil der »Wahrheit« entdecken, doch das wird nicht reichen, um die »Heilung« abzuschließen. Die Heilung ist nicht allein eine Sache der Reparatur und Wiederherstellung des früheren Zustands. Canguilhem hat treffend gesagt: Die Heilung ist eine Sache der Erfindung einer neu zu erzeugenden Lebensnorm; sie ist Schöpfung. Auf der organischen Ebene wird das Subjekt ein therapeutisches Protokoll erstellen, um seine Homöostase wiederzufinden; auf der symbolischen Ebene wird es in gewisser Weise dasselbe tun, nur dass diese ihre Verwandtschaft mit der kreativen Dynamik noch mehr offenbart. Um diesen Schwung, diese vitale Möglichkeit der Resilienz zu bewahren, selbst wenn sie in ihrem Vitalismus beeinträchtigt ist, ist es wichtig, eine »kapazitive Wahrheit« zu schaffen. Diese ist keine Lüge oder Unterschlagung, sondern bezieht sich auf die Art und Weise, etwas zu sagen, etwas hören zu lassen, sich um die von der »Wahrheit« hervorgerufenen Folgen zu kümmern. Und auch hier ist nichts einfach, denn das Subjekt interpretiert zunächst alles, was von ihm oder seinem Analytiker gesagt wird, um sich vor allem in seinem Befinden zu bestätigen.

Diese Neigung, sich einer Interpretation zu verweigern, die aus dem Tief herausführen könnte, ist überhaupt sehr typisch für das Ressentiment:[1] Man kann die Wahrheit in ihren verborgensten Winkeln noch so sehr drehen und wenden, noch so sehr danach suchen, was in seiner Aussage am kapazitivsten ist, es hilft nichts. Das Subjekt widersetzt sich der Aussage und widersetzt sich der Lösung: Es hat dies schon erlebt oder getan, es, das in der Regel seit längerer Zeit nichts getan hat. Das Subjekt kennt, hat getan, hat versucht, und es funktioniert nicht. Es wird nicht sagen, dass es gescheitert ist, sondern dass »es nicht funktioniert«: »Ich weiß, ich habe es schon versucht, es funktioniert nicht.« In seiner eher sozialen, eher kollektiven Form offenbart das Ressentiment dieselbe Haltung: Es geht darum, kollektiv die Tatsache zu bestätigen, dass es nicht funktioniert, nicht um etwas vorzuschlagen, das funktionieren wird, sondern um das, was nicht funktioniert, zu verabschieden und als Hassobjekt aufzubauen, all seine Energie darauf zu fokussieren, obwohl dieses Objekt eine Leere symbolisiert.

Doch kommen wir auf die kapazitive Wahrheit zurück. Der sicherste Weg, sie hervorzubringen, ist nicht, eine Interpretation

1 Sei es psychotisch oder schwer neurotisch.

anzubieten. Die Patienten warten natürlich auf eine »magische« Formulierung, aber das ist der sicherste Weg zu scheitern, denn diese nicht endogene, nicht selbst hervorgebrachte Formulierung wird nicht als angemessen anerkannt. Ich glaube nicht, dass der Analytiker und der Analysand in diesem Punkt so weit auseinanderliegen, dass jedes Wort mit seinem Träger identifiziert wird. In der Analyse wird alles miteinander verbunden, miterfunden und mitaufgedeckt. Dennoch ist es trotzdem wichtig, in erster Linie die Verbalisierung des Patienten aufrechtzuerhalten, damit bei ihm die Handlungsfähigkeit oder zumindest das Gefühl, dass er handeln kann, leichter in Gang kommt. Dazu ist es wichtig, dass er derjenige ist, der »sich abspielt« und, wenn nötig, sein eigenes Schweigen und das des Analytikers durchläuft. Dies ist eine schwierige Prüfung, die manchmal das Gefühl eines erneuten Verlassenwerdens hervorruft. Der Patient ist bei seinem Analytiker in Bedrängnis und muss sich, erneut, mit dessen Schweigen auseinandersetzen, das ein Echo seines eigenen Schweigens ist. Daher der kapazitive, nicht strikt formalistische Ansatz: Nicht jeder ist sofort für die Stille geeignet, dazu, die Stille kreativ umzuwandeln. Die Kunst besteht dann darin, ein Wort zu sprechen, das dieses Vertrauen wiederherstellt, ohne deshalb das Subjekt zu lenken, und das das Subjekt dazu anregt, sein Schweigen zu durchlaufen, zu verstehen, dass es in seinem Inneren Ressourcen gibt, um zu denken, um das auszubilden, was man zu wissen glaubt, aber nicht weiß. Diese kurzen Erläuterungen zur kapazitiven Wahrheit sind notwendig, um keine Fehlinterpretation aufkommen zu lassen und zu glauben, dass sie eine Ersetzung der Aussage des Analysanden durch die Aussage des Analytikers ist. Mitnichten. Wenn das Ressentiment sehr präsent ist, ist diese Handlung unglaublich schwierig, ja steht auf dem Spiel. Ich glaube nicht, dass das Ressentiment in der Analyse das letzte Wort haben kann. Ich glaube im Gegenteil, dass die Aufrechterhaltung des Ressentiments beweist, dass es keine Analyse gibt, auch wenn eine solche stattgefunden hat, und dass die Maskerade bei der Ausübung der

Analyse weiter fortbestand. Das kommt sehr oft vor und bringt ein noch höheres Schwierigkeitsniveau mit sich, denn von da an gibt es den Ritterschlag der Analyse: Der Mensch des Ressentiments kann dank der Pseudoanalyse seinem Ressentiment freien Lauf lassen und ihm dabei eine andere Diagnose verpassen.

25
Der Zeit wieder einen Wert geben

Sicherlich gibt es nicht nur die Sprache, um Erfahrungen zu machen oder zu sublimieren. Es gibt auch die Erfahrung selbst, die Fähigkeit, Erfahrungen zu machen, das Leben in ein eigenes Erleben zu verwandeln. Bei Maurice Blanchot vermischt sich beides, insofern die Erfahrung zweifellos das Herzstück des Werks bildet, das Schreiben als solches, und auch seine unablässige Jagd nach der Erfahrung, nach dem Leben, nach dem Flüchtigen, nach dem, was vergeht, nach dem Verblassen des Lebens, das an die jedem Werk eigene Untätigkeit grenzt. In der Analyse, zweifellos infolge der Erziehung – oder eines anderen möglichen Namens, welcher der lebenslangen Erziehung gegeben wurde –, in diesem Blick auf sich selbst, der jedoch durch die Welt vermittelt und somit erweitert ist, betrachtet man sich nicht mehr als sich selbst betrachtend – das wäre lächerlich und langweilig, auch wenn viele meinen, dass es in der Analyse nur darum geht: sich selbst zu betrachten –, sondern man öffnet im Gegenteil den Blick, man öffnet die Augen. Denn schon die Analyse ist das Vorzimmer der Erfahrung, eine Möglichkeit, zu lernen oder wieder zu lernen, Erfahrungen zu machen. Und das Ressentiment ist das, was keine Erfahrungen mehr zu machen versteht, es heißt, zu leben und dass alles vergeht, dass einzig die Bitterkeit, einzig die Unzufriedenheit bleibt; der Hass auf die anderen trocknet die Seele aus und macht jeden Bereich zu einer Wüste, und mehr noch unsere Fähigkeit, zu vermitteln.

Den Weg zur Erfahrung wiederzufinden, scheint so einfach zu sein; das ist es auch, im Grunde genommen, doch ist der Preis, den man für die Erfahrung zahlen muss, nicht kostenneutral. Denn um Erfahrungen zu machen, braucht man Zeit, man muss eine Zeit wiederfinden, die sich entfaltet, und diese Entfaltung der Zeit spielt sich zunächst im Geist ab, in dem Willen, die Zeit zu dehnen. Und die Zeit ist, wie wir wissen, in den Gesellschaften ein knappes Gut. Manche sind jedoch der Meinung, dass sie zu viel davon haben: Das sind die Jugendlichen mit ihrem Gefühl, in ihrem Leben, ihrer Umgebung festzustecken. Die Literatur ist voll von diesen Wesen, die unterwegs sind, sich nach dem Anderswo sehnen, weil die leere Zeit sie auffrisst und sie das Gefühl haben, an Ort und Stelle zu vermodern. Aber es ist nicht so, dass sie zu viel Zeit haben, sondern dass sie nicht wissen, was sie damit anfangen sollen, weil sie noch zu wenig in die Sublimierung, die Anforderungen des Mangels, eingeweiht sind.

Ohne Zweifel befinden wir uns alle irgendwann in diesem Zustand, in dem Langeweile und Zeit ganz einfach gleichgesetzt werden. Wir beklagen die Welt, die Umwelt, die Familie, das armselige Leben, das wir im Moment führen, die wenige Freiheit, die wir haben, die Verwiesenheit auf das Haus – all das ist nicht falsch, bleibt aber unzureichend. Wenn wir nicht den Wert der Zeit entdecken, ihre Lehre, wird sich am Ende der Reise, die uns aus dem Tief herausholen soll, unweigerlich das Ressentiment zeigen. Nun darf man natürlich nicht glauben, dass dem Ressentiment zu entkommen bedeutet, eine süße Fülle zu empfinden. Nietzsche sagte, dass die große Gesundheit dionysisch ist, mit anderen Worten der Auflösung nicht fremd. Der Genesende wird immer den Geschmack des Exils im Mund haben, das Gefühl, ein ständiger Ausreißer zu sein, immer im Begriff, vor seiner Geschichte zu fliehen. Die Herausforderung besteht darin, dieses Gefühl zu zerstreuen; der Erfolg wird darin bestehen, es zu bezwingen und so ein wenig Ruhe zu finden. Gegenüber dem Exil wird es trotzdem den anderen Pol geben, den die Erfahrung darstellt, doch diese ist ihm nicht vollkommen fremd.

Die Verbalisierung lässt den Schmerz wieder aufleben, lindert ihn aber auch: Wenn das Gefühl des Exils zu stark ist, gibt es nur wenige Dinge, um dagegen anzukämpfen. Es gibt noch die Sprache, die eigene, durch die Bemühungen der Analyse verfeinerte Sprache, die zuweilen schließlich das Gefühl von einer Zufluchtsstätte vermitteln kann. Eine Sitzung kann ein Haus, eine Wohnung sein. Diese Fähigkeit ist gewiss kein Privileg der analytischen Kur: Sie ist eine der tiefen Wahrheiten der Schrift, der Lektüre, der Sprache des Werkes im Allgemeinen. Sie ist nicht mit der »Alltagssprache«[1] gleichzusetzen, die, wie Blanchot schreibt, nichtssagend ist und sich entzieht; das ist das Eigentümliche des Alltags, der Aktualität, dieser Tag für Tag nicht endenden Worte, die nicht aufhören zu kommunizieren, ohne dass jemand wirklich etwas hört. Die phatische Funktion, die nicht uninteressant ist, spielt eine wichtige Rolle, vor allem bei der Angst; sie beruhigt sie, aber nur kurzzeitig. Für eine stärker kanalisierte Angst braucht es etwas anderes, es braucht ein mehr verinnerlichtes, bewussteres, zweifellos stilleres Sprechen, das dehnbar ist und aufnehmen kann.

26
In der Gegenübertragung und der analytischen Kur

Es gibt ein Phänomen, das zwar kein Ressentiment im eigentlichen Sinne ist, zumindest aber, wenn es nicht kanalisiert wird, dafür anfällig sein kann: das Gefühl starker Bitterkeit, das beim

1 M. Blanchot, *L'Entretien infini*, S. 355.

Analytiker entsteht, wenn er, der den Analysanden bei seiner Arbeit zu begleiten versucht, seinerseits – mal für einen kurzen Moment, mal chronisch – zum Objekt des besagten Ressentiments wird. Dann kommt ein gemischtes Gefühl auf; vom Analysanden verletzt, auch wenn er sich dagegen wehrt, können bei ihm unangenehme Gefühle geweckt werden, die eine Art Spur hinterlassen und den Analytiker in die Klemme bringen zwischen dem Gefühl, genau zu wissen, was vor sich geht – eine alte, wohlbekannte Lektion der Psychoanalyse –, und der Pflicht des Therapeuten, weiterzumachen, ja sich genau diesem Gefühl zu stellen, um beim Analysanden und wohl auch bei sich selbst etwas Machbares zu erzeugen. Winnicott hat diesen Moment, der den Bauch zusammenschnürt und den Geist verengt, als »Hass in der Gegenübertragung« bezeichnet.[1]

Eine autobiographische Anekdote, die oft kommentiert und teils mit dem Konzept der Wiedergutmachung,[2] teils mit der »hasserfüllten«[3] Gegenübertragung in Verbindung gebracht wird, beschreibt die Ambivalenz dieses Gefühls bei Winnicott als Kind. Sie zeigt ihn mit einer Puppe seiner Schwester, deren Nase er mit einem Holzhammer zerstört, da er sie, die Puppe, für umso unerträglicher hält, als sein Vater sie wie einen Bauchredner benutzt, um seinen Sohn zu necken und ihm ein Lied vorzusingen, in dem *er mit seiner Schwester vorkommt*: »Rosie sagte zu Donald Ich liebe dich Donald sagte zu Rosie Ich glaube das nicht.« Winnicott kommentiert die Sequenz dann folgendermaßen:

1 Donald W. Winnicott, *La Haine dans le contre-transfert* (1947), Paris, Payot, Petite Bibliothèque Payot, 2014.

2 Denys Ribas, »La vie de Donald Woods Winnicott«, in D. Ribas (Hg.), *Donald Woods Winnicott*, Paris, PUF, 2003, S. 6-34.

3 Christine Voyenne, »*La Haine dans le contre-transfert* (1947), *Le Contre-Transfert* (1960), commentaire des articles de D.W. Winnicott«, 2010, ⟨https://www.sprf.asso.fr/wp-content/uploads/publications/VOYENNE-Ch._SP_Contre-transfert-Winnicott_SPRF_2010.pdf⟩.

Ich wusste also, dass ich diese Puppe kaputt machen musste, und ein großer Teil meines Lebens beruhte auf der unbestreitbaren Tatsache, dass ich diese Tat tatsächlich vollbracht hatte und nicht nur den Wunsch danach hatte und ihn projizierte. Ich fühlte mich wahrscheinlich etwas erleichtert, als mein Vater nacheinander mehrere Streichhölzer nahm und die Wachsnase so weit erhitzte, dass er sie neu formen konnte. So wurde das Gesicht wieder zu einem Gesicht. Diese erste Demonstration des Akts der Restitution und Wiedergutmachung hat mich sicherlich beeindruckt und mich vielleicht in die Lage versetzt, die Tatsache zu akzeptieren, dass ich selbst – das liebe kleine unschuldige Wesen – tatsächlich gewalttätig geworden war, direkt gegenüber der Puppe und indirekt gegenüber diesem Vater gleichen Naturells, der gerade in mein bewusstes Leben getreten war.

Nicht das liebe kleine unschuldige Wesen zu sein, ist eine Entdeckung, die man jeden Tag macht und die das ganze Leben lang andauert. Nicht unschuldig als Individuum, nicht unschuldig als Analytiker, nicht unschuldig als Analysand, sondern immer von der fehlenden Unschuld geplagt, kann man es leugnen, sich aber nicht davon lösen. Von da an eröffnet sich der Weg der Wiedergutmachung. Der wahre Weg der Wiedergutmachung ist jedoch nicht der Weg der Wiederholung: Man kann das Fehlen der Unschuld nicht ständig wiederholen und sich damit begnügen, es zuzugeben und sich dafür zu entschuldigen, ja es zu bemängeln. Diese Form, seine eigene Nicht-Unschuld zur Kenntnis zu nehmen, hat den Anschein falscher Bescheidenheit. Man erkennt hier seine Unzulänglichkeit nicht an, um zu versuchen, sie zu überwinden, sondern um sich darin einzurichten, indem man sie letztendlich für auskömmlich hält. Diesen Punkt beschreibt Deleuze gut, wenn er seinen Leser auffordert, sich vor jemandem in Acht zu nehmen, der sich selbst als einem anderen nicht ebenbürtig beschreibt, ihn für großartig und sich selbst für unwürdig erachtet. Das ist die stilisiertere Version des Ressentiments, die große Deklaration der Minderwertigkeit. »Wir sollten auch denen mißtrauen, die im Angesicht des Guten oder Schönen – sich selbst anklagend – behaupten, es nicht zu verstehen, seiner würdig zu sein: ihre Bescheidenheit macht allemal Angst. Wieviel Haß gegenüber dem Schönen steckt nicht in solchen Deklarationen der Unbedarftheit und Minderwerigkeit.«[1] Die Form von Grausamkeit anzuerkennen, zu der man fähig ist, ist ein notwendiges Moment, wie auch die Verpflichtung zur Überwindung.

Die Metapher von der Wiederherstellung des Gesichts ist entscheidend. Sie klingt in der späteren ethischen Konzeption von Levinas an, deren Dreh- und Angelpunkt die Frage nach dem Gesicht des anderen ist. Den anderen zu hassen bedeutet, ihm letztlich seine Identität als Subjekt, ein Gesicht, die Würde von einem anderen als einem selbst abzusprechen; es bedeutet, ihn mit Abschaum, Abfall gleichzusetzen. Und was soll man mit Letzterem tun, wenn nicht wegwerfen? Das Gesicht zurückzugeben ist Teil einer doppelten Wiedergutmachung: der des Subjekts, das sich vom Hass hinreißen ließ, und der des anderen, der seine grausamen Verirrungen zu erleiden hatte. Zu verstehen, dass die Wiedergutmachung dank einem anderen erfolgen kann, eben jenem, durch den etwas ins Wanken kam. Und doch ist das, was hier zum Ausdruck kommt, die Bewegung von Winnicotts Seele, ihre noch sehr junge Fähigkeit, Verantwortung zu übernehmen und dem Trieb des Hasses zu entfliehen, der sie überwältigt hatte. Und es wird auch deutlich, wie ein Analysand seinen Analytiker nicht ertragen kann, der so ausgeglichen und gerade erst in sein bewusstes Leben eingetreten ist.

Voyennes Kommentar zum Begriff des Hasses in der Gegenübertragung ist in mehrfacher Hinsicht erhellend. Zunächst einmal, weil er an die Freud'sche Wahrheit erinnert, die in der Gegenübertragung ein Hindernis für die Funktionsfähigkeit der Analyse

1 G. Deleuze, *Nietzsche und die Philosophie*, S. 128.

sieht. Sicher ist, dass sie eine absolut totale Prüfung ist; und jeder Analytiker träumt vielleicht davon, dieser Punkt der Neutralität mit einer vollkommenen Unparteilichkeit zu sein, über den alles läuft. Ist das überhaupt möglich? Wenn das nicht der Fall ist, kann man sich fragen, was ein Analytiker tut, der glaubt, der Gewalt der Gegenübertragung entgehen zu können, in welcher Art von analytischer Illusion er gefangen ist. Sich ihr zu stellen, bedeutet keineswegs anzunehmen, dass man Erfolg haben wird, zeugt aber dennoch von einer gewissen Klarheit des Analytikers. So wird die Supervision[1] von Freud empfohlen, um dem Analytiker zu erlauben, immer wieder die Parteinahme zu korrigieren, die auftreten kann, wenn die Gegenübertragung nicht überwunden wird.

Als Archetyp der therapeutischen Beziehung gilt die Beziehung zwischen dem Baby und seiner Mutter, wobei die Unterstützung, die Letztere dem Baby angedeihen lässt, von derselben Art ist wie die Unterstützung, die der Analytiker dem Analysanden angedeihen lässt – ich werde auf die imaginative Verarbeitung der Mutter zurückkommen, eine Art *imaginatio vera*, um einen Begriff von Winnicott zu gebrauchen, als Schlüsselelement für den Aufbau des Subjekts und für die Entstehung seines Potenzials zur Resilienz und Überwindung künftiger Ressentiments. Diese imaginative Verarbeitung der Mutter ist das Umfeld, in dem das Kind aufwächst, der Rahmen für seine zukünftige Individuation. Nicht, dass der Analytiker die Mutter oder die mütterliche Umgebung der Rahmen der Analyse wäre, aber auch hier gibt

1 »So schreibt Freud 1910 (›Die zukünftigen Chancen der psychoanalytischen Therapie‹): ›Jeder Psychoanalytiker kommt nur so weit, als seine eigenen Komplexe und inneren Widerstände es gestatten, und [wir] verlangen daher, daß er seine Tätigkeit mit einer Selbstanalyse beginne, und diese […] fortlaufend vertiefe.‹ Die Lehranalyse wird 1918 beim 5. Kongress der IPA vorgeschlagen«, in C. Voyenne, »Commentaire des articles de D.W. Winnicott« (Sigmund Freud, »Die zukünftigen Chancen der psychoanalytischen Therapie«, in *Gesammelte Werke*, Bd. VIII, S. 108).

es eine Vertrautheit zwischen diesen beiden Umgebungen. Voyenne stützt sich auf eine Definition von Winnicott, um zu beschreiben, was ursprünglich die Möglichkeit eines zukünftigen Subjekts ausmacht, nämlich die Qualität der Verbindung zwischen diesem und der mütterlichen (sagen wir elterlichen) Sorge, deren Objekt es ist: »Bevor Objektbeziehungen bestehen, [...] ist die Einheit nicht das Individuum, die Einheit ist ein Gefüge aus Umwelt und Individuum. Das Gravitationszentrum des Seins geht nicht vom Individuum aus. Es liegt im Gesamtgefüge.«[1] Später wird es nicht darum gehen, den Elternteil zu ersetzen, um dieses heteronome Gravitationszentrum wiederherzustellen, wobei man im Übrigen fast sicher weiß, dass die Umwelt in der Kindheit des Analysanden Versäumnisse aufweist, insbesondere mit besagtem Elternteil. Aber die Frage des Rahmens, der in der Sitzung errichtet wird, die Beschaffenheit der Umwelt, die relationale Beschaffenheit des Zuhörens, des Aufnehmens, der Aufmerksamkeit sind wesentlich und konstitutiv für die Funktionsfähigkeit der Kur. Umgekehrt wird ein Rahmen, der Versäumnisse aufweist, zu Funktionsstörungen führen: »Der Begriff der Umwelt [...] wird dann seine Vorstellungen von der Bedeutung des Rahmens in der Analyse und die gegenübertragende Valenz der Versäumnisse des Rahmens mit sich bringen.«[2] Voyenne greift dann Winnicott auf,[3] um die grundlegenden Punkte aufzulisten, die den richtigen Rahmen wahren, und versieht dies mit einem Kommentar: »Durch nicht reflektierte Fehler oder Variationen dieser zum Rahmen gehörenden Elemente können sich – zuweilen in einer

1 Donald W. Winnicott, »Angst gepaart mit Unsicherheit«, in *Von der Kinderheilkunde zur Psychoanalyse*, zit. n. C. Voyenne, »Commentaire des articles de D.W. Winnicott«.

2 C. Voyenne, »Commentaire des articles de D.W. Winnicott«.

3 Donald W. Winnicott, »Metapsychologische und klinische Aspekte der Regression im Rahmen der Psychoanalyse« (1954), in *Von der Kinderheilkunde zur Psychoanalyse*, zit. n. C. Voyenne, »Commentaire des articles de D.W. Winnicott«.

heimtückischen und bestrittenen Form – die Aggressivität und der unterdrückte Hass des Analytikers einschleusen.« So also schleust sich das Ressentiment des Analytikers ein, nicht unbedingt direkt oder weil die richtige Vermittlung des richtigen Rahmens – der den Patienten umgibt – nicht hergestellt wurde. Das Ressentiment entsteht aus dem Versäumen der richtigen Vermittlung, die zweifellos keine Dämme mehr findet, die es zurückzuhalten:

> 9. Der Analytiker ist in der analytischen Situation viel zuverlässiger, als es die Menschen im gewöhnlichen Leben sind; im Großen und Ganzen ist er pünktlich, hat keine Wutanfälle, verliebt sich nicht Hals über Kopf usw. 10. In der Analyse wird sehr klar zwischen Tatsachen und Phantasien unterschieden, sodass der Analytiker durch einen aggressiven Traum nicht verletzt wird. 11. Man kann sich darauf verlassen, dass Vergeltungsreaktionen nicht vorkommen. 12. Der Analytiker überlebt alles [!].[1]

Hier sieht man, dass der Rahmen der analytischen Sitzung sowohl den Analysanden als auch den Analytiker vor der Gewalt ihrer Liebes- und Hasstriebe bewahrt. Zunächst ist bei vielen Patienten das Verlangen nach Liebe immens, insbesondere nach der des Analytikers; alles wird in Zusammenhang mit diesem Gefühl interpretiert, und Liebe wie Hass können jederzeit entstehen. Ebenso spielen viele Analytiker mit diesem Gefühl – spielen sie oder werden sie gespielt? – und lösen in einem zweiten Schritt eine sehr starke Verwirrung aus. Die Schwierigkeit in der Analyse ist die aristotelische Mitte, anders gesagt die Vertrauenswürdigkeit, die so entschlossen und so wenig rachsüchtig wie möglich ist. Die Vertrauenswürdigkeit in ihrer Langeweile, die gewissermaßen nicht den Glanz der Liebesleidenschaft hat, aber auch nicht

1 Ebd.

die Gefahr eines Verlassenheitsgefühls heraufbeschwört. Nur vertrauenswürdig zu sein ist eine moderate, aber notwendige Herausforderung für die Ent-Entfremdung des Patienten. Nur vertrauenswürdig zu sein ist ein Weg, der zwangsläufig zur Undankbarkeit des Patienten führt; manchmal erkennt er später die Bedeutung ihres Beitrags; aber nichts ist weniger sicher, und die Zeit, in der der Analysand seinen Analytiker idealisiert, ist nicht von Dauer, was für das Problem seiner Ent-Entfremdung erfreulich, doch für den Analytiker, der auf seine begrenzte Bedeutung verwiesen wird, eher schmerzhaft ist.

Der Hass, den der Analytiker gegenüber seinem Patienten empfinden kann, ist jedoch nicht nur der einer antizipierten Undankbarkeit, die sich im Übrigen als zutreffend erweist; er kann auch in einem Analytiker aufkommen, der seine Todestriebe durch die bewussten und unbewussten Provokationen des Patienten geweckt sieht. Voyenne hebt in ihrem Kommentar zu Winnicott den lustvollen Aspekt hervor, den die Entfaltung von Hass sowohl auf Seiten des Patienten als auch auf Seiten seines Analytikers darstellen kann. Zweifellos liegt hier der Unterschied zwischen dem Menschen des Ressentiments und demjenigen, der es durchläuft, ohne darin gefangen zu bleiben: in der Frage der Lust am Hass. Derjenige, der es durchläuft ... durchläuft es wahrscheinlich, weil er keine Lust daran empfindet, in einem solchen Zustand zu bleiben, er missfällt ihm, ja ist für ihn sogar sträflich, und von daher ist es zwingend, aus dem Ressentiment herauszukommen. Wer sich hingegen daran gewöhnt hat, den Hass zu genießen, darin eine vitale Energie zu finden, sein Bewusstsein zu benutzen, um ihn zu rechtfertigen und mit dem Zorn aufzuputzen, für den ist die Herausforderung schwieriger; denn sich vom Genuss zu trennen, kann absurd erscheinen. So zeichnet sich für die Erziehung ein Ziel ab: dem Subjekt so früh wie möglich beizubringen, Missfallen zu empfinden, wenn es seinen Hasstrieben freien Lauf lässt, anders gesagt, die Fähigkeit der Frustration mit Lust zu verbinden, der Lust einer bestimmten Form von Beherrschung und

Symbolisierung: Dank dieser Fähigkeit der sublimierten Frustration kann ich anderswo sein als hier, ich kann die Abwesenheit in Anwesenheit verwandeln, das Haben in Sein oder umgekehrt. Ich kann beweglich sein, entfliehen und schließlich ein wenig meine Freiheit spüren, als Ent-Entfremdung.

Kommen wir auf die Vertrauenswürdigkeit des Analytikers zurück, die an das »gut genug« der Mutter erinnert, mit anderen Worten an die fehlende Perfektion, die das werdende Subjekt dazu zwingt, Frustration zu erfahren und vor allem seinen eigenen Weg zu gehen, indem es sich trennt, und sei es nur intellektuell, symbolisch. Das Potenzial der analytischen Kur offenbart sich übrigens nicht vor dieser Geste der Trennung, die keineswegs mit der Tatsache der physischen Trennung gleichzusetzen ist, ich würde sogar sagen, dass einer physischen Trennung die Wahrheit der symbolisierenden Trennung fehlen kann – was kein Argument dafür ist, seinen Analytiker nicht zu verlassen, da man weiß, dass das Verlassen des Analytikers nicht gleichbedeutend mit der Beendigung der Analyse ist. Für Winnicott ist die Möglichkeit des Hasses in der Gegenübertragung nicht nur defizitär. Die Frage ist nicht so sehr die nach einer möglichen Umkehrung – es gibt natürlich den eigenen Weg des Analytikers, der diesen Trieb sublimiert –, sondern die nach einer möglichen Dialektik zwischen Analytiker und Analysand über das Experimentieren mit dem einander gegenüberstehenden, aber dennoch durch die Sitzung mediatisierten Hass. Denn was im gewöhnlichen, nicht mediastisierten Leben zwischen zwei sich entwickelnden Hassgefühlen wahrscheinlich nicht passieren kann, passiert hier, eben weil es einen vertrauenswürdigen Rahmen gibt. Die Vertrauenswürdigkeit des Rahmens und der Umgebung, nicht der rein protokollarische Charakter dieses Rahmens, sondern die Anforderung der Qualität, der Anpassung an die Singularität des Patienten und an die Besonderheit der Beziehungsdynamik, diese Vertrauenswürdigkeit erlaubt den Hassgefühlen, sich zu vermitteln und gemeinsam das zu symbolisieren, was sie alleine nicht zu tun vermögen.

Voyenne sieht in dieser Definition des Hasses in der Gegenübertragung den spezifischen Beitrag Winnicotts: »Seine beiden Artikel über die Gegenübertragung eröffnen eine andere Konzeptualisierung: Es gibt einen gemeinsamen Arbeitsbereich zwischen dem Patienten und seinem Analytiker. Die in die Sitzung eingebrachten Triebmotionen haben Einfluss auf beide Protagonisten, der eine Schaffung zu zweit ermöglicht, die den Patienten dazu führen kann, in der Kur nicht nur eine Wiederholung dessen zu erleben, was er bereits erlebt hat, sondern auch die neuen Erfahrungen machen zu können, die er braucht, damit die analytische Arbeit wirklich mutativ ist.«[1]

Bedeutet dies, dass man in der Gegenübertragung beim Analytiker auf den Hass hoffen muss? Keineswegs. Aber man versteht hier, wie ein bestimmter Raum, eine Umgebung, für die Befreiung des Individuums ein Schlüsselinstrument der Mediation sein kann und wie sich das, was als defizitär erschien, später als kapazitiv erweisen kann; was immerhin eine Art Hoffnung hinterlässt, denn zwei in ihre Ressentiments verliebte Individuen, die sich gegenüberstehen, können, wenn es ihnen gelingt, sich in einen bestimmten Rahmen einzufügen, diese ausräumen und einen gemeinsamen und dabei doch eher singulären Ausweg schaffen. Die Schwierigkeit, einen solchen Raum finden zu können, ist damit sicher keineswegs beseitigt: Ein in das Ressentiment verliebtes Subjekt fühlt sich nicht verpflichtet, ihn zu finden, und da es ihn nicht sucht, ist es oft nicht in der Lage, hinter diesem oder jenem Raum die Möglichkeit einer inneren Transformation zu erkennen.

1 C. Voyenne, »Commentaire des articles de D.W. Winnicott«.

27
Zu den Quellen des Ressentiments, mit Montaigne

Wie alle Begründer des Humanismus versteht es Montaigne, in den *Essais* herauszufiltern, wie man die Natur des Ressentiments, der menschlichen Schwächen, der Sitten, der konditionierten Reflexe, der Selbstgefälligkeit, der kleinen Gemeinheiten oder der größeren Bitterkeit denken kann. »Wie die Seele ihre Leidenschaften an falschen Gegenständen ausläßt, wenn die richtigen ihr fehlen« (I, 4): ein Titel, in dem jedes Wort ein Element des besagten Ressentiments bezeichnet – auslassen, Leidenschaften, falsche Gegenstände, Fehlen des richtigen.

Beim Ressentiment gibt es immer ein Überborden, einen nicht kanalisierten Trieb, ein Fehlurteil, die Tatsache, das Falsche für das Richtige zu halten, die Fokussierung auf Gegenstände, wobei man weiß, dass jede Fokussierung auf einen Gegenstand entfremdet. Montaigne beschreibt in diesem Kapitel einen unscheinbaren Durchschnittsmenschen, der ganz von seiner Unaufrichtigkeit erfüllt ist, sich zudem dessen bewusst ist und nicht versucht, sie zu überwinden, vielleicht daran Gefallen findet oder zumindest ein Hilfsmittel, um sein Missfallen über seine Qualen zu lindern: »Einer unsrer Edelleute, der unsäglich von der Gicht geplagt wurde und dem die Ärzte dringend rieten, auf den Verzehr von gesalzenem Fleisch völlig zu verzichten, pflegte höchst witzig zu antworten, er wolle etwas haben, woran er seine Wut über die quälenden Anfälle der Krankheit auslassen könne, und wenn er bald die Schlackwurst, bald die Ochsenzunge oder den Schinken verfluche, fühle er sich hinterher entsprechend leichter.« Die Anekdote könnte einen schmunzeln lassen, jeder kann sich sogar darin wiedererkennen, doch ist sie aufschlussreich, insofern das Subjekt die Lust am Hass auf das Objekt, die Lust an der Klage und an der Beschimpfung der Verpflichtung vorzieht, es auf sich zu nehmen, seinem Verlangen nicht nachzugeben, der Verpflichtung zur Verantwortung. Und Montaigne fährt fort mit einem Zitat von Lukian: »und wie, wenn ihm kein Bannwald trotzt, die Kraft des Windes auf dem zweiten Plan erschlafft.«[1] Anders gesagt, ohne die Benennung eines Objekts, das es zu hassen und an dem es Anstoß zu nehmen gilt, hält sich das Ressentiment nicht, zumindest nicht als Ressentiment.

Dies scheint dem zu widersprechen, was Scheler über die Unbestimmtheit sagt, die das Ressentiment definiert. Jedoch nicht ganz, insofern das Ressentiment oft zunächst eine Fokussierung auf das Objekt hat und erst später seiner Abscheu ein Feld bietet. Diese Phase der Unbestimmtheit ist wichtig, kann aber, was kollektiv oft der Fall ist, mit einer starken, als irrational bezeichneten Abneigung gegen ein »Objekt« einhergehen, sei es nichtmenschlich oder menschlich, das übrigens als Symbol dieser Abneigung bezeichnet wird. Ein Ressentiment, das nie etwas finden würde, woran es Anstoß nehmen kann, könnte einer Form von Nihilismus gleichkommen, einer endgültigen Abschottung gegen jegliche *affectio societatis*. Damit das Ressentiment sich politisiert und in der öffentlichen Sphäre erscheint, muss es die bloße Innerlichkeit des subjektiven Unbehagens verlassen. Es muss ein Außer-sich stigmatisieren. Wenn Letzteres mit einem anderen identifiziert wird, kann das Ressentiment sich verstetigen, insofern dieser andere lebt, mobil ist und – wider Willen – eine Art unerschütterliche Unterstützung für die Entfaltung des Ressentiments gewährleistet. Der Mensch des Ressentiments kann dann sein Ressentiment ständig reaktivieren, indem er einfach das Leben des Objekts seines Ressentiments betrachtet, unabhängig von der Beschaffenheit seiner Handlungen und Gesten. Der bloße Anblick des verhassten Objekts kurbelt die negative Energie des Ressentiment-Menschen unablässig an, und er will noch mehr davon haben, anstatt die analytische Arbeit der Ent-Entfremdung auf sich zu nehmen.

1 Lukian, *Pharsale* II, S. 262-263.

In dem Kapitel über die Lügner (I, 9) thematisiert Montaigne einen Tick von Darius, der, »um die ihm von den Athenern zugefügte Schmach nicht aus dem Gedächtnis zu verlieren, [...] einem Knaben befahl, ihm jedesmal, wenn er sich zu Tisch setzte, dreimal ins Ohr zu rufen: ›Herr, vergeßt die Athener nicht‹«. Hier sieht man, dass der Ressentiment-Mensch absichtlich jene kleine Stimme kreiert, die ihn an die Erniedrigung erinnert, und zwar genau dann, wenn er sich entspannen und ein einfaches Essen genießen soll. Die kleine Stimme kommt wieder, und das Individuum macht nichts, als sie nur zu erdulden, wie eine fremde Stimme, eine akustische Halluzination. Das kann insbesondere bei den eher psychotischen Profilen der verschärften Paranoia, der Schizophrenie, dem Borderline-Syndrom etc. der Fall sein. Doch hat eine Psychose, die als Psychose diagnostiziert wird, keineswegs das Monopol auf das Ressentiment; und genau da liegt die Schwierigkeit, vor allem für das soziale Leben. Diese Verankerung in der Wiederholung und der erneuten Wiederholung ist typisch für das Ressentiment: Das ist beim Wiederkäuen der Fall und auch beim Starrsinn, »sich ohne Grund in eine Position zu verbohren«, könnte Montaigne sagen – auch wenn er dies in Bezug auf jemanden sagt, der einer viel größeren Person wie ein Wahnsinniger stur standhält. Dies ist kein Argument für die Verteidigung der Feigheit, sondern eine Gelegenheit, als guter Aristoteliker daran zu erinnern, dass die Tugend der Mitte wichtig ist und dass nur sie der Vernunft geziemt – anders gesagt, hier, der Sinn für Angemessenheit, die Berücksichtigung einer Situation in ihrer Gesamtheit und nicht eines einzigen Standpunkts, der zum Exzess führt. Doch ist Montaigne der Erste, der die Auffassung vertritt, dass der Begriff der Grenze, der Trennlinie zwischen Laster und Tugend nicht immer einfach zu definieren ist.

II. FASCHISMUS[1]

Zu den psychischen Quellen des kollektiven Ressentiments

1 Es gibt in diesem zweiten Teil, welcher der historischen Frage des kollektiven Ressentiments gewidmet ist, den Hintergrund der »Mutter«, nicht im Sinne einer wie auch immer gearteten Feminisierung dieser Frage, sondern lediglich zur metaphorischen und hermeneutischen Betonung – in dem Wissen, dass wir ein Möbiusband mit drei Strängen spinnen (*l'amer, la mère, la mer*; dt.: das Bittere, die Mutter, das Meer) – im Sinne der Verweigerung der Trennung. Das Phantasmatische der ursprünglichen Einheit, den für immer schützenden und liebenden Schoß zu verlassen, den ewigen Wunsch, beschützt werden zu wollen, zu überwinden, sind notwendige Handlungen, um das Ressentiment zu überwinden. Wir sind Getrennte, die zwar durch die Sublimation und die Arbeit miteinander verbunden sind, aber dennoch getrennt, alleine und nicht beschützt. Die menschliche Berufung ist untrennbar mit der Trennung von der Mutter (oder dem Vater) verbunden, in anderen Worten: mit der Trennung vom ozeanischen Schutz und der Reparatur. Man muss sich alleine reparieren, gewiss auch dank anderer, dank der Welt, dank der Kreation, welche wir, die wir mit dem Realen der Welt konfrontiert sind, erfinden, sicher, aber alleine. Wir müssen von der Mutter zum Meer gehen.

1
Exil, Faschismus und Ressentiment. Adorno I

Adorno ist ein Schlüsseldenker, wenn es darum geht, das Problem des Ressentiments in seinem individuellen und kollektiven Prozess zu erfassen und zu verstehen, wie man ihm widerstehen kann – zumindest welche Art von Persönlichkeit sich ihm entziehen kann, obgleich es möglich gewesen wäre, sie zu verletzen und zu zerstören. Adorno hat sich entzogen; er hat den Abgrund gesehen, hat erkannt, dass jeder Mensch ihm so nahe ist, und in seiner Ermattung, in seiner Schwierigkeit, das Exil zu ertragen, hätte es ihn treffen können. Adornos Werk entging dem, seine *Reflexionen aus dem beschädigten Leben* zogen das Offene im Rilke'schen Sinne vor; und das könnte auch ein anderer Namen für die *Negative Dialektik* sein, also jene Form des Denkens, die für Adorno charakteristisch ist und die aus dem Negativen etwas zu machen versucht, ohne es wie durch Zauberei in Positivität zu verwandeln und ohne dem Nihilismus zu erliegen, ein Weg, der sich am Maßstab des Schwindels ausrichtet, ein Weg, der schwindlig machen kann, dies aber der Erfindung eines Systems vorzieht, in dem alles seinen Platz, seine Lösung hat, selbst wenn sie falsch, notwendig falsch ist. *Zerbrechlichkeit des Wahren* kann er noch schreiben, um sich von jeglicher Idee einer Hegel'schen Synthese abzusetzen. Er zieht dieser die Idee einer Musiktheorie vor, die zur Komposition und Improvisation fähig ist.

> Analog hätte Philosophie nicht sich auf Kategorien zu bringen sondern in gewissem Sinn erst zu komponieren. Sie muß in ihrem Fortgang unablässig sich erneuern, aus der eigenen Kraft ebenso wie aus der Reibung mit dem, woran sie sich mißt; was in ihr sich zuträgt, entscheidet, nicht These oder Position.[1]

Dies ist ein Text, der am Ende des Lebens geschrieben wurde, ein Text nach dem erzwungenen Exil, nach der Begegnung mit dem Verfall der Welt, dem Nazismus, nachdem man fliehen musste, um sein Leben zu schützen, aber selbst aus der Ferne sieht man noch die Katastrophe, sie holt einen ein, denn man weiß, dass man geflohen ist, freilich ohne wirkliche Alternative, dennoch wird die Schuld immer im Zentrum von Adornos Werk stehen; er, ein Musiker, weiß, dass diese Spur zu hören ist, sie durchdringt die Musik, vielleicht noch bestimmter als eine Theorie; so muss man die negative Dialektik verstehen, die das Geschehene nicht rechtfertigen kann, die sich ihm lediglich stellen und bei denen, die bleiben, genügend Bewusstsein und Wachsamkeit erzeugen kann, um sich zu behaupten und gegen das Grauen zu kämpfen, das sich abgespielt hat. Man begreift auch, dass angesichts des Grauens, ob es nun stattgefunden hat oder droht, das Ergebnis fast das gleiche ist: es strahlt aus, über den vergangenen Augenblick hinaus und vor dem zukünftigen Augenblick; das Grauen verströmt sich nach allen Seiten, wie fauliges Wasser, das einsickert, aber auch wie eine Verpuffung. Das Schreckliche am Grauen ist, dass es existiert. Bei der Positivität des Grauens hört der Zweifel auf. Es gibt keinen Zweifel, es ist da, unwiderruflich da. Und doch versteht man nichts, nichts macht Sinn. Oder wenn es Sinn macht, lässt die Suche danach unsere Verzweiflung Wurzeln schlagen, zumindest ist die Gefahr groß, darin Wurzeln zu schlagen.

1 Theodor W. Adorno, *Negative Dialektik* (1966), Frankfurt am Main, Suhrkamp Verlag, 1975, S. 44.

Das Grauen gewinnt, es gewinnt immer mehr an Boden, als man denkt; das ist zweifellos der Horizont, vor dem sich die negative Dialektik entwickelt. Angesichts dieser verhängnisvollen Potentialität braucht es ein anderes Offenes, eines, das sich nicht Illusionen hingibt, sondern die Negativität zu transformieren versteht.

Als sich die Gefahr des Nationalsozialismus abzeichnet, geht Adorno ins Exil, zunächst in Europa, dann in den USA. Dort begegnet er einer Vielzahl von Denkern, die entschlüsseln können, was sich bei dem herrschenden Ressentiment abspielt, wodurch eine solche Identifikation mit dem Führer möglich wird, obwohl ein – selbst wenig scharfer – Blick die Schwäche der Persönlichkeit erfasst. Aber man fällt in die wohlbekannte nietzscheanische Wahrheit zurück, die Sklavenmoral oder Rache der Schwachen: »Die Agitatoren stellen jeglichen Anspruch auf Überlegenheit in Abrede und geben dadurch zu verstehen, daß der [...] Führer einer ist, der, obwohl schwach wie seine Brüder, seine Schwäche doch ohne Hemmung zu bekennen wagt und sich infolgedessen zu einem starken Mann wandeln wird.«[1] Adorno versucht, die Mechanismen des faschistischen Denkens zu verstehen, seine Identifikation mit dem Schwachen, aber vor allem die entscheidende Umkehrung, die es zu bewerkstelligen gilt. Denn der Faschismus funktioniert in seiner Akzeptanz der Masse um die Rache des Schwachen herum, aber mit einer – allmählichen – Identifikation mit dem Starken, der die Schwachen rächt. Es bedarf dieser Umkehrung des verletzten Narzissmus, einer Form der narzisstischen Wiederherstellung, damit der Faschismus sich dauerhafter etablieren kann, und zwar mit einer Gewalt, die schließlich angenommen wird, während sie sich in der Vergangenheit wie jede

1 Theodor W. Adorno, »Antisemitismus und faschistische Propaganda«, zit. n. Stefan Müller-Doohm, *Adorno. Eine Biographie*, Frankfurt am Main, Suhrkamp Verlag, 2003, S. 446.

»schwache« Technik der Verteidigung und Reaktion verbergen konnte. Adorno spricht auch von »repressivem Egalitarismus«,[1] ein Begriff, der vor allem von Bedeutung ist, wenn man die ambivalente Beziehung zum Führer begreifen will, die Gruppen erfasst: die Beziehung zum Führer als eine Erweiterung von sich selbst, dieses schwachen Selbst, dieses »falschen Selbst«, das endlich all seine triebhaften Dämonen annehmen kann, ohne dass jemand es daran hindert. Wenn andere jedoch meinen, sie könnten sich mehr unterscheiden, zu mehr Individuation schreiten, wird dies gerügt, ja unmöglich und löst seitens der Gruppenmitglieder große Feindseligkeit aus. Man kann nicht aus der Gruppe ausscheren. Die Individuation hat keinen Platz, und auch wenn der Führer die Illusion von einem freien, ententfremdeten Individuum vermittelt, ist er kein solches. Er ist der große Verdinglichte, derjenige, der seine Dingwerdung auf die Spitze getrieben hat, er befindet sich in der maximalen, allmächtigen Entfaltung der Regression, ohne jedoch von nun an jemals sich selbst erkennen zu können. Adorno liefert eine Definition des Faschismus, die an die Krankheit des Ressentiments anknüpft, an ihre stark psychotische Realität: eine »Diktatur Verfolgungswahnsinniger«, die »alle Verfolgungsängste der Opfer verwirklicht«.[2]

Das Ressentiment ist eine Verfolgungskrankheit: Man glaubt ständig, das Objekt einer äußeren Verfolgung zu sein, fühlt sich nur als Opfer und lehnt in dieser Haltung die Verantwortung für sich selbst ab. Und diese Verfolgungskrankheit schlägt um in die Lust an der Verachtung, denn es gibt zwar die Verachtung der Unterwerfungshaltung, aber auch die Präferenz, die Unterwerfung für restlos zu halten, um sie besser umzukehren und seinem voll und ganz gerechtfertigten Trieb freien Lauf zu lassen,

1 Theodor W. Adorno, »Die Freudsche Theorie und die Struktur der faschistischen Propaganda«, in *Zur Metakritik der Erkenntnistheorie*, 1971, S. 56, zit. n. ebd., S. 446.

2 Ebd., zit. n. ebd., S. 447.

den anderen zu zerstören. Doch es gibt einen Rest. Der Mensch des Ressentiments entscheidet sich indes dafür, sich etwas vorzumachen und diesen Rest nicht zu sehen, denn dieser würde ihm die Möglichkeit der Rettung, des Auswegs, aber auch der Anstrengung und eigenen Verantwortung bieten. Es ist besser zu hassen als zu handeln und diesen Hass einer Gruppe zu kommunizieren, deren Mitglieder sich ebenfalls für die Illusion von der restlosen Unterwerfung entschieden haben; von da an kann dann der Mechanismus des generalisierten Hasses in Gang gesetzt werden und ein Handeln erzeugen, das ausschließlich auf der Grausamkeit der Triebe aufgebaut ist, ein Handeln, das keineswegs ein Handeln ist, sondern mit der Zahl, dem Quantitativen, eine qualitative Umkehrung schafft, welche die Illusion von einer echten Handlung zu erwecken vermag, während sie doch eine Reaktion der Masse ist.

In den 1950er Jahren arbeitet Adorno seine Persönlichkeitstheorien weiter aus, insbesondere jene, die das »faschistische Potenzial«[1] begründen könnte. Hier kommen verschiedene Merkmale wie »Konventionalismus, autoritäre Unterwürfigkeit und Aggressivität, Neigung zur Projektion und dergleichen« zusammen.[2] Zu den Kriterien einer *ressentimenthaften* Persönlichkeit, die Ordnung mit der Wiederherstellung ihres Eigentums und Seins gleichsetzt, die nur unterwürfig ist, um ihren Autoritarismus besser entfalten zu können, ohne dafür die Konsequenzen tragen zu müssen, die die berühmte Passivität-Aggressivität erzeugt, die fabuliert, phantasiert, falsche Vorstellungen jeglicher Art projiziert, um ihre Vorurteile und Stereotypen zu untermauern, die sich in der perversen Manipulation einrichtet, verdinglicht und dann den anderen nicht mehr als Subjekt betrachten kann, dies nicht erträgt

1 Theodor W. Adorno, »Wissenschaftliche Erfahrungen in Amerika«, zit. n. ebd., S. 448.

2 Theodor W. Adorno, *Studien zum autoritären Charakter*, 1973, zit. n. ebd., S. 451.

und mit ihm nur noch eine Beziehung der Instrumentalisierung eingeht.

Wenn die anderen in diese kollektive Bewegung der Verachtung einschwenken, muss man in der Lage sein, Widerstand zu leisten und in sich selbst diverse Ressourcen finden. Man muss die *minima moralia* erfinden, eine Moral der Fragmente – weit entfernt von der illusorischen *magna moralia*, der ganzen, nichtlöchrigen Moral –, die ein Aufbrechen, Abgründe, Sackgassen, ein Auf und Ab beinhaltet und durch das winzig Kleine den Ozean, das Wasser, die Luft, die Weite, das Anderswo, den noch lebenden anderen, das noch würdige Selbst sucht. »Was wäre Glück, das sich nicht mäße an der unmessbaren Trauer dessen was ist? Denn verstört ist der Weltlauf. Wer ihm vorsichtig sich anpaßt, macht eben damit sich zum Teilhaber des Wahnsinns, während erst der Exzentrische standhielte und dem Aberwitz Einhalt geböte.«[1] Der Zugang zur Moral erfolgt hier über ein Lied, an das sich Adorno zurückerinnert, ein Lied aus seiner Kindheit, das ihn glücklich gemacht hat, »Zwischen Berg und tiefem, tiefem Tal«: Zwei Hasen, die sich am Gras gütlich tun, und plötzlich schießt ein Jäger auf sie, sie fallen, stellen sich tot, glauben, sie seien tot, und als ihnen bewusst wird, dass sie es nicht sind, laufen sie weg. Welche Moral lässt sich daraus ziehen? Die des Scheins? Die des Absurden? Die der Ungerechtigkeit? Die der Dummheit der Sorglosigkeit? Adorno lässt dies offen und erinnert nur an die »Unwirklichkeit der Verzweiflung«,[2] die – leider – ganz und gar vereinbar ist mit dem Gefühl der Gewissheit, dass das Grauen statthat, stattgehabt hat, statthaben wird, dass es das Leben ist, untrennbar mit dem Leben verbunden, nicht sein Ziel, aber unweigerlich sein Begleiter. Ein Liedchen also, eine Winzigkeit, durch

1 Theodor W. Adorno, *Minima Moralia. Reflexionen aus dem beschädigten Leben*, Frankfurt am Main, Suhrkamp Verlag, 1951, Nr. 128, S. 227.

2 Ebd., S. 228.

die man eintreten kann; durch dieses Mauseloch kann man das Schlüsselloch schaffen, den Ausweg suchen, sich in nichts sicher sein, denn dieser Ausweg wird die Züge der Unwirklichkeit tragen, genau wie die Verzweiflung, der er zu entfliehen sucht.

Der »Weltlauf« von Adorno erinnert an Walter Benjamins »Zusammenbruch des Erfahrungslaufs«, das heißt an Menschen, die nicht mehr wissen, wie sie das, was sie erleben, in Erfahrung umwandeln können, in ein sinnliches Erlebnis, das sich seiner selbst bewusst ist und zum Gegenstand einer Übertragung gemacht werden kann. Angesichts des gestörten Weltlaufs gibt es moralische Fragmente, stellare Fragmente; ebenso gibt es die »Traumprotokolle«, die Adorno wie so viele ungeklärte klinische Fälle hinterlässt, eine Form, von seinem Unbewussten zu berichten, oder allgemeiner vom Unbewussten eines Menschen, der sich mit dem Unglück der Welt auseinandersetzt und einen Weg schafft, der es nicht bestätigt, eine klinische Beschreibung seiner Träume, die jedem die Möglichkeit lässt, sein Interpretationstalent zu nutzen: »Wir gingen [...] auf einem Höhenweg [...]. Ich machte mich daran [...], einen besseren zu suchen.«[1] Adorno oder der Denker am Schnittpunkt der Anprangerung des Ressentiments, dem Aufkommen des Faschismus, der Einführung des Begriffs der Verdinglichung, der Berücksichtigung des unbewussten Lebens, auch wenn die psychoanalytische Interpretation außer Acht gelassen wird – die Universalität des Unbewussten wird durchaus anerkannt –, Adorno, der in seiner eigenen Desillusionierung gefangen ist, der die bittere Erfahrung des Exils macht, der Pflicht, in einer fremden Sprache denken zu müssen, der ebenfalls schwierigen Anerkennung durch die Standesgenossen. Nichts fließt jemals oder ist einfach. Alles ist befleckt. Philip Roth[2] könnte in dem ihm eigenen Stil einer seiner Erben sein.

1 Theodor W. Adorno, »Traumprotokolle«, zit. n. S. Müller-Doohm, *Adorno*, S. 458.

2 In *Der menschliche Makel* von Philip Roth (2000), übers. v. Dirk van

»Jeder Intellektuelle in der Emigration, ohne alle Ausnahme, ist beschädigt.« Zu der moralischen, existenziellen und psychischen Prekarisierung kommt die materielle einer Konkurrenz der Gedemütigten untereinander hinzu, bei der jeder Emigrant der Feind des anderen ist, sei er nun Professor oder nicht. Adorno befand sich »in der beschämendsten und unwürdigsten Situation von allen, der von konkurrierenden Bittstellern, und [die emigrierten Intellektuellen] kehren sich damit fast zwangshaft untereinander die abscheulichsten Seiten zu«.[1] Zweifellos hätte er in Ressentiments verfallen können, erlebte er doch mangelnde Anerkennung, ständige Erniedrigung, ein fehlendes Refugium und einen verschärften Wettbewerb. In den *Minimia Moralia* erzählt er davon, wie man als Exilant in Vergessenheit gerät, wie man alles hinter sich lassen muss, was einen unterscheidet, wertvoll macht, und was bisweilen auf den »Hintergrund« des besagten Intellektuellen reduziert, »verdinglicht« und sofort beiseitegeschoben, vergessen und abgewertet wird: »Nicht gedacht soll ihrer werden. – Das Vorleben des Emigranten wird bekanntlich annulliert.«[2] Alle, die die Erfahrung gemacht haben, das Ufer zu wechseln, haben dies leidvoll gelernt. In dem Moment, in dem man übersetzt, ist man nichts mehr, weil man nichts mehr bei sich hat. Die intellektuelle Erfahrung wird für »nicht übertragbar« angesehen; viele andere Statuswerte werden für nicht übertragbar gehalten, ein Kniff, um den Emigranten seine Großartigkeit verlieren zu lassen und ihn an seine traurige Lage zu erinnern, wenn er *mal* glaubte, ihr zu entkommen.

Noch größer ist die Demütigung für einen Intellektuellen, der sich gerade damit rühmt, universal zu sein, eine grenzüberschrei-

Gunsteren, München, Hanser, 2002, verbirgt der Makel einen anderen … und wer weiß, ob das nicht für jeden von uns ewig so ist.

1 Th.W. Adorno, *Minima Moralia. Reflexionen aus dem beschädigten Leben*, Nr. 7, S. 25.

2 Ebd., Nr. 25, S. 52.

tende Kompetenz zu besitzen, die für die gesamte Menschheit notwendig ist; darin besteht zweifellos seine Eitelkeit, aber auch sein Anspruch: seinen kleinen Kreis zu überschreiten, etwas zu denken, das sich an die Welt und nicht nur an seine Welt richtet. Was mich betrifft, so hat mir dieser Mut gefehlt: ins Exil zu gehen, sich zum Exil zu zwingen. Die Lebensumstände haben mir die Verpflichtung dazu erspart, und ich habe es nicht als meine Aufgabe angesehen, mich selbst dazu zu zwingen. Sagen wir, dass ich zu dem Schluss gekommen bin, dass es von Vorteil wäre und dass ich angesichts der Furcht vor dem Exil der Sprache davor zurückgeschreckt bin, da mir dieses noch schwieriger erschien als das physische Exil. Adorno hatte nicht das Glück, dieses Hindernis zu vermeiden. Die *Minimia Moralia* widmen sich ganz der Beschreibung der Qualen eines »Intellektuellen in der Emigration«; sie stellen die »traurige Wissenschaft« dar, die uns Adorno darbietet, das Zeugnis eines »dialogue intérieur«,[1] was ihn wahrscheinlich davor bewahrt hat, dem Impuls des Ressentiments zu erliegen; die Wissenschaft ist traurig, bleibt aber dialektisch, innerlich, sie lehnt diese Innerlichkeit nicht ab, ganz im Gegenteil. Adornos Leben wird in den *Minimia Moralia* durchleuchtet und erlangt eine neue Form von Würde, die sublimiert, aber nicht verdinglicht ist und die sich für etwas anderes als sich selbst öffnet, anstatt sich an seiner Beschädigung zu ergötzen und den Weg eines Opfers zu beschreiten, das zum Henker wird.

Bei Adorno fehlt der Humor. Es gibt zwar die Liedkunst, die Reminiszenzen an einfache Handwerkskünste, die Sensibilität für die vielfältigen Zeichen der Schönheit, selbst die unscheinbarsten, sie werden nicht ignoriert oder herabgewürdigt; sie leisten ihre Vermittlungsarbeit. Alles ist eine Gelegenheit, sich zu befreien. Aber seltsamerweise ist der Humor kaum vorhanden. Er scheint durch die Zeilen und insbesondere durch die Titel der Fragmente

1 Th.W. Adorno, *Minima Moralia. Reflexionen aus dem beschädigten Leben*, S. 7-12.

durch – es ist offensichtlich, dass »Nicht gedacht soll ihrer werden« von einer starken Fähigkeit zum Spott zeugt. Aber die Behauptung der Notwendigkeit der *vis comica* fehlt, als würde der Humor die Negativität verneinen, was er keineswegs tut. Er stützt sich auf sie, erlaubt sich, sie außer Kraft zu setzen, erlaubt sich vielleicht, sie nicht ernst zu nehmen, obwohl sie tragisch ist, aber genau hier gibt es eine starke Geste der »Komposition«. Adorno verrät uns seine extreme Sensibilität für die kleinen Momente des Lebens, wie den, in dem sich das Kind über einen Besuch bei den Eltern freut, der etwas Alltägliches ist, aber eine andere Welt verspricht, eine gebrochene Gewohnheit, Regeln, die an diesem Abend aufgehoben werden, um die Gäste zu empfangen, sie zu beherbergen und eventuell das Kind wie die Erwachsenen frei sein zu lassen, sich die ersten Auftritte in der Nacht zu gönnen, außerhalb der Pflicht zu schlafen. Da ist es so glücklich. »Heliotrop«, schreibt Adorno, und das könnte man auch über den Humor sagen, dass er uns unermüdlich der Sonne zu dreht, einem energetischen Licht, das »vom Glück der nächsten Nähe den Fluch [nimmt], indem sie es der äußersten Ferne vermählt«.[1] Dieses Spiel des Humors mit der Raum-Zeit, kurz die Kunst der Symbolisierung, kennen wir gut, und jeder kann es erleben: das Ausreißen aus dem Augenblick, ohne darum die Gegenwart zu negieren, aber auch ohne sich ihr zu unterwerfen, diese eingenommene Distanz, die dennoch keine Derealisation erzeugt, zumindest nicht im pathologischen Sinne des Wortes; für die minimale Aufrechterhaltung der psychischen Gesundheit des Menschen ist die *vis comica* essentiell und wird zu wenig in Anspruch genommen. Man verfehlt ihre wahre Natur und macht sie zu einem überflüssigen Trumpf oder einem kommerziellen Talent, das andere zum Lachen bringen will, ohne wirkliche Bewusstseinsbildung, nur um sie zu unterhalten. Das ist ein ganz kleiner Teil des Humors,

1 Th.W. Adorno, *Minima Moralia. Reflexionen aus dem beschädigten Leben*, Nr. 114, S. 234-235.

der am wenigsten interessant ist und sich am wenigsten zur Sublimierung eignet. Er schirmt im Gegenteil ab. Wir werden später auf die Ressource zurückkommen, die er im Kampf gegen das menschliche Ressentiment darstellt.

2
Kapitalismus, Verdinglichung und Ressentiment. Adorno II

Greifen wir den Begriff der Verdinglichung wieder auf, der im Zentrum des Entstehungsprozesses von Ressentiments steht. Er ist im wesentlichen marxistisch,[1] da Marx die verdinglichende Dimension des Kapitalismus erkannt hat. Der Begriff findet sich bei Adorno und wird in der Frankfurter Schule über mehrere Jahrzehnte und Autoren hinweg immer wieder neu interpretiert. Die Verdinglichung ist auch ein Kind des Prozesses der Reproduzierbarkeit, der bei Walter Benjamin entschlüsselt wird und der der Moderne teuer ist, die ihre Gegenstände standardisiert, um sie in Massen zu produzieren und daraus einen maximalen Gewinn zu erzielen, indem sie zudem die Herstellungskosten senkt. Die ganze Welt ist dazu gezwungen. Die Kultur selbst hat sich verdinglichen lassen, indem sie schlicht zur Kulturindustrie geworden ist. Bei Georg Lukács[2] ist die Verdinglichung der Prozess der Versachlichung[3] des Lebens und des Subjekts, der an die Un-

1 Bei Karl Marx wird von Entfremdung und Objektivierung gesprochen.

2 Siehe Georg Lukács, *Entwicklungsgeschichte des modernen Dramas*, 1908; *Geschichte und Klassenbewusstsein*, 1923.

3 »Es kam Kostas Axelos und Jacqueline Bois zu, 1959 die Begriffe *réification* und *réifier* in den Marxismus einzuführen, um die deutschen Wörter *Verdinglichung* und *verdinglichen* zu übersetzen. Die deutschen Wörter *Versachlichung* und *versachlicht* wurden mit *chosification* und *chosifié*

bilden der Weber'schen Rationalisierung erinnert, die dazu führt, dass das Quantitative »qualifiziert« wird, anders gesagt, dass das Qualitative zugunsten einer Überbewertung des Quantitativen disqualifiziert wird, das dann dazu aufgerufen ist, zum neuen Qualitativen zu werden, indem die Zahl an die Stelle der Macht des Namens tritt.

So vollzieht sich ein Reduktionismus, der alle Bestandteile des Lebens eines Subjekts erfasst. Sie werden allein mit wirtschaftlichen Kategorisierungen durchleuchtet und erhalten nur im Gegenzug für diese definitorische Verstümmelung einen Wert. Die Welt, das Subjekt, das Leben werden »kalkulierbar« im Sinne von Kosten und Nutzen, als ob sich alles auf solche Kategorisierungen beschränken ließe. Die Welt wird binär, und der Anteil der »Disqualifizierten« wächst in dem Maße, in dem sich diese große Rationalisierungsbewegung immer weiter ausbreitet. Verdinglichung ist eine andere Bezeichnung für die instrumentelle Vernunft, die ebenfalls seit Weber und seiner Analyse der von der technizistischen und kalkulierenden Moderne geförderten Entzauberung der Welt bekannt ist. Bei Honneth wird die Verdinglichung wieder aufgegriffen, und mit dem Konzept der Anerkennung erblickt ein Gegenmittel das Licht der Welt.[1] Denn in der Tat ist diese zweifellos das, was unserer wechselseitigen Abhängigkeit entgegenwirkt und uns erlaubt, unsere Abhängigkeiten nicht in einer disqualifizierenden Form zu leben. Wir sind alle abhängig, voneinander abhängig, und Herrschaft definiert sich dadurch, dass sie diese Abhängigkeit unsichtbar macht und den anderen in ein Regime der Nichtanerkennung einbindet. Es liegt auf der Hand,

übersetzt (Lukács, 1960: 86, Fußnote). Einige Jahre zuvor verfügten sie über keine französischen Wörter dafür: *réification* und *réifier* wurden erst 1917 bzw. 1930 von Julien Benda erfunden (Benda, 1917: 66-67 und Benda 1930: 156).« In Jean Ferrette, »Les (més)aventures de la réification«, *Anamnèse*, Nr. 6, 2010.

1 Axel Honneth, *Verdinglichung. Eine anerkennungstheoretische Studie*, Berlin, Suhrkamp Verlag, 2015, Anm. d. Übers.

dass das Leben in Abhängigkeit angenehmer ist, wenn sie in ein Regime wechselseitiger Abhängigkeiten eingebettet ist, in dem nicht jeder reüssieren kann, ohne einen anderen zu brauchen. Die Ethik der Anerkennung ist der Rahmen, der die Abhängigkeiten legitim, nicht vergiftet, nicht disqualifizierend zu leben erlaubt. Anerkennung ist so verstanden ein Prinzip, das es den Individuen gestattet, den in der kapitalistischen Welt betriebenen Verdinglichungsprozessen zu widerstehen. Honneth entfaltet verschiedene Ebenen der Anerkennung, symbolische und vor allem materielle. Jemandem die Anerkennung zu verweigern, bedeutet genau, ihn zu verdinglichen, in eine verdinglichende Beziehung zu verwickeln, die ihn zu einem bloßen Objekt macht, auf das man verzichten, das man ersetzen kann, dessen singuläre und maßgebliche Bedeutung für den eigenen Autonomisierungsprozess man verneint.

Kommen wir zu Adorno zurück, bei dem die Dialektik zwischen Verdinglichung und Ressentiment gut zu erkennen ist. »Die kapitalistische Produktion hält sie mit Leib und Seele so eingeschlossen, daß sie [die Konsumenten] dem, was angeboten wird, widerstandslos verfallen. Wie freilich die Beherrschten die Moral, die ihnen von den Herrschenden kam, stets ernster nahmen als diese selbst, verfallen heute die betrogenen Massen mehr noch als die Erfolgreichen dem Mythos des Erfolgs. Sie haben ihre Wünsche. Unbeirrbar bestehen sie auf der Ideologie, durch die man sie versklavt.«[1] Die Stärke der kapitalistischen Rationalisierung besteht mit anderen Worten darin, den Einzelnen in eine Situation zu bringen, in der er die Beute von Wünschen ist, die nicht spezifisch seine eigenen sind, sondern in der er, eingekeilt in die wohlbekannte mimetische Rivalität der psychischen Gesetze, begehrt, was er nicht hat, und sich in ein Regime ständiger Frustration einsperrt, das ihn das begehren lässt, von dem er glaubt, dass

1 Max Horkheimer u. Theodor W. Adorno, *Dialektik der Aufklärung* (1944), Frankfurt am Main, S. Fischer Verlag, 1971, S. 120.

es für ihn notwendig ist, um als Subjekt anerkannt zu werden. Der Konsument ließ sich bevormunden, indem er sofort ein Begehren übernommen hat, das nicht unbedingt das seine ist, indem er dieses nicht in Frage stellt und indem er nicht selbst sein Konsumobjekt bestimmt, ein Objekt, das ihn nicht im Gegenzug verdinglicht, da es in seinem Stadium eines Objekts bleibt und ihm nicht die Illusion der Anerkennung verspricht.

Diese Schleife zwischen Verdinglichung, fehlender Anerkennung und Ressentiment nehmen wir auch wahr, wenn Adorno und Horkheimer uns erklären, wie die Kulturindustrie operiert, um das Individuum zu umschlingen. Heutzutage könnten wir die Dinge ähnlich formulieren: Es ist erstaunlich, festzustellen, dass die große *Denarzissierungsbewegung*, die in der Arbeitswelt stattfindet, anders gesagt die Tatsache, dass sich der Einzelne als »ersetzbar«, austauschbar, prekarisiert, zur Disposition gestellt, unter ständigem Druck empfindet, der angesichts seiner Unaufhörlichkeit willkürlich wird, dass dieses Phänomen der Denarzissierung sehr gut mit dem anderen Ende der Arbeitskette harmoniert, nämlich dem Universum des Konsums, das bestrebt ist, den Einzelnen zu *renarzissieren*, damit er wieder an die Arbeit gehen kann, indem es denselben unsinnigen und desingularisierenden Regeln gehorcht. Auf der einen Seite gibt es eine starke psychische Dekompensation, auf der anderen eine Kompensation durch süchtig machende Güter, die nur kurze Zeit kompensieren können, da das Subjekt in einem Gefühl der Erregung gehalten werden muss, um auf die kompensatorische und falsche renarzissierende Unterhaltung zurückzugreifen.

Bereits 1944 erfassten Horkheimer und Adorno die Perversion einer solchen Funktionsweise und ihre außerordentliche Effizienz: »Trotzdem bleibt die Kulturindustrie der Amüsierbetrieb. Ihre Verfügung über die Konsumenten ist durchs Amusement vermittelt; nicht durchs blanke Diktat, sondern durch die dem Prinzip des Amusements innewohnende Feindschaft gegen das, was mehr wäre als es selbst, wird es schließlich aufgelöst. [...] Amusement ist die Verlängerung der Arbeit unterm Spätkapitalismus. Es wird von dem gesucht, der dem mechanisierten Arbeitsprozeß ausweichen will, um ihm von neuem gewachsen zu sein.« Die These ist hier etwas anders, beruht aber auf denselben Annahmen. Der Mensch ist bei der Arbeit der Automatisierung ausgesetzt; diese ist jedoch dermaßen in der gesamten Gesellschaft verbreitet und betrifft so viele entscheidende Elemente, dass das Individuum nicht mehr in der Lage ist, in seiner Freizeit etwas anderes als das Standardisierte, Automatisierte aufzunehmen: »Dem Arbeitsvorgang in Fabrik und Büro ist auszuweichen nur in der Angleichung an ihn in der Muße. Daran krankt unheilbar alles Amusement. Das Vergnügen erstarrt zur Langeweile, weil es, um Vergnügen zu bleiben, nicht wieder Anstrengung kosten soll und daher streng in den ausgefahrenen Assoziationsgleisen sich bewegt.«[1]

Heute kann jeder diese Dekompensation erleben, die bei manchen in Depressionen, Burnout oder psychotische Verhaltensweisen und Störungen umschlägt und beim Individuum zu einer überschäumenden Erregung und Unfähigkeit führt, sich auch beim Vergnügen anzustrengen. Letzteres muss unmittelbar, reichlich vorhanden, wiederholbar und neuartig sein, damit es seine kompensatorische Arbeit augenblicklich verrichten kann. Doch die augenblickliche Kompensation ist keine Resilienz; das ist der ganze Unterschied zwischen der Sucht und dem Verlangen, zwischen dem Vergnügen, das sich im Moment des Erlebens selbst aufhebt, und der Freude, die über den bloßen Moment ihrer Entstehung hinauszugehen vermag.

1 M. Horkheimer u. Th.W. Adorno, *Dialektik der Aufklärung*, S. 122-123.

3
Erkenntnis und Ressentiment

Gegen den Stachel des Ressentiments sieht Nathalie Heinich in Norbert Elias' Werk – und das gilt zweifellos für viele Werke – einen fabelhaften Versuch der Transformation und Sublimierung. Was über das künstlerische Werk gesagt wird, kann übrigens auch über die soziologische Arbeit als solche gesagt werden, insofern sie erklärt, zum Phänomen auf Abstand geht und durch ihre Reflexivität im Menschen die Fähigkeit zur Symbolisierung und zum Handeln erzeugt. »Soziologie statt Ressentiment«, schreibt sie in einem Artikel, den sie diesem Thema widmet. Die Soziologie kritisiert, und zwar weniger den Umstand der mangelnden Kritikfähigkeit in dieser Welt als die Unmöglichkeit, die instrumentelle Vernunft in Frage zu stellen, die nicht nur das Handeln in seiner Zweckbestimmtheit zerstört, sondern auch das Denken selbst, wobei beides untrennbar miteinander verbunden ist, vor allem in einem emanzipatorischen Verständnis von Arbeit. Die Entscheidung für die Soziologie, die Erkenntnis, die Vernunft, die Entfaltung der Analyse, die Konfrontation mit den menschlichen Widersprüchen, die Entschlüsselung seiner Triebe – eine solche Analyse zu unternehmen schützt vor der Ausuferung ins Ressentiment.

> Ja, ich denke, Elias' Werk ist ein enormes, außergewöhnliches Unternehmen der Sublimierung dieses einen Problems: wie man in einer nichtjüdischen und, mehr noch, antisemitischen Gesellschaft Jude sein kann. Verlagert in verschiedene Kontexte, vor allem in den der höfischen Gesellschaft, wurde dieses Problem zu einer systematischen Untersuchung der Art und Weise, wie sich eine Gesellschaft verändert hat aufgrund der Bemühungen bestimmter Kategorien, sich in der sozialen Schichtung zu bewegen, um eine Integration in die höheren Schichten zu erreichen, wenn man aus den unteren Schichten kommt; und

> zu einer Untersuchung der Art und Weise, wie diese Veränderungen in der Sozialstruktur das individuelle Leben auf der intimsten Erfahrungsebene beeinflussen.[1]

Wir kommen auf das Gefühl der Ungerechtigkeit zurück, welches das Herz eines Individuums zusammenschnürt, wenn es sich gedemütigt, nicht integriert und aus den Kreisen der symbolischen Anerkennung ausgeschlossen fühlt; wie ein jedes Individuum mit der Remanenz der sozialen, ökonomischen und kulturellen Determinismen fertigwird. Ein archetypisches Beispiel, das sich auf jedes menschliche Wesen, ob Mann oder Frau, beziehen kann, ist der Jude. Wie an der Bewegung gehindert zu werden eine absolute Gefahr für die Seele und den Körper des Individuums darstellt. Elias hätte so oft taumeln können, in die neurotische Verdrängung oder psychotische Verleugnung oder in das tödliche Ressentiment, so oft, aber er ließ die Opferprozedur für die soziologischen Arbeit hinter sich, um anderen zu eröffnen, was ihn vorrangig betraf, um sein Anliegen und seine Suche zu verallgemeinern, um ein Denken zu entwickeln, das sich an jedermann richtet und daher die Welt eines jeden vergrößert.

> Natürlich hätte es andere Formen des Umgangs mit diesem Trauma gegeben: Es hätte verdrängt werden können, so dass nichts anderes als eine Neurose oder sogar eine Psychose daraus hervorgegangen wäre; oder es hätte sich in Ressentiments, Wut, ständige Anklagen der Henker oder Klagen über das eigene Leiden als Opfer verwandeln können. Aber bei Elias gibt es nichts dergleichen: weder Verdrängung noch Ressentiment; nur Schweigen über die Juden, in einem riesigen Werk, das der Grundsituation der Juden gewidmet ist, wenn sie versuchen,

1 Nathalie Heinich, »Sublimer le ressentiment. Elias et les cinq voies vers une autre sociologie«, *Revue du MAUSS*, Bd. 44, Nr. 2, 2014, S. 289-298.

sich in eine antisemitische Gesellschaft zu integrieren, draußen und drinnen, drinnen und draußen, unten und oben, oben und unten, mit diesen belastenden Schwierigkeiten, die keinen anderen Grund haben als die Tatsache, dort geboren zu sein, wo man geboren ist.[1]

Wir kommen auf die grundlegenden Kategorien von innen und außen zurück, genau die Kategorien, die der Mensch des Ressentiments nicht mehr fühlen will, weil sie ihm eine unüberwindbare Bitterkeit bereiten. Also versucht er, die Grenze zum Verschwinden zu bringen und sich mit anderen zu vermengen, indem er die feindseligen Impulse aller Beteiligten sammelt. »Eine erstaunliche Fähigkeit, das Ressentiment durch die konzeptuelle Arbeit zu überwinden«, schreibt Heinich weiter, um zu zeigen, dass Elias den Begriff der »Herrschaft« selbst in Richtung des Begriffs der Interdependenz weiterentwickeln konnte, ein Begriff, den Honneth in den Begriff der Anerkennung übernimmt.

Dieser Begriff der Interdependenz in Verbindung mit dem Begriff der Verinnerlichung von Zwängen erlaubt, der binären Gegenüberstellung von »Individuum« und »Gesellschaft« zu entkommen [...] und [...] die Verschiebungen zwischen den individuellen und kollektiven Dimensionen der psychischen, körperlichen und emotionalen Determinationen zu verstehen. [...] Das Ressentiment impliziert eine Fokussierung auf die »falschen« Objekte. Elias hätte seine intellektuelle Energie der endlosen Bekämpfung seiner Feinde widmen können, wie auch immer sie geheißen haben mögen. Stattdessen gab er die auf die Objekte zentrierte Perspektive völlig auf, um sich dem zuzuwenden, was wirklich auf dem Spiel steht, wenn man versucht, sich der Herausforderung der sozialen Schichtung zu stellen,

1 Ebd., S. 289-298.

um die Aufnahme in eine gewünschte Gruppe zu erreichen: den Beziehungen zwischen Individuen.[1]

Nicht nur impliziert das Ressentiment eine Fokussierung auf die falschen Objekte, wie wir gesehen haben, sondern jede zwanghafte Fokussierung tendiert gerade dazu, die Natur des Objekts, die neutralisiert werden könnte, umzuwandeln: Es ist nicht nur so, dass das Individuum das begehrt, was es nicht begehren sollte, sondern dass es den Begriff des Begehrens selbst entstellt; indem es sich dem begehrten Objekt entfremdet, begehrt es falsch. Die Kunst des Begehrens ist eine Lehre der sublimierten Frustration, insofern Letzteres nicht mit einer Allmacht gleichgesetzt werden kann, die zwangsläufig illusorisch ist, und daher zwangsläufig grausam, wenn man diese Illusion nicht überwindet. Um dem Ressentiment zu entkommen, muss man, unabhängig von der Tatsache, dass man ein analytisches Werk hervorbringt, das diesen Namen verdient, zwischen den Individuen Beziehungen herstellen, die ebenfalls diesen Namen verdienen.

Wir haben mit Honneth gesehen, dass allein der Begriff der Anerkennung verhindert, dass die unausweichliche Interdependenz zwischen den Individuen in Herrschaft pervertiert wird. Bei Honneth hängt damit auch der Begriff der Unsichtbarkeit zusammen. Mangelnde Anerkennung erzeugt die Unsichtbarkeit der Individuen. So wird verständlich, warum das Ressentiment ein solches Bedürfnis nach Vergeltung hat, als würde es darum gehen, eine übertriebene Unsichtbarkeit zu beheben, die zu Recht als illegitim angesehen wird. Daher wollen die Menschen des Ressentiments in Erscheinung treten, gesehen und gehört werden, sie, die eine Unsichtbarmachung ihrer Subjekte und ihres Lebens erlitten haben. Ein Punkt, den Heinich genau gesehen hat und zu dem Elias voll und ganz stand: Die Tatsache, seine Soziologie nicht als eine neue Machtposition zu nutzen, die es ihm, der die

1 Ebd.

Gewalt der Ausgrenzung erfahren hatte, erlauben könnte, seinerseits eine solche im Gewand der Wissenschaft herzustellen. Der Name-der-Gleichen[1] ist eine solche Form des Wissens, die ein Machtspiel betreibt, indem sie das Individuum einer »falschen« Anerkennung im Sinne Honneths unterwirft, die es zudem nicht vor dem Ressentiment schützen kann. Elias hat hingegen von seinem Lehrer Weber die axiologische Neutralität gelernt, die es möglich macht, sich zu lösen und nicht zu versuchen, unter dem Deckmantel des Versuchs der Theoretisierung »abzurechnen«:

> Max Webers berühmte Lektion der axiologischen Neutralität oder die Aufhebung des Werturteils bei der Ausübung von Lehr- und Forschungsfunktionen: Eine Lektion, die Elias sich in Form seines wohlbekannten Gegensatzes zwischen »Investition« und »Loslösung« fabelhaft zu eigen gemacht hat. Es ist offensichtlich, dass jeder, der die Soziologie – oder jede andere intellektuelle Disziplin – dazu benutzt, um, wie man so schön sagt, »abzurechnen«, das heißt seine Feinde zu bekämpfen, spontan eine normative Haltung einnehmen würde, mit anderen Worten die Soziologie als Werkzeug der Disqualifikation, Denunziation und Kritik verstehen würde; [...]. Umgekehrt würde jemand, der die Soziologie dazu benutzt, seine soziale Stellung zu rechtfertigen oder aufzubauen, vermutlich versuchen, die Ursachen und Gründe für die soziale Schichtung in ihrer jetzigen Form aufzuzeigen, um sie als die einzig rationale Organisationsform der Gesellschaft betrachten zu können.[2]

Man muss also auf den Akt des Verstehens abzielen, im Sinne von »auseinandersetzen«, aber auch von sich damit auseinanderset-

1 Der »Name-der-Gleichen« (*Nom-des-Pairs*) ist eine perverse Verkehrung von Lacans »Name-des-Vaters« (*Nom-du-Père*), der für das Gesetz steht, Anm. d. Übers.

2 Ebd.

zen, eine der beteiligten Parteien zu sein, nicht um das Phänomen der axiologischen Distanz aufzuheben, sondern um sich nicht zu täuschen, weder über seinen Vorsprung noch über seinen Ausschluss; in diesem sein, in diesem Chaos, in dieser Geschichte, in dieser Gegenwart, nicht um darin seinen Platz zu finden, was ein Privatier wollen könnte, sondern um dort zu sein und mit dieser Realität zu experimentieren, etwas darin zu verstehen, diese Welt zu entfalten, dieses »Weite« zu entfalten, gewissermaßen alles, um der umgekehrten Entfaltung entgegenzuwirken, der einer intellektuellen und moralischen Abkapselung, der des Ressentiments. Es kommt zu einer Spannung: zwischen der Entfaltung auf der einen Seite und der Ausuferung auf der anderen; zwischen der Weite auf der einen Seite und der Abgeschlossenheit auf der anderen; man muss immer darauf achten, am Offenen zu arbeiten, das zu erhaschen, was uns erlauben kann, den Todestrieb zu beruhigen.

Hier verweist die Ethik auf das Universum der Metakritik, das hinter jedem Erkenntnisprojekt steht, der Anspruch der Infragestellung, der zwar vom wissenschaftlichen Regime der Wahrheitsproduktion nicht zu trennen ist, sich aber nicht im Nichts entfaltet. Um diesen wissenschaftlichen Anspruch herum macht sich das Chaos breit; in diesem Sinne sind die Wissenschaft, diese Bewegung, dieses Verlangen und diese Arbeit Formen des Widerstands gegen das triebhafte Chaos der Welt; hier ist es schwierig, Ethik und Epistemologie, Erkenntnisprozess und Widerstand voneinander zu trennen. Wenn Wissenschaftler – ebenfalls zu Recht – ihre Autonomie gegenüber der Gesellschaft einfordern, wird verständlich, dass diese Autonomie ein Akt des Widerstands gegen Vorurteile und gesellschaftliche Anforderungen aller Art ist. Denken bedeutet, Unparteilichkeit anzustreben, doch diese Unparteilichkeit herzustellen, ist nicht ohne Reibereien zu haben.

4
Konstellare Schrift und Stumpfsinn. Adorno III

Ein anderer Weg, der zweifellos ähnlich ist, auch wenn er sich unterscheidet, ist der Zugang über die Sprache, ohne soziologisches Anliegen – auch wenn dies für die Sozialphilosophie und eine Geste des globaleren Verständnisses fruchtbar sein kann –, kurz der Zugang über ein Werk, das in den Bereich der Poesie fällt oder, wenn wir auf Adorno Bezug nehmen, eher in den Bereich einer *konstellaren* Schrift, die aus Fragmenten und Aphorismen, wie aus vielen Sternen oder kleinen Dingen, Kieselsteinen oder Perlen, je nachdem, zusammengesetzt ist. Die »Konstellation« ist bei Adorno das, was die negative Dialektik zu denken versucht, während sie gleichzeitig versucht, ein methodologisches Werkzeug zu schaffen, das mit dieser untrennbar verbunden ist: »Der Konstellation gewahr werden, in der die Sache steht, heißt soviel wie diejenige entziffern, die es als Gewordenes in sich trägt. [...] Erkenntnis des Gegenstands in seiner Konstellation ist die des Prozesses, den er in sich aufspeichert.«[1]

Adorno strebt nicht nur die Erkenntnis des Singulären an. In einer wohlbekannten hegelianischen Bewegung (auch wenn er sich dagegen wehrt) ist das Singuläre der Weg zum Universellen, doch versucht sein Denken nicht, ein System zu bilden: Es lässt sich von den Löchern umtreiben und zieht die Konstellation dem System vor. Und um dies zu sagen, gibt es nichts Besseres, sagen wir Angemesseneres, als ein fragmentarisches Schreiben, das quasi den Weg dieses Denkens, seine Mäander, seine Inkongruenzen übernimmt, nicht weil es falsch denkt, sondern weil es der Realität folgt, seine eigene Phänomenologie aufnimmt. Man muss die Idee dieser Konstellation, die an den Aphorismus angrenzt, rich-

1 Th.W. Adorno, *Negative Dialektik*, S. 165-166.

tig verstehen. Adorno lässt die Mäander des Denkens nicht dominieren, sondern wählt schließlich die am meisten *konstellative* Version, anders gesagt diejenige, die durch diesen Prozess bereichert wird, ohne ihn jedoch vollständig sehen zu lassen. Jeder wird es spüren oder sogar entfalten können, aber Adorno arbeitet eine Schrift aus, die diese Bewegung in sich trägt, eine offene, keineswegs überbordende Schrift. *Hinter den Spiegel* stellt die Regeln dafür auf: »Keine Verbesserung ist zu klein oder geringfügig, als daß man sie nicht durchführen sollte. [...] Es gehört zur schriftstellerischen Technik, selbst auf fruchtbare Gedanken verzichten zu können, wenn die Konstruktion es verlangt. Deren Fülle und Kraft kommen gerade unterdrückte Gedanken zugute.«[1]

Adornos Schrift mag zwar poetisch erscheinen, da sie aphoristisch und fragmentarisch ist, doch ist sie keineswegs verschwenderisch oder intimistisch in dem Sinne, dass man Adornos Sentimentalität wahrnehmen würde. Sie verschwindet im Gegenteil; selbst Adornos Schrift zeugt von der Fähigkeit, die Frustration zu sublimieren und dem ressentimenthaften Überborden eine ganz andere Art von Entfaltung entgegenzusetzen, die ganz im Offenen, in der Aura liegt. Adorno macht sich vollkommen zum *mikrologischen Blick*. Er erfindet jene andere Metaphysik, die »in die Mikrologie eingewandert« ist, die kein »deduktiver Zusammenhang von Urteilen über Seiendes« ist. Es gibt keinen Zusammenhang, sondern Bruch, Dissonanz und Diskontinuität, »kleinste innerweltliche Züge«. Das ist der »mikrologische Blick«, mit dem Adorno schließt, »solches Denken ist solidarisch mit Metaphysik im Augenblick ihres Sturzes«.[2] Dieses letzte Zitat wurde vielfach kommentiert, da es symptomatisch ist für eine Menschheit, die sich ihres Verfalls bewusst und zweifellos in ihm gefangen ist, aber dennoch versucht, Verantwortung und Solidarität aufrechtzuerhalten, und die auch versucht, sich ihm zu entziehen,

1 Th.W. Adorno, *Minima Moralia*, Nr. 51, S. 105.
2 Th.W. Adorno, *Negative Dialektik*, S. 397-400.

indem sie ebendiesen mikrologischen Blick anwendet, dieses Erfassen winziger Partikel, eben jene, die gleichzeitig für immer isoliert und doch in einen Strudel von Beziehungen eingebunden sind, zu denen sie keinen Schlüssel haben.

Adorno ist auch der große Denker des Nach-Auschwitz oder vielmehr der Tatsache, dass Auschwitz das Ende des Danach bedeutete, dass es die Illusion eines möglichen historischen Fortschritts zerstörte, dass es das Grauen für immer verankerte. Die Unverjährbarkeit von Verbrechen gegen die Menschlichkeit besagt auch, dass dieses Verbrechen fortbesteht. Sicherlich wird dieses Verbrechen zu allen Zeiten strafbar sein. Man wird immer die Verantwortung dafür übernehmen müssen. Aber die härtere damit verbundene und unterschwellige Überlegung ist folgende: Das Verbrechen dauert an. Das Grauen hat stattgefunden, das Grauen findet statt, das Grauen wird stattfinden. Das bedeutet nicht, dass das Subjekt nicht verantwortlich ist, sondern dass seine Verantwortung für immer besteht, dass die Wachsamkeit nie aufhören kann, dass der Kampf oft verloren wird, dass die ethische Geste, die zivilisatorisch sein sollte, genau dieses ständige Duell mit dem »Sturz« bleibt. In seinem tiefsten Inneren und in der Tiefe seines Schreibens erlebt Adorno das Verschwinden eines systemischen Denkens, das dem Menschen und seiner Geschichte Halt geben konnte. Es ist zusammengebrochen. Er ist der Schriftsteller, der behauptet, dass man nach Auschwitz kein Gedicht mehr schreiben kann,[1] er, dessen Schreiben der Poesie kei-

1 Ein Dichter nach Auschwitz, Paul Celan, ist da anders. Der Psychoanalytiker Michel Bousseyroux widmet ihm einen Artikel, in dem er zu erfassen versucht, was sich bei der moralischen und zivilisatorischen Verpflichtung, in der Sprache der Henker zu schreiben, abspielt: »Welche Gedichte sind *nach* Auschwitz zu schreiben? Was kann man nach Auschwitz schreiben, was *noch* Poesie wäre, vor allem, wenn diese Poesie von einem Juden auf Deutsch geschrieben wird, *in der Sprache der Henker*? Auf diese Frage bringt uns die Erfahrung von Paul Celan. Er schreibt in einem Brief von 1946 (ein Jahr nach der Befreiung von Auschwitz): ›Ich will Ihnen sa-

neswegs fremd ist. Was er aber zu sagen versucht, ist, dass jedes Schreiben von nun an dieses schreckliche Rumoren in sich trägt und dass der Eintritt in die Poesie ein Sturz ist. Ein Prinzip, das er übrigens in den Mittelpunkt seines Schreibens stellt: die Unmöglichkeit eines Zuhauses für den Autor.

Indem sie sich nachverfolgt, indem sie sich zum Verschwinden bringt, trennt sich die Adorno'sche Schrift von Adorno und wird potenziell zu einem möglichen Ort für die universelle Konstellation. Jeder Schriftsteller weiß das. Das Werk öffnet sich. Wenn der Schriftsteller sich zu Beginn des literarischen Schaffensprozesses in seinem Schreiben »häuslich« eingerichtet hat, wird er sich zwingen, die Orte zu verlassen und sich nicht selbst zu bemitleiden. Man erkennt hier eine Seele, die sich anstrengt, durch das Ressentiment hindurchzugehen. Nicht dass dies mit dem Schreiben vergleichbar wäre. Aber man begreift, wie selbst das Schönste – eine Schrift – in Ressentiment versinken kann, indem sie sich von ihrem eigenen Überborden, ihrem »Abfall«, wie Adorno schreibt, überschwemmen lässt. Man muss sich von dem trennen, was »leer weiterläuft«, »was als Geschwätz die warme Atmosphäre bewirkte«, man darf der Bequemlichkeit der Reizung nicht nachgeben.[1] Adorno versteht das Schreiben als einen Akt des Widerstands gegen das Ressentiment. Er kann es, noch einmal, in sei-

gen, wie schwer es ist, als Jude Gedichte in deutscher Sprache zu schreiben. Wenn meine Gedichte erscheinen, kommen sie wohl auch nach Deutschland und – lassen Sie mich das Entsetzliche sagen – die Hand, die mein Buch aufschlägt, hat vielleicht die Hand dessen gedrückt, der der Mörder meiner Mutter war ... Und es könnte noch Schlimmeres passieren ... Aber mein Schicksal ist dieses: Deutsche Gedichte schreiben zu müssen.‹« In Michel Bousseyroux, »Quelle poésie après Auschwitz? Paul Celan: l'expérience du vrai trou«, in M. Bousseyroux (Hg.), *Au risque de la topologie et de la poésie. Élargir la psychanalyse*, ERES, 2011, S. 302-323. (Brief aus Bukarest an Max Rychner vom 3. November 1946, Anm. d. Übers.)

1 Th.W. Adorno, *Minima Moralia*, Nr. 51, S. 105-109.

ner zerstörerischen Kraft beschreiben, sein Fortschreiten erklären, es im soziologischen Sinne des Begriffs verstehen, sich damit auseinandersetzen, sich nicht der Illusion eines unbeschädigten Selbst hingeben, trotzdem gibt er ihm im tiefsten Inneren nicht nach. Wenn er ihm nachgeben würde, wäre er wahrscheinlich nicht in der Lage zu schreiben, oder sein Schreiben könnte nicht als Zufluchtsort für andere dienen und würde so seine Bestimmung einer Schrift verfehlen. »Kunst und mit ihr Dichtung waren für Adorno vielmehr Refugien, innerhalb deren der Gegensatz zwischen Individuum und Gesellschaft zum Ausdruck gebracht werden kann, der *Riß zwischen der menschlichen Bestimmung und dem […], was die Einrichtung der Welt aus ihm [dem Individuum] macht.* […] Adornos Grundüberzeugung, dass Literatur *Protest gegen einen gesellschaftlichen Zustand [sei], den jeder Einzelne als sich feindlich, fremd, kalt, bedrückend erfährt*, und sich die geschichtlichen Bedingungen negativ den ästhetischen Gebilden einprägen.«[1]

Zweifellos weil sich sein Schreiben dem Unmöglichen nach Auschwitz und der Gefahr einer für immer in der menschlichen Seele verankerten Desillusionierung stellt, wendet er sich Schriftstellern wie Beckett, Kafka, Hölderlin, Eichendorff zu,[2] Autoren, die sich mit der barbarischen Absurdität auseinandersetzen und den Anschein erwecken, nicht mehr zu kämpfen, während sie nur noch ein einziger Kampf sind, der zum Scheitern verurteilt ist, aber ohne große Geste weitergeht, ohne sich selbst zu erzählen. Adorno nennt dies Stumpfsinn,[3] der für Becketts *Endspiel* typisch ist. Stumpfsinn angesichts einer Welt, die regrediert, Stumpfsinn,

1 S. Müller-Doohm, *Adorno*, S. 541. Die Kursivierungen sind Zitate von Adorno mit folgenden Referenzen: 1) Th.W. Adorno, »Zum Gedächtnis Eichendorffs«, 2) Th.W. Adorno, »Rede über Lyrik und Gesellschaft«.

2 S. Müller-Doohm, *Adorno*, S. 541.

3 In ebd., S. 544, »Versuch, das *Endspiel* zu verstehen«, in *Noten zur Literatur*, Frankfurt am Main, Suhrkamp Verlag, 1974, S. 289.

der Becketts Stück eröffnet und beendet; und trotz allem muss es zwischen beidem einen Weg geben: »CLOV (*mit starrem Blick und tonloser Stimme*): … Ende, es ist zu Ende, es geht zu Ende, es geht vielleicht zu Ende. *(Pause).* Ein Körnchen kommt zum anderen, eins nach dem anderen, und eines Tages, plötzlich, ist es ein Haufen, ein kleiner Haufen, der unmögliche Haufen. *(Pause).* Man kann mich nicht mehr strafen. *(Pause).*« Das ist der Anfang des *Endspiels*. Ist das eine Eröffnung? Tausend Interpretationsvorschläge anhand eines grauen Horizonts, einer Welt, die man nicht will, und dennoch Figuren, die versuchen, sich zu befreien, nicht aus ihrem Unbehagen, sondern aus einer Verkehrung desselben in Hass auf den anderen, ohne in diesen Determinismus zu verfallen. »Irgend etwas geht seinen Gang«, sagt Clov. Hamm: »Ich werde dir nichts mehr zu essen geben. […] Ich werde dir gerade soviel geben, daß du nicht sterben kannst. Du wirst die ganze Zeit Hunger haben«; oder auch: »Es gibt also keinen Grund dafür, daß sich etwas ändert«, und Clov antwortet ihm – doch ist das eine Antwort? –: »Es kann zu Ende gehen. *(Pause)* Das ganze Leben dieselben Fragen, dieselben Antworten.«[1] Es geht keineswegs darum, Becketts Schreiben zu einer Moral zu erheben, die es zu befolgen gilt. Beckett, das ist ein Schreiben, das Widerstand leistet, ebenfalls, ohne diesen Widerstand zu inszenieren, doch navigiert es in der Absurdität, indem es noch das Abenteuer einer Beziehung zwischen zwei Figuren wagt; auch wenn sie einander nichts mehr geben können, bleiben sie trotzdem voneinander nicht weniger abhängig. Sie sind keine Ressource mehr für sich selbst und keine Ressource mehr für den anderen. Sie laufen leer, und Becketts Schreiben, das keinen Aufwand betreibt, um dies zu verschleiern, ist umso schrecklicher, als es uns mit dieser Austrocknung alleine lässt. Wir erleben das Fehlen von Ressourcen, wir haben dieses traurige Schachbrett vor uns, ein lächer-

1 Samuel Beckett, *Endspiel*, übers. v. Elmar Tophoven, Frankfurt am Main, S. Fischer Theaterverlag.

liches Schachbrett, wo alles klein ist, sich aber dennoch alles öffnen könnte, so groß ist die Schönheit von Becketts Absurdität in ihrer Mittellosigkeit.

5
Die Unaufrichtigkeit der einen, das Bescheidwissen der anderen

Der Mensch des Ressentiments erlebt dieses als eine gerechtfertigte Wut, die von Entrüstung nicht zu trennen ist, eine simple Übersetzung des Unbehagens, dessen Opfer er ist. Für manche kommt es der Authentizität gleich. Die Menschen des Ressentiments stellen sich zudem oft als aus dem Volk stammend dar, dem wahren. Dieses Bemühen um Authentizität ist symptomatisch. Sie sind überzeugt, im Recht zu sein, überzeugt, die »Wahren« zu sein, geschützt durch ihren »Status« eines Opfers, denn sie richten sich in dieser Viktimisierung ein, die sie als eine Rente ansehen, die sie nie hinterfragen. Sie sagen die Wahrheit, während die anderen lügen und Usurpatoren sind. Sie repräsentieren das Lager der Aufrichtigkeit. Doch als Adorno das Phänomen des Antisemitismus untersucht hat, der, wie gesagt, zum Großteil auf dem Ressentiment beruht, hat er sehr wohl gesehen: »Es gibt keinen genuinen Antisemitismus«. Die »Wut entlädt sich auf den, der auffällt ohne Schutz. […] Die Opfer sind untereinander auswechselbar, je nach Konstellation: Vagabunden, Juden, Protestanten, Katholiken, kann jedes von ihnen anstelle der Mörder treten, in derselben blinden Lust des Totschlags, sobald es als die Norm sich mächtig fühlt.«[1] Somit ist es unmöglich, das Ressentiment diesem oder jenem zuzuordnen, es ist beweglich, durch-

1 M. Horkheimer u. Th.W. Adorno, *Dialektik der Aufklärung*, S. 154.

strömt alle, die sich von ihren Trieben und ihrem Opferwahn überrollen lassen – es ist mit anderen Worten die Tatsache, dass man sich ausschließlich für ein Opfer hält, in keiner Weise verantwortlich ist und vollständig den von anderen gemachten Regeln unterliegt.

Doch die fehlende Aufrichtigkeit ist entscheidend, um die Natur des Triebes als solchem zu verstehen: Er hat den Anschein von Aufrichtigkeit, die aber als solche in ihrem Opfergewand beansprucht wird, er ist nicht mehr aufrichtig, er ist eine Sichtweise, der verschleierte Wille zur Unterdrückung und Rache, er wird zur Ideologie. Das Ressentiment ist, wie bereits gesagt, immer ein weiterer Schritt in der tödlichen Fixierung. Jeder durchläuft es, jeder lässt sich von seinen Impulsen überrollen, aber nicht jeder wird zu seiner endgültigen Beute. Es gibt eine unermessliche Welt zwischen dem Empfinden von Bitterkeit, dem Gefühl der Demütigung und der Unwürdigkeit, die real ist, deren Permanenz man aber ablehnt, und der Tatsache, sich als universelles Sühneopfer zu betrachten, dies als Status anzusetzen, dieser Verbitterung eine Stimme verleihen zu wollen, zu wollen, dass eine Theorie sie untermauert, und sich als Reaktion, als Exzess zu erleben.

Eine Sünde der Unaufrichtigkeit auch, weil der Hass auf den anderen dialektisch mit dem Selbsthass verbunden ist, zumindest wenn es Ressentiments gibt, in dem Sinne, dass Eifersucht, Neid, die Projektion eines missbrauchten Ideals, das Gefühl, nicht richtig anerkannt zu werden, die empfundene Ungerechtigkeit, all das zu einer Selbstmissachtung des Individuums führt, deren Schwärze es umkehrt, indem es sie gegen einen anderen richtet, der als Usurpator betrachtet wird. Aus diesem Grund hassen Menschen des Ressentiments das, was sie abwertend als »Intellektualismus« bezeichnen, die Intelligenz, welche die mangelnde Aufrichtigkeit und die Täuschung entschlüsselt, die ihre angebliche »Authentizität« darstellt. Sie sind das Wahre und sprechen jedem wissenschaftlichen Prozess das Recht ab, sich als solches zu bezeichnen. Jede soziologische Arbeit wird systematisch entwertet, man spricht ihr jene Objektivität ab, die den Menschen des Ressentiments bitter fehlt; sie, die ihren Trieben entfremdet sind, können sich außerdem nicht vorstellen, dass andere von einer solchen Entfremdung frei sein könnten, nicht weil sie dies ursprünglich sind, sondern weil sie eine ständige Anstrengung bezeugen, es nicht zu sein.

Aus diesem Grund prangert Adorno auch die Halbgebildeten, die »Gescheiten« an, die glauben, vor dem Hereinbrechen des Ressentiments gefeit zu sein, mit dem Argument, dass das Ressentiment nicht rational sei und für diejenigen, die es hegen, kontraproduktiv wäre. Diejenigen, die sich für Wissende halten, sich aber nicht die Mühe machen, das Bewusste und das Unbewusste der Menschen zu Ende zu analysieren. »Zu den Lehren der Hitlerzeit gehört die von der Dummheit des Gescheitseins. Aus wievielen sachverständigen Gründen haben ihm die Juden noch die Chancen des Aufstiegs bestritten, als dieser so klar war wie der Tag.«[1] Auch sie erfahren eine Blindheit, die ihnen nicht bewusst ist, ihnen mangelt es an Demut und Klarsicht, sie charakterisiert eine »wohlorientierte Überlegenheit«, wie Adorno schreibt. Mit dem Resultat, dass zwischen denjenigen, die dem Trieb zum Ressentiment unterworfen sind, und den Halbgebildeten, die zu sehr in ihre Überlegenheit verliebt sind und das sich entwickelnde Phänomen verpassen, das Ressentiment wuchert und wie die Ansteckung all jene erfasst, die davon geträumt haben, sich ihm zu unterwerfen.

1 Ebd., S. 187.

6
Der Faschismus als emotionale Pest. Wilhelm Reich I

Um das Wesen des kollektiven Ressentiments und vor allem sein Entstehen zu erfassen, die Art und Weise, wie »die Masse« einen Führer wählt, die Art und Weise, wie sie dafür verantwortlich und nicht nur Mitläuferin ist, muss man Wilhelm Reichs *Massenpsychologie des Faschismus* (1933) heranziehen. Reich dreht das traditionelle Argument vom großen Führer, der die Menge leitet, oder die Gründe, die sich an ein ziemlich karikaturistisches Verständnis von Hegel anlehnen, um – auch wenn bei Hegel die List der Vernunft in der Tat darin besteht, den großen Mann, die größte Leidenschaft zu instrumentalisieren und durch eine komplexe Dialektik zwischen dem Ereignis und dem großen Einzigartigen das geschehen zu lassen, was die Geschichte ausmacht. Reich ist interessant, weil er die Verantwortung der Masse berücksichtigt, die sich hinter der Behauptung des »Unpolitischen« verbirgt. Wir verstehen dank ihm leichter, wie sich nach und nach, heimlich und unwiderruflich, Individuen zu einem Körper formieren, dessen Teile nur durch Ressentiments miteinander verbunden sind; wie dieser widerliche, deformierte Körper bewusst einen »Führer« bestimmt, um den Todestrieb offiziell werden lassen zu können, kurz um dem seit langem vorhandenen und ihn zermürbenden Wiederkäuen freien Lauf zu lassen. Es bedarf dieses ausgewählten, ja sogar gewählten »Anderen«, um sich zu gestatten, das zu enthüllen, was zu zeigen man sich lange Zeit gescheut hat, weil es so hässlich ist. »Hitler hat seine Macht nicht nur von vornherein mit bis dahin wesentlich unpolitischen Massen begründet, sondern auch seinen letzten Schritt zum Siege im März 1933 durch die Mobilisierung von nicht weniger als 5 Millionen bisheriger Nichtwähler, also Unpolitischer, ›legal‹ durchgeführt.«[1] Reich zeigt, dass dieses behauptete Unpolitischsein keineswegs »Neutralität« oder »Indifferenz« ist, sondern eine Latenz, das Verbergen des persönlichen Ressentiments, das auf seine Stunde wartet, ohne sich dieser Erwartung bewusst zu sein – das heißt wiederzukäuen –, und das mangels Vertiefung in sein Handeln in sein Unbehagen vertieft ist und freiwillig – bewusst oder unbewusst – seine persönliche Verantwortung abgibt. Die »Masse« wird in dem Moment geboren, in dem die Subjekte, die sie bilden, sich ihres Subjekts entledigen, voll Zorn darauf verzichten, für ihr Leben verantwortlich zu sein, sich als Opfer definieren und bald selbst zu Henkern werden, um wieder Gerechtigkeit herzustellen.

> Je unpolitischer ein Mensch aus der großen Masse der Werktätigen ist, desto leichter wird er der Ideologie der politischen Reaktion zugänglich. Dieses Unpolitischsein ist nun nicht etwa, wie man glaubt, ein passiver psychischer Zustand, sondern ein höchst aktives Verhalten, eine Abwehr des sozialen Verantwortungsbewußtseins.[2]

Das Unpolitischsein ist eine Ideologie, die nicht zu sich selbst steht, eine Ideologie der Kurzfristigkeit, des Mangels an persönlichen Überzeugungen und sozialem Gewissen. Es handelt sich keineswegs um eine »Distanz«, sondern um den guten alten Rückzug des Individuums, der bereits bei Tocqueville gut umrissen wurde, als er den demokratischen Egoismus definierte,[3] der das

1 Wilhelm Reich, *Die Massenpsychologie des Faschismus*, Frankfurt am Main, Fischer Taschenbuch Verlag, 1974, S. 186.

2 Ebd.

3 »Die Selbstsucht ist eine leidenschaftliche und übersteigerte Liebe zu sich selber, die den Menschen dazu treibt, alles nur auf sich zu beziehen und sich selbst vor allem den Vorzug zu geben. Der Individualismus ist ein überlegendes und friedfertiges Gefühl, das jeden Bürger drängt, sich von der Masse der Mitmenschen fernzuhalten und sich mit seiner Familie

Individuum in ein erbärmliches und aggressives Fähnchen im Wind verwandelt. »Beim Durchschnitt der Intellektuellen, ›Die mit der Politik nichts zu tun haben wollen‹, lassen sich unmittelbare wirtschaftliche Interessen um ihre von der öffentlichen Meinung abhängige Existenz leicht nachweisen, denen sie die grotesken Opfer an Wissen und Überzeugung bringen.«[1]

Reich geht noch einen Schritt weiter und erklärt, dass dieses »Unpolitischsein« zwar eine kurzsichtige Ideologie verrät, welche die großen gemeinsamen Herausforderungen ignoriert und nur auf ihren unmittelbaren Profit ausgerichtet ist – und auf geringe Kosten ihres Engagements, da dieses Individuum relativ feige ist und sich der Gefahr öffentlicher Aktionen sehr bewusst ist, zumindest wenn es als Minderheit angesehen wird –, aber auch »sexuelle Sorgen«.[2] Diese These ist nicht neu und geht ebenfalls auf ein Freud'sches Erbe zurück, das die libidinösen Investitionen des Individuums betrifft. Es geht also nicht darum, Sexualität in einem engen Sinn zu verstehen, sondern darum, die Idee einer sexuellen Lebensenergie im Sinne einer Investition des Begehrens in die Welt, eines *Begehrens nach der Welt* zu verstehen, die möglicherweise frustrierend ist, wenn sie nicht in dem ihr angemessenen Maß anerkannt wird.

Das Symbol dieser Lebens- und Sexualenergie oder auch dieser individuellen biologischen Energie und der kollektiven Energie der Nation ist das Hakenkreuz, das Reich folgendermaßen

und seinen Freunden abzusondern; nachdem er sich eine kleine Gesellschaft für seinen Bedarf geschaffen hat, überläßt er die große Gesellschaft gern sich selbst.« A. De Tocqueville, *Über die Demokratie in Amerika*, S. 585. Hier wird zwischen Egoismus und Individualismus unterschieden, wenn man auch erkennt, was sie vereinen kann. Dennoch ist der demokratische Individualismus nicht das, was andere als Individuation bezeichnet haben, ein Prozess, der für die Entwicklung des Subjekts und des Rechtsstaats absolut entscheidend ist.

1 W. Reich, *Die Massenpsychologie des Faschismus*, S. 187.

2 Ebd., S. 187.

darstellt: Wenn das Kreuz ein alles auf seinem Weg mit sich reißendes, gewalttätiges und in der Erde wurzelndes Rad darstellen kann, kann es auch als Verbindung des männlichen und weiblichen Prinzips interpretiert werden. »Das Hakenkreuz ist also ursprünglich ein Sexualsymbol, das im Laufe der Zeit verschiedene Bedeutungen annahm, unter anderem später auch das eines Mühlrades, als der Arbeit. [...] Hier ist die Fruchtbarkeit geschlechtlich dargestellt, als Geschlechtsakt der Mutter Erde mit Gott Vater. [...] Die Hakenkreuze [...] enthüllen sich uns als die Darstellung zweier ineinander geschlungener menschlicher Gestalten, schematisiert, aber deutlich als solche zu erkennen. Das linke Hakenkreuz stellt einen Geschlechtsakt in liegender, das andere in stehender Stellung dar.«[1]

Das Symbol des Hakenkreuzes hat versucht, die unbewussten Sehnsüchte des Menschen, seien sie sexuell oder mystisch, in einer einzigen Zeichnung zusammenzufassen; da es dies jedoch nicht im Dienste der individuellen Emanzipation tat, diente es den Interessen einer dogmatischen und faschistischen Ideologie, die unaufhörlich versuchte, die ursprüngliche, vitale Befriedigung des Menschen, die in der heutigen Welt verwirklicht werden sollte, durch eine phantasierte, künstliche und unterwürfige Befriedigung zu ersetzen. Hitler, so Reich,[2] hat in der Tat oft wiederholt, dass es sinnlos sei, die Masse mit Argumenten, logischen und vor allem wissenschaftlichen Überlegungen anzusprechen, dass man im Gegenteil Beweise und Gelehrsamkeit beiseitelassen und den Gebrauch von Symbolen, insbesondere sexuellen, und rassische Überzeugungen, die eben binär sind und auf ein Reinheitsideal verweisen, vorziehen solle. »Die Weltanschauung von der ›Seele‹ und ihrer ›Reinheit‹ ist die Weltanschauung der Asexualität, der ›sexuellen Reinheit‹, also im Grunde eine Erscheinung der durch die patriarchalische autoritäre Gesellschaft bedingten Sexualverdrän-

1 Ebd., S. 106.
2 Ebd., S. 91.

gung und Sexualscheu.«[1] Und Reich fügt hinzu, dass man der Freiheit einen schlechten Dienst erweisen würde, wenn man sich bloß damit begnügen würde, darüber zu lachen und es als dummes Zeug zu bezeichnen, denn die Macht der Dummheit ist immens und ihre Wirksamkeit schwer zu entkräften.[2]

Die Verantwortungsethik verlangt nun aber, dass man versteht, warum diese »Mystifizierung« der Gefühle besser funktioniert als die Inanspruchnahme des Verstandes und wissenschaftlicher Beweise. Die Verherrlichung des Hakenkreuzes erlaubt Reich zufolge, die sexuelle Verdrängung schließlich aufzuheben, und zwar mit der Erlaubnis des Vaters, ohne jegliches Risiko, bestraft zu werden, und umgekehrt mit dessen Erlaubnis, andere zu bestrafen. Damit lässt die Selbstverstümmelung nach, die auftreten kann, wenn eine solche sexuelle Verdrängung zu lange aufrechterhalten wird.

Hier kommt bei Reich zweifellos die mögliche, wenn auch komplexe und nicht lineare Dialektik zwischen der psychischen Gesundheit des Einzelnen und der Konstitution der Masse zum Tragen, zwischen dem einzelnen Leben und dem, was man als Geschichte der Völker bezeichnet. »Man muß das Leben solcher 5 Millionen die Entscheidung fällender, ›unpolitischer‹, sozial erdrückter Menschen kennen, wie es sich in der Kulisse abspielt, um auch zu begreifen, welche Rolle das Privatleben, das heißt im wesentlichen das Geschlechtsleben, im großen sozialen Leben leise, unterirdisch spielt.«[3] Noch einmal: das Sexualleben nicht im Sinne von allein sexuellen Beziehungen zwischen Individuen – auch wenn diese eine große Rolle spielen –, sondern im Sinne

1 Ebd., S. 92.

2 Ebd. und S. 105: »Wir müssen uns energisch darin üben, auf das, was der Faschismus sagt, zu hören, und es nicht als Blödsinn oder Schwindel abzutun. Wir verstehen jetzt besser den Gefühlsgehalt dieser Theorie, die wie ein Verfolgungswahn anmutet, wenn man sie zusammen mit der Theorie von der Vergiftung des Volkskörpers betrachtet.«

3 Ebd., S. 188.

einer energetischen Entfaltung, die auf die Welt und die anderen hin orientiert und ausgerichtet ist und von daher ein immenses Frustrationspotenzial erzeugt.

Reich arbeitet mit verschiedenen Begriffen: emotionale Pest, Charakteranalyse, Charakterwiderstand, Orgonenergie; viele Begriffe, die als unwissenschaftlich gelten, da sie außer durch einen singulären und nicht reproduzierbaren klinischen Ansatz schwer zu beweisen sind, die uns jedoch Archetypen liefern, auf deren Grundlage man eine allgemeinere Analyse der menschlichen Psyche und des Zusammenschlusses dieser menschlichen Psychen ausarbeiten kann, der eine bestimmte Plastizität aufweist, heute aber nicht unbedingt das Aussehen einer unbestimmten Masse hat, als die Reich ihn in den 1930er Jahren sehen konnte. Nichtsdestotrotz würden die Analysen heutiger kollektiver Zusammenschlüsse davon profitieren, wenn sie anhand der genannten Reich'schen Konzepte analysiert würden. Reich ist sich des Defizits an Wissenschaftlichkeit durchaus bewusst. »Es ist nicht statistisch zu erfassen; wir sind auch nicht Verehrer der statistischen Scheinexaktheit, die am wirklichen Leben vorbeigeht, während Hitler mit seiner Negation der Statistik und durch Ausnutzung der Schlacken der sexuellen Misere die Macht eroberte.«[1]

7
Der Faschismus und ich. Wilhelm Reich II

Reich bezeichnet die verschiedenen Schutzmaßnahmen, Mauern, Grenzen, Barrieren, die das Ich bildet, um sich zu formen, als »Charakter«. Sie sind somit für das Subjekt notwendig, doch die

1 Ebd.

Art und Weise, wie sie gebildet werden, führt zu einer bestimmten Form von Widerstand, einer Verteidigung gegen die Welt und die anderen. Die Herausforderung für die Erziehung besteht darin, die richtigen psychischen Abwehrmechanismen zu entwickeln, die dem Subjekt erlauben, zu wachsen und nicht zu regredieren, auf die Welt zuzugehen – der Rückzug kann eine Beziehung zur Welt sein, wenn sie gewünscht ist und nicht mit einem Ressentiment einhergeht, das man nicht akzeptiert – und auf andere zuzugehen – hier gilt dasselbe wie für »die Welt«: Es gibt nicht eine einzige Art und Weise, die Beziehungen zum anderen zu leben. Im Gegenteil, sie sind der Ort einer nie endenden Erkundung der Qualität der Präsenz bei den Menschen, die uns umgeben, wobei diese Präsenz keineswegs nur mit physischer Nähe gleichgesetzt werden kann. Die »Charakterstruktur« eines Wesens zielt darauf ab, Unannehmlichkeiten zu vermeiden. Man könnte auch von thymischer Homöostase sprechen, von Alfred Adler bis hin zu mehr zeitgenössischen medizinischen Autoren wie Grimaldi,[1] auch wenn dieser Begriff nicht unbedingt vergleichbar ist. Dennoch geht es bei diesen verschiedenen Autoren darum, zu analysieren, was sich im Individuum entfaltet oder umgekehrt blockiert, wenn es mit seinen Emotionen, insbesondere seinen traurigen Emotionen, Verbindung aufnimmt. Bei Reich ist die Sexualökonomie auch sehr trivial das, was jeder als solche versteht. Die Banalität seiner These mag erschrecken, räumt er ein, derart lieben wir es, die Welt dank komplexer Theorien zu verstehen. Doch seine klinische Erfahrung, selbst wenn sie verzerrt ist, hält ihm einen sehr realistischen Spiegel des menschlichen Verhaltens vor:

> Der sozial verantwortungslose Mensch ist der in Sexualkonflikten absorbierte Mensch. Ihn durch Ausschaltung der Sexualität sozial verantwortungsbewußt machen zu wollen, wie das

1 André Grimaldi, »L'éducation thérapeutique: ce que nous apprennent les patients«, Obésité, März 2009, Bd. 4, Nr. 1, S. 34-38.

> bisher geschah, ist nicht nur hoffnungslos, sondern das sicherste Mittel, ihn der politischen Reaktion auszuliefern, die die Folgen seiner sexuellen Misere glänzend ausnützt. [...] Die Vernachlässigung oder gar Leugnung dieser Tatbestände bedeutet, da bereits bestimmte Erfahrungen über sexualökonomische Arbeit und Erkenntnisse über die Beziehungen der Mystik zur Sexualunterdrückung vorliegen, eine unentschuldbare, vom Standpunkt der Freiheitsbewegung gesehen reaktionäre Stützung der Herrschaft des geistigen Mittelalters und der wirtschaftlichen Sklaverei.[1]

Mit dieser Argumentation zeigt Reich, wie wir durch die systematische Vernachlässigung – mit der Begründung, sie sei unwissenschaftlich – einer bestimmten Form der Erklärung für die menschlichen Verhaltensweisen, insbesondere der psychoanalytischen, eine unerschütterliche Stütze für die Aufrechterhaltung ihres charakterlichen Widerstands produzieren, die eine auf dem Handeln beruhende Theorie des Wandels verhindert und den Übergang zu einem Handeln fördert, dessen Grundpfeiler das Ressentiment ist. Der Begriff »emotionale Pest« wird von Reich verwendet, um die Art von sozialer Situation zu definieren, in die die Masse der Individuen gerät, wenn sie ihre *orgonische* Energie nicht entfalten konnten, anders gesagt, wenn sie sozial unterdrückt wurden, insbesondere in den ersten Jahren ihrer Kindheit und Jugend, und vor allem, darüber hinaus, was das Subjekt in einer pseudokindlichen Position hält, in Wahrheit der Unterwerfung, obwohl es zur Freiheit befähigt werden sollte. Der Begriff der »Freiheitsfähigkeit«[2] wird bei Reich auch in Anspruch genommen, um zu sagen, dass die »Menschenmassen freiheitsunfähig sind«, wobei er zugesteht, dass die Freiheitsunfähigkeit nicht natürlich und mithin nicht endgültig ist.

1 W. Reich, *Die Massenpsychologie des Faschismus*, a.a.O., S. 188.
2 Ebd., S. 200.

Dies ist das Ziel der Erziehung und Fürsorge, die man den nachfolgenden Generationen angedeihen lässt, die – wenn sie voll entfaltet ist und funktioniert, und zwar individuell bereits in den Familien oder/und über diesen Kreis hinaus in der Gesellschaft – sich aus dieser zunächst neurotischen und sehr schnell psychotischen Wiederholung herausarbeiten könnten. Freilich gibt es Traumata und Ressentiments, die mehrere Generationen brauchen, um sich abzubauen oder gar zu verschwinden, aber wir haben bislang immer darauf geachtet, zwischen Trauma und Ressentiment zu unterscheiden, da der Stellenwert der Verantwortung des Subjekts in beiden Fällen nicht derselbe ist. Wie wir gesehen haben, wird das Prinzip der Individuation als die eigentliche Dynamik des Widerstands gegen das Ressentiment definiert; von daher ist es ziemlich logisch, dass die Erziehung – die dazu bestimmt ist, die Entstehung des Prinzips der Individuation im Subjekt zu begleiten – das Ziel hat, die Weitergabe besagten Ressentiments von Generation zu Generation zu beenden, vor allem wenn es sich um das Ressentiment vergangener Generationen handelt. Die Kultur wird bei Freud genau als Sublimierung des Todestriebes definiert; von Generation zu Generation lautet so die zivilisatorische Aufgabe: sich von der Übertragung des Ressentiments abzukoppeln.

»Der Mechanismus, der die Menschenmassen freiheitsunfähig macht, ist, wie die soziale Sexualökonomie mit Hilfe der klinischen in gründlichster Weise bewiesen hat, die soziale Unterdrückung des genitalen Liebeslebens der Kleinkinder, Jugendlichen und Erwachsenen. Auch diese soziale Unterdrückung ist nicht naturgegeben. Sie hat sich mit dem Patriarchat entwickelt und ist daher prinzipiell aufhebbar.«[1] Beim Lesen dieser Zeilen wird jedem klar, dass Reich kein Verehrer der patriarchalischen Gesellschaft und eines karikaturhaften und autoritär verstandenen Namens-des-Vaters ist. Im Gegenteil erinnert Reich daran, dass in

1 Ebd., S. 201.

der patriarchalischen Unterwerfung ein konditionierter Reflex liegt, der später die Verfestigung des Ressentiments und die Wahl eines Pseudoführers durch das Individuum erlauben wird, der ihm die Illusion von einem Schutz vermittelt, den es zu brauchen glaubt, wo es sich doch seit so langer Zeit zur Freiheit unfähig gemacht hat. Diese »Schutzeinstellung der Menschenmassen«[1] ist unmittelbar mit der libidinösen Ökonomie eines jeden Individuums zu verbinden, das diese bildet. Daher wählt das Individuum nicht nur einen bestimmten »Führer«, sondern identifiziert sich oft mit diesem, obwohl dieser es inoffiziell verunglimpft. »Je hilfloser das Massenindividuum aufgrund seiner Erziehung geworden ist, desto stärker prägt sich die Identifizierung mit dem Führer aus.«[2] Es ist also nicht das Charisma des Führers, seine Intelligenz, sein Sinn für Geschichte, die ihm Macht über die Menge verleihen, es sind die Individuen, die durch ihre patriarchalische Erziehung und ihre freiwillige Knechtschaft – nichts Neues seit La Boétie – verblödet sind und sich danach sehnen, von dem geführt zu werden, der ihnen die Illusion des kindlichen Schutzes vermittelt, den sie emotional brauchen. Sicher kann das Charisma des Führers zu dieser Verzückung beitragen und sie verstärken, aber es ist nicht zwingend, und die Geschichte hat im Übrigen bewiesen, dass der Führer oft ein Mann mit wenig Charisma war. Diese Charismaschwäche wurde übersetzt in ein charismatisches Mysterium, um seine Wirkung auf die Menge zu erklären, obwohl sich alles hauptsächlich anderswo abspielte, nämlich in der Menge, die ihre Verantwortung und ihre Erziehung abgegeben hat.

> Daneben wirkte aber entscheidend eine intensive Identifizierung mit dem Führer, die die Unterwerfung als nichtssagendes Massenmitglied verschleierte. Jeder Nationalsozialist fühlte sich

1 Ebd., S. 75.
2 Ebd.

> trotz seiner Abhängigkeit als »kleiner Hitler«. Auf die charakterliche Grundlage dieser Haltungen kommt es aber nunmehr an. Es müssen die energetischen Funktionen aufgesucht werden, die, selbst durch Erziehung und gesamte gesellschaftliche Atmosphäre bedingt, die menschlichen Strukturen derart umbilden, daß in ihnen Neigungen derart reaktionär-irrationalen Charakters sich bilden können; daß sie, in voller Identifizierung mit dem »Führer« befangen, die Schmach nicht empfinden, die ihnen mit der Bezeichnung »Untermenschen« angetan wird.[1]

Der Mechanismus ist unabwendbar: Die Individuen haben sich bewusst versklavt, einen anderen Mittelmäßigen gewählt, der es aber verstand, ihnen in der Kunst der umgekehrten Stigmatisierung vorauszugehen und ein Ressentiment zu erzeugen, das die Illusion von Aktivität vermittelt; von da an ist er auserwählt und kann seinerseits die Tatsache geltend machen, dass diese Menge nur eine Menge ist, dass es in dieser Menge keine Subjekte gibt, und die Fiktion des Vaters und des Schutzes einnehmen, obgleich sich diese im Wesentlichen in der Unterdrückung der anderen ausdrückt, derer, die von den Menschen des Ressentiments als Unruhestifter bezeichnet wurden, oder auch derer, als deren Opfer sie sich fühlen. Das Individuum glaubt, zum »Herrentum« zu gehören, und an ein »geniales Führertum«, wenn es »zur bedeutungslosen, kritiklosen Gefolgschaft herabsank«.[2] Kein Chef kann freie Menschen führen; jeder Beliebige kann versklavte Menschen führen. Der Satz scheint binär, zu einfach; dennoch ist er nicht so falsch. Und Reich erläutert ihn noch, ziemlich einfach, aber mit einer meisterhaften Formel: »So verzichtete er darauf, sich selbst zu begreifen.« Ein wahres Plädoyer für die Analyse, sei sie nun psychoanalytisch, philosophisch oder von einer anderen Art. Darauf zu verzichten, sich selbst zu begreifen, erinnert an den Ver-

1 Ebd., S. 89-90.
2 Ebd., S. 76.

zicht auf die Fähigkeit, selbst zu urteilen und zu denken, was das größte Hindernis für die Aufklärung ist.

> Der Mensch hat nicht nur jahrhundertelang die Existenz einer Seele geleugnet, er hat vielmehr jeden Versuch einer Erfassung der Empfindungen und seelischen Erlebnisse für falsch erklärt. Gleichzeitig aber baute er mystische Vorstellungen auf, in die er die emotionale Empfindungswelt versetzte. Die Bezweiflung seiner mystischen Lebensvorstellungen verfolgte er mit Todesstrafe, gleichgültig, ob es sich um die »Heiligen«, die »Rassereinheit« oder den »Staat« handelt. Auf diese Weise entwickelte der Mensch mechanistisch-maschinelle und mystische Vorstellungen von seiner Organisation gleichzeitig. So blieb er im Verständnis der Biologie weit hinter seiner Fertigkeit, Maschinen zu bauen, zurück. So verzichtete er darauf, sich selbst zu begreifen. Die von ihm geschaffene Maschine genügte ihm, die Leistungen seines Organismus zu erklären.[1]

Reichs Hypothese, die seltsamerweise auch unsere Zeit wiedergibt, besagt, dass unsere Emotionen von der Technik verwaltet werden, wenn sie nicht durch eine noetische und ethische Arbeit analysiert und kanalisiert werden. Der Mensch hat darauf verzichtet, sich selbst zu verstehen, und hat es Maschinen übertragen, sich um die Seele, seine Angst und sein Leeregefühl zu kümmern, kurz, er hat lieber die Unterhaltung erfunden – hätte Pascal gesagt –, als sich der Konfrontation mit dem unendlichen Nichts zu stellen. Technik und Mystik, im Sinne von Mystifizierung und dogmatischer *Mythologisierung*, gehen übrigens miteinander einher: Es sind zwei Arten von Effektivität, von Instrumenten im Dienste der Bewältigung von Ängsten vor dem Nichts, zwei Arten, das Dogmatische zu betrachten – relativ weich mit der Technik, härter mit der Religion –, zwei Arten der Unterhaltung.

1 Ebd., S. 299.

Es ist dann interessant zu zeigen, dass die Unterhaltung keinen dauerhaften Einfluss auf das Ressentiment hat. Sie ist nur punktuell und oberflächlich wirksam. Sie kann sogar eine Vertiefung des Ressentiments fördern, wenn sie aufhört – was diejenigen erleben, die eine Dekompensation erfahren. Dies ist das bekannte Suchtverhalten, das mehr oder weniger immersive Informations- und Kommunikationstechniken auslösen, die permanent und ununterbrochen Bilder, Töne und alles, was eine künstliche Reproduktion von Emotionen bewirken kann, nutzen, ohne sich mit ihrer wahren Substanz oder gar Traurigkeit auseinanderzusetzen, in dem Sinne, dass es darum gehen würde, eine Sublimierung zu erzeugen – Aristoteles hätte von Katharsis gesprochen. Nicht, dass eine Katharsis mit den heutigen Techniken unmöglich wäre, aber sie ist, wenn diese kommerziell und auf Konsum und Akkumulation ausgerichtet sind, nicht deren primäres Ziel. Sie haben, wie wir gesehen haben, hauptsächlich das Ziel, das Individuum, das sie bewundert, zu renarzissieren, dasselbe Individuum, das in der realen Welt, der Welt der Arbeit und der in der Regel deregulierten kapitalistischen Gesellschaft, mit einer Entnarzissierung konfrontiert wurde.

Außerdem besteht das zivilisatorische Unternehmen, das sich hinter Reichs Beobachtungen abzeichnet, darin, nicht nur zu begreifen zu versuchen, weshalb die meisten Individuen ihr Leben so organisieren, dass sie sich selbst nicht verstehen (der übersteigerte, ziemlich rachsüchtige Narzissmus, den wir heute in der Gesellschaft erleben, ist symptomatisch für diesen Verzicht auf die Selbstanalyse[1]), und das Subjekt der *Sorge um sich* als kein Thema

1 Die Analyse des Phänomens des Ressentiments zeigt uns deutlich die Komplexität, mit der das Individuum konfrontiert ist: Die (Re-)Narzissierung ist für das Subjekt notwendig, damit es nicht in Ressentiments verfällt, was André Green insbesondere als »primären Narzissmus« bezeichnet hat, der für das Subjekt absolut notwendig ist und auf eine sanfte Form des Selbstvertrauens verweist oder zumindest auf ein Gefühl der Stabilität angesichts des eigenen inneren Chaos. Dagegen ist ein überstei-

betrachten, sondern – *a contrario* – auch in dem Versuch, schließlich eine Überwindung dieser Situation zu erreichen, welche aus der Verweigerung eine Organisationsform der Gesellschaft macht. Die politische Frage lautet dann: Warum widersetzt sich die Gesellschaft, obwohl sie die Prinzipien der Rechtsstaatlichkeit ausgearbeitet hat, unermüdlich ihrer generellen Umsetzung in die Praxis? Im Grunde ist es zu allgemein, von »der Gesellschaft« zu sprechen, da die »Gesellschaft«, die die Geschichte und ihren Fortschritt »macht«, selten die Mehrheit ist; sie ist die Frucht einiger, die unendlich aktiv sind und zu einem Zeitpunkt t eine Bestätigung durch andere hervorrufen, die in Wirklichkeit nicht zustimmen, sondern »folgen«.

> Wir begreifen, weshalb die allgemeine charakterliche Freiheitsunfähigkeit der Menschenmassen bisher nicht öffentlich zur Debatte gestellt wurde. Diese Feststellung ist zu düster, zu deprimierend und unpopulär dazu. Sie fordert von der überwiegenden Mehrheit peinliche Selbstkritik und riesenhafte Umstellungen in der gesamten Lebensführung. Sie fordert Verschiebung der Verantwortung für alles gesellschaftliche Geschehen von Minoritäten und Inseln der Gesellschaft auf die überwiegend große Masse derer, von deren Arbeit die Gesellschaft abhängt. Diese arbeitende Majorität hat bisher noch nie die Geschicke der Gesellschaft selbst geleitet.[1]

Wo Reich noch das Kind eines erfolgreichen Marxismus war – in dem Sinne, dass die proletarische Masse die erträumte kollektive

gerter Narzissmus ohne Selbstbewusstsein schädlich und kann sich auf äußerst produktive Weise mit dem Opferressentiment verbinden. In diesem Sinne ist Medea eine schreckliche Narzisstin, eine Terroristin, die davon überzeugt ist, die Verletzte zu sein, die Gerechtigkeit sucht, die für den Ressentimenttrieb archetypisch ist.

1 Ebd., S. 307.

Emanzipation verwirklicht –, wissen wir heute, dass die »Zahl«, die Menge, die Masse, ein bestimmtes reflexives Verhältnis zu sich selbst hat, dass es sogar unwahrscheinlich ist, dass sie einer wirklichen Emanzipation entgegensehen kann, die nicht die der Individuen wäre, aus denen sie sich zusammensetzt. Der Rechtsstaat ist zweifellos der politische Rahmen für die effizienteste Kombination dieser Konstitution der Individuen als kollektive Einheit und derjenigen, die sich allein auf ihre individuelle Emanzipation beschränkt. Dagegen ist Reich noch ein Erbe des Denkens des 20. Jahrhunderts, das Masse und Demokratie für vereinbar hielt. Heute wissen wir, dass wir, nachdem uns die Katastrophen der Geschichte die Tyrannei der Mehrheit, ihren totalitären Wahn vor Augen geführt haben, eine andere Form der kollektiven Emanzipation erfinden müssen, die nicht in die Massifizierung umschlägt, zumindest nicht in all ihren Aspekten. Die Frage nach einer »guten Regierung«, die alle Tugenden der Demokratie in sich vereinen würde, muss mehr Raum für Fragen lassen, die der Einsetzung dieser Regierung vorausgehen, die so begrenzt wie möglich sein und eine Normalisierung und Regulierung als *Ultima Ratio* bewirken muss – was der Regierung immer noch die Möglichkeit zum Eingreifen lässt. Fragen der Bildung und Fürsorge (in einem weiten Sinne, von der Gesundheit bis zur sozialen Solidarität) sind entscheidend, um bei den Individuen »Freiheitsfähigkeit« zu erzeugen, eine Individuation, die ihnen erlaubt, mit den Herausforderungen der Konsolidierung des Rechtsstaats in Einklang zu sein. »Die allgemeine Freiheitsfähigkeit kann nur im alltäglichen Kampfe um die freiheitliche Gestaltung des Lebens erworben werden.«[1] Dieser alltägliche Kampf um die freiheitliche Gestaltung des Lebens ist der eigentliche Gegenstand der Erziehung und Fürsorge, von der Kindheit bis ins Erwachsenenalter, und zwar ohne Unterbrechung, da die Aufgabe so ermüdend ist und immer wieder neu dem Druck der Verdinglichung und Knecht-

1 Ebd., S. 308.

schaft unterliegt. Diese drei Tätigkeitsfelder (regieren, erziehen, sorgen) wurden seit Freuds *Die endliche und die unendliche Analyse* von 1937 in ihrer Interpretation von vielen Autoren kommentiert, wobei Freud nicht den Begriff »sorgen«, sondern den technischeren und spezifischeren Begriff »analysieren« verwendet.[1] In diesem nahezu testamentarischen Text beginnt Freud seine Einleitung, indem er in Erinnerung ruft, dass die Analyse eine »langwierige Arbeit« ist und dass viele Analytiker und zweifellos auch Analysanden davon geträumt haben, mit der Neurose vollständig »fertig [zu] werden«, und zwar innerhalb kürzester Zeit. Das Vorbild dieser Psychoanalytiker ist Otto Rank, an dessen These er erinnert und die nicht ohne Verbindung mit der von »hier liegt die Mutter begraben« ist. In der Tat ist Rank in *Das Trauma der Geburt* (1924) der Ansicht, dass der Geburtsakt die eigentliche Quelle der Neurose ist, »indem er die Möglichkeit mit sich bringt, dass die ›Urfixierung‹ an die Mutter nicht überwunden wird und als ›Urverdrängung‹ fortbesteht. Durch die nachträgliche analytische Erledigung dieses Urtraumas hoffte Rank, die ganze Neurose zu beseitigen, so daß das eine Stückchen Analyse alle übrige analytische Arbeit ersparte.«[2] Diese These ist kühn, schreibt Freud, vor allem in ihrer Vorstellung, um nicht zu sagen, in ihrem Phantasma, auf diesem Wege die gesamte Neurose eines Subjekts zu heilen, und das in Rekordzeit. Selbst wenn Freud diese These bestreitet, bleibt es dabei, dass darin eine wesentliche Prüfung für die Konstitution einer Subjektivierung liegt, die sich mit der Freiheitsfähigkeit ausstattet. In Bezug auf die Heilung der Neurose verwendet Freud übrigens einen Ausdruck, der einleuchtender

1 »Es hat doch beinahe den Anschein, als wäre das Analysieren der dritte jener ›unmöglichen‹ Berufe, in denen man des ungenügenden Erfolgs von vornherein sicher sein kann. Die beiden anderen, weit länger bekannten, sind das Erziehen und das Regieren«, Sigmund Freud, *Die endliche und die unendliche Analyse*, *Gesammelte Werke*, Bd. XVI, S. 94.

2 S. Freud, *Die endliche und die unendliche Analyse*, S. 59-60.

erscheint und an das anknüpfen könnte, was ein Canguilhem über eine neue Pädagogik der Heilung, insbesondere im Fall chronischer Krankheiten, schreibt. Freud erklärt so, dass »einen Triebkonflikt dauernd und endgültig zu erledigen« nicht das Verschwinden dieses Triebes bedeutet, sondern genauer gesagt die »Bändigung« dieses Triebes.[1] Dasselbe gilt für den Trieb zum Ressentiment: Er kann nie verschwinden, zumindest können die Affekte von Groll, Eifersucht, Neid, Angst, Wut, Verweigerung von Frustration regelmäßig zusammenkommen, gleichwohl ist das Subjekt, das sich seinem Ressentiment widersetzt, nicht eines, das es nicht kennt, sondern eines, das es bändigt. Das ist die analytische Arbeit: die Kunst der Bändigung der Triebe zu erlernen und sozusagen die Zeit der Sitzung – natürlich, aber auch darüber hinaus, denn die Analyse dehnt sich über diesen einen Moment hinaus aus – auch zu nutzen, um dieses Lernen zu praktizieren, indem man erlaubt, diesen Triebkonflikt im Moment zu leben.

Freud, der zu einer bildhaften Sprache neigt, gebraucht eine äußerst klare Formulierung, um zu sagen, dass es manchmal notwendig ist, die Triebe des Subjekts zu »wecken«, um ihm zu helfen, sie zu überwinden. »Die Warnung, schlafende Hunde nicht zu wecken, die man unseren Bemühungen um die Erforschung der psychischen Unterwelt so oft entgegengehalten hat, ist für die Verhältnisse des Seelenlebens ganz besonders unangebracht. Denn, wenn die Triebe Störungen machen, ist es ein Beweis, daß die Hunde nicht schlafen«.[2] Es kommt übrigens immer wieder vor, dass Menschen, die unter Ressentiments leiden, zwar grübeln, sich aber weigern, dieses Grübeln genauer zu analysieren, so als wollten sie sich vor den »Hunden« schützen, die sich gegen sie wenden könnten. So sieht man, wie der Teufelskreis funktioniert, denn genau die Personen, die unbedingt die Beweggründe für diesen Triebkonflikt klären müssen, weigern sich, dies zu tun,

1 Ebd., S. 69-70.
2 Ebd., S. 75.

weil sie Angst haben, den Konflikt »zu wecken«, obwohl sie ihn mit voller Wucht erfahren. Freud erklärt auch, dass die Verweigerung der Heilung nicht ausschließlich das ressentimentgeladene Subjekt charakterisiert beziehungsweise dass die Trägheit des Patienten ein relativ häufiges Phänomen ist, insofern sich die Patienten sehr schnell mit einer »Besserung« in der analytischen Kur zufriedengeben. Häufig werden sie dann erklären, dass sie nichts mehr zu sagen haben, dass sie kein großes Interesse mehr sehen, zur Analyse zu kommen, dass sie sich langweilen, und das alles, während sie ihrem Analytiker für seine gute Behandlung danken. »Die analytische Erfahrung hat uns gezeigt«, so Freud, »daß jedes Besser ein Feind des Guten ist, daß wir in jeder Phase der Herstellung mit der Trägheit des Patienten zu kämpfen haben, die bereit ist, sich mit einer unvollkommenen Erledigung zu begnügen.«[1]

Da ich für meinen Teil nicht an eine »vollkommene Erledigung« glaube, scheint mir die Befragung des Patienten zur Fortsetzung der Analyse nicht null und nichtig zu sein, ebenso wenig wie die Möglichkeit, aufzuhören oder anderswo und/oder anders weiterzumachen. Es ist klar, dass die Analyse unendlich ist, aber es ist auch klar, dass es wichtig ist, ihre verschiedenen Schwellen zu erleben, zu sehen, wie sie sich in das psychische Gewebe einfügen und es weiterentwickeln. Für diese »Verdauung«, um einen Begriff von Nietzsche zu verwenden, braucht man Zeit, was den Patienten aber keineswegs daran hindert, später, wenn er es wünscht, punktuell oder auch länger und regelmäßig zur Analyse zurückzukehren. Schließlich geht Freud davon aus, dass es zwei wesentliche Themen gibt, die in der analytischen Kur Widerstand erzeugen und gewissermaßen die »Unendlichkeit« dieser Kur besiegeln, insofern das Subjekt streng genommen nicht in der Lage ist, sie zu überwinden. In beiden Fällen handelt es sich um die »Ablehnung der Weiblichkeit«: Solange das männliche Subjekt sich weigert, seinen »männlichen Protest« zu überwinden, und solange das weib-

1 Ebd., S. 76.

liche Subjekt weiter nach dem Besitz eines männlichen Genitals strebt, wird das Subjekt in seiner universelleren und gesünderen Dimension nicht von seiner Neurose geheilt. Diese These ist äußerst interessant, und ich schlage hier eine ganz persönliche Interpretation davon vor, insofern ich sie in einen Dialog eintreten lasse mit dem »Hier liegt die Mutter begraben«. Es ist klar, dass Freud dies keineswegs sagt, aber seine Überlegungen helfen uns, das »Hier liegt die Mutter begraben« noch breiter zu definieren. Tatsächlich beschreibt dieser Ausdruck die für das Subjekt notwendige Trennung von den Eltern, dem Vater, ja dem Namen-des-Vaters, ja der Forderung nach unendlichem Schutz, und auch, spiegelbildlich dazu, dem Delirium des Helden in seiner ganzen virilistischen Karikatur. Kurz, das Gegenteil von Mangel und Demut, den Wunsch nach Allmacht, die Illusion, befriedigen zu können und befriedigt zu werden.

Analysieren, erziehen und regieren sind also drei Begriffe, die wir nun weiter dialektisieren müssen, indem wir davon ausgehen, dass die beiden letzten die Bedingungen der Möglichkeit für die Wirksamkeit des dritten schaffen. Einer der interessanten Punkte dieses Textes, der in den Arbeiten von Reich mitschwingt, erinnert daran, dass einer der obersten Ansatzpunkte für den Fortschritt der Kur die Ablehnung des Weiblichen bei Mann oder Frau ist, nämlich der karikaturistische Wille zu dem, was der Phallus sozial repräsentieren kann. »In diesem charakterlichen Sinne ist ›Faschismus‹ die emotionelle Grundhaltung des autoritär unterdrückten Menschen der maschinellen Zivilisation und ihrer mechanistisch-mystischen Lebensauffassung. Der mechanistisch-mystische Charakter der Menschen unserer Epoche schafft die faschistischen Parteien und nicht umgekehrt.«[1] Mit einer medizinischen und physiologischen Metapher mahnt Reich, dass es leider leichter ist, einem Übel vorzubeugen und sich daher der Prävention (Erziehung und Fürsorge) zuzuwenden, als es zu bereinigen

1 W. Reich, *Die Massenpsychologie des Faschismus*, S. 13.

(regieren). So sollte der Zweck des Regierens sein: kollektiv daran zu arbeiten, sich von der Regierung zu befreien, auch wenn diese in letzter Instanz die souveräne Macht der Schiedsgerichtsbarkeit behalten kann.

> Es ist nun gerade die Aufgabe der echt demokratisch-revolutionären Bewegung, die durch jahrtausendealte Unterdrückung des Lebendigen willenlos, kritikunfähig, biopathisch und hörig gewordenen Menschenmassen so zu lenken (nicht von oben herab zu »führen«!), daß sie jede Unterdrückung sofort spüren und sie rechtzeitig, endgültig und unwiderruflich abzuschütteln lernen. Es ist leichter, eine Neurose zu verhüten, als sie zu heilen. Es ist leichter, einen Organismus gesund zu erhalten, als ihn von Gebrechen zu befreien. Es ist auch leichter, einen sozialen Organismus von diktatorischen Institutionen frei zu halten, als solche Institutionen zu beseitigen.[1]

Reich ist noch relativ optimistisch, insofern er von einer Neurose spricht, womit eine schwere Neurose gemeint ist. Diese ist jedoch ein Übel, mit dem man verhandeln und das man letztendlich sogar sublimieren kann, auch wenn es sehr oft unheilbar ist. Die Psychose ist hingegen kein Terrain, auf dem Sublimierung und Verhandlung möglich sind; die Psychose, die psychotischen und phobischen Tendenzen der Individuen haben sich nun aber unter dem Druck der herrschenden Verdinglichung vervielfacht, zunächst als Abwehrtechniken und später als Zeichen einer quasi endgültigen, im Allgemeinen unbewussten Verstümmelung, wobei sie dann eine neue psychotische »Norm« des Lebens erfinden, um die Verletzungen durch die verdinglichenden Dynamiken besagter Gesellschaft zu vermeiden. Reich sprach von einem mechanistisch-mystischen Charakter, und dieses Vokabular passt recht gut zu den heutigen psychotischen Individuen, Schizophrenen,

1 Ebd., S. 202.

Borderlinern oder narzisstischen Perversen, da ihr automatisches Verhalten sich oft mit einer sehr geschwollenen, wortreichen, sophistischen Redeweise oder einer Psychorigidität schmückt, die an fundamentalistische religiöse Bewegungen erinnern kann.

Bei Reich besteht ein enger Zusammenhang (um nicht zu sagen eine Kausalität) zwischen der Zustimmung zur Knechtschaft, der Unfähigkeit zur psychischen und intellektuellen Unabhängigkeit, die eine Unfähigkeit zur Freiheit erzeugt, und der patriarchalischen Hülle, die sich bleiern über unser soziales und persönliches Leben legt und die wiederum sehr schnell von einer religiösen oder mystischen Versuchung nicht zu trennen ist. Diese scheint der einzig mögliche Weg zu einer falschen Sublimierung zu sein, in dem Sinne, dass »das mystische Erleben wirklich die gleichen Prozesse im autonomen Lebensapparat in Gang setzt wie ein Rauschmittel«. Die Technik ist übrigens, wie bereits erwähnt, gar nicht so weit von diesem Prozess entfernt, eine phantasierte Befriedigung anstelle einer realen zu liefern. Reich ist ein Kind von Marx, demzufolge die Religion auf die Massen wie Opium wirkt,[1] indem sie das kognitive, neurologische und emotionale System entfremdet. Darüber hinaus ist er ein wahrer Humanist, insofern er keineswegs glaubt, dass die Massen endgültig zur Freiheit unfähig sind, sondern dass die demokratische Regierung darauf abzielt, ihre Ent-Entfremdung auf soziale Weise zu bewerkstelligen, wobei er weiß, dass der psychische Weg der Ent-Entfremdung auch individuell ist. Reich glaubt an die Verantwortung des Menschen und an seine Möglichkeit, den Weg zu seiner »natürlichen Moralität«[2] wiederzufinden oder zu dem, was er als »biologisch natürliche Selbststeuerung« bezeichnet, die wiederum mit der »Arbeitsdemokratie« oder dem »Kosmischen Orgon« verbunden ist. Diese verschiedenen Begriffe überschneiden sich bei Reich keineswegs, sind aber vollständig voneinander abhängig.

1 Ebd., S. 129.
2 Ebd., S. 314.

Es gibt nur wenige Autoren, bei denen psychiatrische, psychoanalytische, politische und physiologische Thesen so eng miteinander verflochten sind. Für Reich kann allein eine Kombination dieser verschiedenen Phänomene die menschliche Sklaverei oder auch die »Autoritätshörigkeit« (gemeint ist hier der Autoritarismus), die »soziale Verantwortungslosigkeit« oder auch die »Lustangst« beseitigen.[1] Wenn ein Individuum hingegen darauf verzichtet, seine ursprünglichen Lebenskräfte wiederzufinden, zum Subjekt zu werden, der infantilen Versuchung des Patriarchats zu widerstehen, und an die Stelle der realen Befriedigung eine phantasierte, ja mystische Befriedigung setzt, die für denjenigen, der das Abenteuer der Emanzipation wagt, sträflich ist, wenn ein Individuum seiner Angst vor dem Nichts nachgibt, dann hat es »den Faschismus in sich«[2] und wendet sich ganz logisch in seiner kollektiveren Version einem politischen Faschismus zu, der von einem Führer mit einem falschen Charisma verkörpert wird und ihm erlaubt, sein verdrängtes Allmachtsideal auf unterstem Niveau zu leben. Reichs Erklärung scheint von einer fragwürdigen Einfachheit zu sein, doch eine simple klinische Untersuchung zeigt, dass er weit davon entfernt ist, Unrecht zu haben, und dass die Wege zur Konsolidierung einer einvernehmlichen Unterwerfung ab dem Moment, in dem der Mensch kämpft, nicht unumkehrbar sind.

> Die biologische Versteifung des Menschen der heute lebenden Generation ist nicht mehr zu beseitigen, aber die in ihr noch wirkenden lebendigen Kräfte können Raum bekommen zu besserer Entwicklung. Dagegen werden neue Menschen täglich geboren und im Verlaufe von 30 Jahren ist der Menschenstamm biologisch erneut, kommt er ohne eine Spur faschistischer Verunstaltung zur Welt. Es kommt nur darauf an, in welche Ver-

1 Ebd., S. 317.
2 Ebd., S. 314.

> hältnisse diese neue Generation geboren wird: in freiheitssichernde oder autoritäre.[1]

Es ist also einfacher, eine Generation zu opfern, als sich damit abzumühen, auf ihre intellektuelle und sexuelle Befreiung hinzuarbeiten. So lautet das traurige Fazit, denn unter dem Deckmantel des ewigen Neubeginns, der neue Möglichkeiten eröffnet, wird der Erfolg in aller Seelenruhe auf morgen verschoben, wodurch jeder von seiner Schuld befreit wird, im Augenblick versagt zu haben. Es ist also egal, denn morgen wird es möglich sein, strukturell möglich, eine Generation zustande zu bringen, die nicht von diesem psychischen »Faschismus« kontaminiert ist ... es ist also egal, dass wir heute versagen, denn morgen ist morgen. Natürlich wird jeder die Grenzen dieser Argumentation und die Hinterlist des Individuums erkennen, um seine Verantwortung erneut auf andere Menschen und andere Jahrhunderte abzuwälzen.

8
Historische Lektüren und zeitgenössische Psychen

Die *Anatomie des Faschismus*[2] hat existiert. Sie wird erneut existieren, weil sie eine psychische und keine historische Situation schildert, das Ideal der »Rückkehr in die Vergangenheit«,[3] das jede Seele vergiften kann, die es nicht vermochte, die Qualen ihrer Zeit zu transformieren, und heimlich einen Verfolgungswahn in

1 Ebd., S. 309-310.
2 Robert O. Paxton, *Anatomie des Faschismus*, übers. v. Dietmar Zimmer, München, Deutsche Verlags-Anstalt, 2006.
3 Georges Sorel, *Über die Gewalt* (1908; dt.: 1969), zit. n. R. Paxton, *Anatomie des Faschismus*, S. 12.

Gang gesetzt hat, der ebenso groß ist wie ihre Ohnmacht, in der Welt ein transformatives Handeln hervorzubringen, und der umso verabscheuungswürdiger ist, als er das Gespür für soziale Gerechtigkeit, nach der allein aus niedrigen Gründen lautstark gerufen wird, in weite Ferne rückt. Es ist schrecklich zu sehen, wie diese großartigen und so wichtigen Ideen in der Schäbigkeit der geschundenen Seelen gefangen sind, die darauf verzichten, sich zu heilen, und sich endgültig für die Opferseite der Macht entscheiden. Es ist schrecklich zu sehen, wie dieses Symbol – das Bündel von Ruten, die ein Beil umschließen[1] –, das die große Solidarität der Menschen zum Ausdruck bringt, eine Solidarität, die kampffähig ist, den Interessen von Untertanen dient, die nicht mehr Untertanen sein wollen und zu schändlichem Verhalten bereit sind.

Wenn Robert Paxtons Arbeit interessant ist, dann nicht nur, weil er zusammen mit anderen hinsichtlich der französischen Geschichte augenöffnend war und den Abschied von der »rosaroten« Legende der gaullistisch-kommunistischen Sicht mit dem Bild von einem heroischen Frankreich begleitet hat. Die 1960er Jahre versetzten dieser Mystifizierung, einer erfundenen Ehre, die ersten Schläge, der Gnadenstoß kam dann in den 1970er Jahren mit Marcel Ophüls (*Das Haus nebenan – Chronik einer französischen Stadt im Kriege*) und natürlich mit besagtem Paxton (*Vichy France*[2]).

1 Paxton ruft die Etymologie des Wortes »Faschismus« in Erinnerung: *fascio*, wörtlich Bündel, bezieht sich auf das lateinische *fascis*, ein Beil in einem Bündel von Ruten, ein Symbol, das vom alten Rom bis zu den italienischen Revolutionären Ende des 19. Jahrhunderts immer wieder verwendet wurde, um die Solidarität der Aktivisten, Gewerkschafter und Nationalisten zu beschwören. Siehe R. Paxton, *Anatomie des Faschismus*, a.a.O., S. 12.

2 Siehe für die folgenden Ausführungen C. Fleury, »Les Français dans la guerre«, chronique à L'Humanité, 2019, wo die Thesen und Kontroversen der Historiker zum Frankreich von Vichy aufgegriffen werden.

De Gaulle trug diese französische Masse mit ihrem ambivalenten Verhalten nie in seinem Herzen, auch wenn er stets darauf bedacht war, das Bild des ewigen Frankreichs zu bewahren, aufrecht in seinen Idealen und seinem Widerstand gegen den Feind. Ein Ausspruch von General de Gaulle vermittelt eine Vorstellung davon, wie wenig er seine Landsleute schätzte: »Sie [die Franzosen] sind nicht sehr interessant, das ist eine Tatsache. Denn Tatsache ist, dass jeder von ihnen insgeheim dem Waffenstillstand beigepflichtet hat [...]. Eine unbedeutende Zahl von ihnen hat sich mir angeschlossen. Ich sage: eine unbedeutende Zahl.«[1] Er kaut nicht immer wieder die französische Unzulänglichkeit durch, sondern erkennt an, dass das Land für sein Unglück zum Großteil selbst verantwortlich war. Natürlich erinnert er auch immer wieder an die Verdienste einer minoritären Elite, eine kleine Handvoll, die der »Willensschwäche« entronnen ist. Dreitausend Franzosen, die sich freiwillig in den Reihen der *2e division bindée* engagierten, »das war das französische Volk im Jahr 1944«. Laborie wird großzügiger sein als Paxton, auch wenn er die gleiche Ader hat: Die 1980er und 1990er Jahre zeigten ein dreigliedriges Frankreich mit einem weichen Leib, der abwartenden Masse und den beiden Extremitäten – »den Kollaborateuren und den Widerstandskämpfern« –; Laborie geht noch weiter und schlüsselt die abwartende Haltung auf, die in Wahrheit viele verschiedene Verhaltensweisen umfasst, denn Tatsache ist, dass die Franzosen zwar nicht offen mutig waren, doch konnte die Résistance implizit von einem sehr starken »Nicht-Einverständnis« der Franzosen mit den Deutschen profitieren. Wahr ist auch, dass die Beschaffenheit der Beziehungen zwischen den Franzosen und Pétain die Bewusstseinsbildung erheblich verzögert hat: Es ist erstaunlich, wie anglophile, gaullistische, antideutsche und Marschall Pétain respektierende Gefühle nebeneinander existieren konnten. Laborie

1 Pierre Laborie, *Penser l'événement 1940-1945*, Gallimard, »Folio«, 2019.

hat sich zum Historiker dieser Verhaltensweisen gemacht, die äußerst lehrreich sind, um die Windungen der menschlichen Seele zu verstehen, wenn die Geschichte ins Wanken gerät, und wie schwierig es ist, das historische Ereignis gleichzeitig zu denken und zu leben.

Historiker sind im Übrigen nie nur Historiker ihrer eigenen Epoche. Wenn sie so wichtig sind, dann weil sich zwischen den Zeilen die Silhouette der heutigen Zeit abzeichnet. Und so versteht man, wie Modernität und Ressentiments Hand in Hand gehen können, und nicht nur Vergangenheit und Ressentiment. Wie Reich hat sich Paxton nicht von der faschistischen Indoktrination täuschen lassen, die darin besteht, einen glauben zu lassen, dass der faschistische Führer derjenige ist, der die Massen führt, der die unbefleckte, unschuldige Bevölkerung bekehrt, die bereit ist, sich von ihrem Anführer prägen zu lassen, und der die Geschichte geschehen lässt. Im Gegensatz dazu widmete er seine Arbeit eines Historikers der Entschlüsselung der Verhaltensweisen der Individuen, ihrer Erfahrungen, ihrer Gefühle der Deklassierung und ihrer aufkeimenden Ressentiments. »Frühe faschistische Bewegungen nutzten die Proteste der Opfer der schnellen Industrialisierung und Globalisierung, also der Modernisierungsverlierer, aus – nicht jedoch ohne sich ganz selbstverständlich der allermodernsten Stile und Techniken der Propaganda zu bedienen.«[1] Ein Satz, der in den Ohren der heutigen Welt nachhallt, denn alles ist bereit, um eine »neue«, rückwärtsgewandte Partitur zu spielen, mit genau dem, was es an Neuem braucht, um uns an die Unvorhersehbarkeit der Geschichte glauben zu lassen, obgleich sie sich in gut erkennbare Deckmäntel hüllt.

> Die Vorstellung von einem allmächtigen Diktator personalisiert den Faschismus und schafft den falschen Eindruck, dass wir ihn schon vollständig verstehen könnten, wenn wir nur sei-

1 R. Paxton, *Anatomie des Faschismus*, S. 24.

> ne jeweiligen Führer betrachten. Dieses Bild, dessen Macht bis heute nachwirkt, ist der letzte Triumph der faschistischen Propaganda. Es liefert den Nationen, die faschistische Führer guthießen oder tolerierten, ein Alibi und lenkt die Aufmerksamkeit weg von den Personen, Gruppen und Institutionen, die ihnen dabei halfen.[1]

Paxton verstand es auch gut zu zeigen, dass der Faschismus keineswegs die antikapitalistische Bewegung ist, die er zu sein schwört. So baut er sich auf,[2] indem er – gegen den Kapitalismus – seine Ungerechtigkeit, seine ungleiche Verteilung, ja sogar sein egoistisches bürgerliches Ideal und seine meritokratische Illusion anprangert. Aber sobald er die Macht erlangt hat, schließt er sich ihm an, geht allein den Weg der Erhaltung und nicht der Revolution und richtet im Gegenteil seine Pfeile gegen jede sozialisierende Bewegung, weil sie als zu internationalistisch angesehen wird. Was der Faschismus am Kapitalismus missbilligt, ist nicht das Eigentum und die Akkumulation, sondern der individualistische Liberalismus, insofern er dem Individuum erlaubt, sich von der Gemeinschaft oder der Nation zu emanzipieren. Der Faschismus kann die Vorstellung von einem Individuum nicht ertragen, das sich abspalten und eines eigenen Schicksals erfreuen kann, so als stünde es nicht in der Schuld einer kollektiveren Herausforderung, auch wenn diese keineswegs »sozialistisch«, sondern wiederum strikt kommunitaristisch ist. »Einmal an der Macht, konfiszierten die Faschisten nur das Eigentum der politischen Gegner, von Ausländern und von Juden.«[3] Dies erinnert uns an Reichs Warnung vor dem unpolitischen Menschen. Auch Paxton prangert diesen für faschistische Regime sehr typischen Opportunismus an, der ihnen erlaubte, die Bourgeoisie zu geißeln und gleichzeitig ihre

1 Ebd., S. 19-20.
2 Ebd., S. 21-24.
3 Ebd., S. 22.

Praktiken zu übernehmen, und der ihnen gestattete, die »ersten Parteien zu sein, die alles an Engagement einfangen«,[1] oder wie man aus seinem Desengagement den Stoff für eine Politik der Feindseligkeit gegenüber dem machen kann, was man nicht selbst ist.

Paxtons Methode[2] bestand immer darin, sich nicht vom Ideal der Größe des Faschismus täuschen zu lassen, seinen großen Reden, seinen großen Programmen, sondern unerschütterlich seine konkreten Handlungen aufzugreifen, die stets von den Interessen seiner Akteure und von Kurzfristigkeit geleitet waren. Wir sind weit entfernt von der meisterlichen politischen Philosophie, an die der Faschismus glauben lassen will. Die aktuellen populistischen Bewegungen sind hier übrigens ehrlicher, indem sie meist von vornherein die Diskurse desavouieren, indem sie sich auch hier offen als »Misologen« geben, sie, die ungeniert das Neusprech praktizieren, die Denunziation der »politischen Korrektheit«, die so alt ist wie die Welt, deren Provokation rein rückwärtsgewandt ist, ohne Neuerung. Sie drücken ohne Eloquenz die charakteristische Mittelmäßigkeit faschistischer Bewegungen aus, die lange Zeit eine sehr reale Ästhetik umgab, die zutiefst wirksam war, um den Menschen des Ressentiments zu renarzissieren, was Paxton als »Massenzeremonien zur Affirmation von Konformität« bezeichnet,[3] und die natürlich zur ultimativen sinnlichen und ästhetischen Erfahrung des Krieges führen wird. »Der bereitwillige Ersatz rationaler Debatten durch unmittelbare sinnliche Erfahrung im Faschismus transformierte – wie es der exilierte deutsche Kulturkritiker Walter Benjamin als Erster anführte – die Politik in Ästhetik. Und die ultimative ästhetische Erfahrung, so warnte Benjamin 1936, sei der Krieg.«[4]

1 Ebd., S. 106.
2 Ebd., S. 38-39.
3 Ebd., S. 22.
4 Ebd., S. 31, wobei er Walter Benjamin anführt, »Das Kunstwerk im Zeit-

Der Krieg treibt auf die Spitze, was von Natur aus für jedes politische Ereignis gilt, nämlich auch ein Instrument der narzisstischen Rückversicherung für diejenigen zu sein, die es benutzen: Das ist das einleitende Moment des Kriegstreibers, der sich selbst von der entscheidenden Rolle des Ereignisses und des Führers überzeugt, ihm die Macht der Katharsis, eines Vorher und Nachher zuschreibt und schließlich die lange ersehnte Wiedergutmachung leistet, obwohl er in dunkle Zeiten mit ungewissem Ausgang führt, deren strategischer Wert sich kaum ablesen lässt. Sie wollen wissen, worin der Sinn von all dem besteht? Es gibt keinen, erwidert Mussolini. Es gibt kein Programm, keine spitzfindigen Argumente, was es gibt, ist, dass man kämpfen und die Ehre derer rächen wird, die sich gedemütigt fühlen: »Die Demokraten von *Il Mondo* wollen unser Programm wissen? Es besteht darin, diesen Demokraten von *Il Mondo* die Knochen zu brechen. Und zwar je eher, desto besser.«[1] Man könnte glauben, dies sei ein aktueller populistischer Diskurs und nicht eine Erklärung von 1920.

Trotzdem sollten wir uns nicht täuschen: Faschismus ist nicht gleich Populismus. Einer der tatsächlichen Unterschiede zwischen den beiden Phänomenen besteht darin, dass der Faschismus auf die Prägung durch ein »militärisches« Ideal zurückverweist. Der neue Mensch des Faschismus ist nicht der Mensch der beeinträchtigten »Kaufkraft«. Er ist der Mensch, der sich eines möglichen Zerfalls der Nation bewusst ist und sich vorsätzlich dafür entscheidet, diesen zu instrumentalisieren und zu dramatisieren, um

alter seiner technischen Reproduzierbarkeit«, in *Gesammelte Schriften*, hg. v. Rolf Tiedemann u. Hermann Schweppenhäuser, Bd. 1, Frankfurt am Main, Suhrkamp Verlag, 1980, wo Benjamin insbesondere Marinetti zur Ästhetik des gerade beendeten Äthiopienkriegs zitiert, S. 241-242: »[… der Krieg] bereichert die blühende Wiese mit den flammenden Orchideen der Maschinengewehre«.

1 Ebd., S. 32. Dies wird auch zitiert in Richard Bosworth, *The Italian Dictatorship. Problems and Perspectives in the Interpretation of Mussolini and Fascism*, London, Arnold, 1998, S. 39.

die Anwendung von Gewalt gegen andere zu rechtfertigen, die als Helfershelfer dieses Zerfalls angesehen werden. Und was wäre besser als der Rückgriff auf eine legitime Gewalt, nämlich die der Armee. Dies ist auf jeden Fall die Strategie Mussolinis. »Die faschistische Militarisierung der Politik hebt diese Unterscheidung auf, da sie im faschistischen Ideal des Bürgersoldaten die Identität von Bürger und Soldat beteuert, womit gemeint ist, dass das gesamte individuelle und kollektive Leben nach den Prinzipien und Werten ihrer fundamentalistischen Auffassung von Politik militärisch organisiert werden muss.«[1] In der populistischen Rhetorik gibt es keine Gleichsetzung, sie ist mit dem »bürgerlichen« Ideal besser zu vereinbaren, auch wenn sie, wie der Faschismus, dessen Verunglimpfung betreibt. Der Populismus hat nicht dieselbe Beziehung zur Gewalt und vor allem nicht zum Mythos der regenerierenden Gewalt,[2] der im faschistischen Universum besteht, weil es zweifellos noch stärker in die Illusion der Reinheit vernarrt ist. Wenn es im populistischen Universum tatsächlich Gewalt gibt, wird sie weniger organisiert oder militarisiert sein und mehr die Folge einer triebhaften Entgleisung. Zu glauben, dass man die »Erfahrung des Krieges« machen muss, um eine Nation zu werden, ist nicht Teil des Programms populistischer Gesellschaften. Sie sind im Gegenteil nur dann kriegerisch, wenn sie den Preis dafür nicht zahlen müssen, weder mit ihrem Fleisch noch mit ihrem materiellen und emotionalen Leben.

Dennoch bleiben einige Ähnlichkeiten, auch wenn sie noch parodistischer sind. Nehmen wir die Rhetorik, die heutzutage insgesamt ärmer geworden ist, wie die sozialen Netzwerke zeigen, aber die Bedeutung bleibt ziemlich gleich, wie hier bei dieser Apostrophe des koreanischen Führers durch den anderen aus den USA: *»North Korean Leader Kim Jong Un just stated that*

1 Emilio Gentile, *Qu'est-ce que le fascisme? Histoire et émancipation*, Paris, Gallimard, »Folio«, 2004, S. 361.

2 Ebd., S. 445.

the ›Nuclear Button is on his desk at all times‹. Will someone from his depleted and food starved regime please inform him that I too have a Nuclear Button, but it is a much bigger & more powerful one than him, and my Button works!«[1] Alles ist da: Anprangerung, sexuelle Anspielung oder virilistischer Stil, kein Zögern, ein massives Argument zum präventiven Gebrauch aufzubieten, ein karikaturhafter Minimalismus in der Formulierung; alles, um dem Bedürfnis des Durchschnittsmenschen nach Wiedergutmachung und Rückversicherung zu schmeicheln, der seine symbolische und materielle Anerkennung verloren hat.

Die heutige Zeit ist keineswegs davor gefeit, den Krieg wieder als eine ästhetische und spektakuläre Erfahrung zu betrachten. Dies war der Fall beim ersten Irakkrieg, der dazu diente, die Meisterhaftigkeit der amerikanischen Macht, ihre messerscharfe chirurgische Fähigkeit zur gezielten Tötung zu beweisen, und zwar dank der ununterbrochenen Übertragung der »Luftschläge« in den Fernsehnachrichten und dank der Schaffung dieses neuen, kontinuierlichen Informationsgenres, das strukturell spektakulär, kommerziell und untrennbar mit dem kulturellen und wirtschaftlichen Imperialismus verbunden ist.

Dieses Phänomen setzt sich heute umso mehr fort, als es untrennbar mit den sozialen Netzwerken verbunden ist, die jedem gestatten, seinem Unmut Ausdruck zu verleihen, ohne dafür einen Preis zu zahlen (die Anonymität und die schwache Regulierung der Netzwerke erlauben dies zumindest vorübergehend), und das alles mit der Legitimation populistischer Führer, die das Gleiche tun und genauso karikaturhaft sind wie die Staatsangehö-

1 Tweet von Donald Trump, 3. Januar 2018. »Der nordkoreanische Führer Kim Jong Un hat gerade erklärt, dass der ›Nuklearknopf jederzeit auf seinem Schreibtisch liegt‹. Würde jemand aus seinem erschöpften und ausgehungerten Regime ihn bitte darüber informieren, dass auch ich einen Nuklearknopf habe, aber einen viel größeren und leistungsfähigeren als er, und dass mein Knopf funktioniert!«

rigen ihres Landes. Dieses neue Panoptikum verschafft der potenziell mörderischen Mittelmäßigkeit derer, die ihren Hass vor sich hertragen, einen außerordentlichen Resonanzboden. Die Verbreitung von Hassreden ist kein neues Phänomen. In jeder dunklen Stunde der Geschichte gab es eine Flut von ekelerregenden und tödlichen Denunziationen, aber ihre aktuelle Vervielfachung kann trotzdem nicht unter dem Vorwand, dass es im Grunde inhaltlich nichts Neues gibt, mit Schweigen übergangen werden. Die Form ist anders, da sie nicht diskontinuierlich ist und sich zu allen Themen äußert, von den ernstesten bis zu den albernsten.

Das sind die von Orwell prognostizierten »Zwei Minuten Hass«,[1] aber auch diese haben sich dezentralisiert, damit jeder seine Galle auskotzen und brav zu seiner Untätigkeit und Unfähigkeit zurückkehren kann, während er – zweifellos – auf eine »institutionellere« Form der Autorisierung wartet, eben jene, die ein neuer populistischer Führer bewirken könnte. Wir sind weit entfernt von der spektakulären Ästhetik des Krieges, aber in dieser ständigen Galle treibt die barbarische Wahrheit des Krieges ihr Spiel, die Wahrheit der Freisetzung des Ressentimenttriebs, die unregulierte Wahrheit der Ausplünderungen und Übergriffe auf die Zivilbevölkerung. Natürlich ist dem physisch nicht so, aber die Entladung von Hass verbreitet die gleiche Vergiftung: die, die in den Schmutz zu ziehen sucht und die die Kriegsverbrechen gut kennen.

Die Dosis ist hier homöopathisch und wird daher als unbedeutend angesehen, als handle es sich um wenig glanzvolle, aber relativ irreduzible dionysische Feste: Die Mittelmäßigkeit muss sich ereignen, so wie sich die Jugend ereignet. Irgendwo muss das Ressentiment frohlocken, so als könnte uns dies vor seiner Macht zur Überwältigung bewahren. Aber dies schützt uns in keiner Weise. Es ist im Gegenteil ein sicheres Zeichen für sein Fortschreiten. Es

1 George Orwell, *1984*, London, Secker and Warburg, 1949.

zu verbieten wird nicht ausreichen, selbst wenn es nötig ist, denn es kann den öffentlichen Raum nicht derart beschmutzen, ohne dass dies verhängnisvolle Folgen für diesen hat. Das Ressentiment ist auf dem Vormarsch, fest in den Herzen und Diskursen verankert und bereit, Ansprüche zu stellen. Die Ästhetik der Gewalt beeindruckt weiterhin entfremdete und unterworfene Gemüter, gerade weil sie ihnen die Illusion von einer Rückkehr zur Macht vermittelt, weil sie ihnen verspricht, dass die Zurückweisung nicht endgültig sein wird. Diese Technik ist den faschistischen Regimen wohlbekannt und wurde stets effizient und sparsam eingesetzt. Es besteht kein Bedarf, sie zu steigern, da sie sonst unlesbar gemacht werden und die wahre Natur des Faschismus, nämlich seine konservative und nicht revolutionäre Seite, offenbaren könnte. Man muss die Gewalt lesen und rechtfertigen können, man muss sie also gezielt einsetzen und sehr symbolisch gestalten können, um besser an ihre Berechtigung glauben zu lassen. »Dabei half es natürlich, dass viele gewöhnliche Bürger die Gewalt der Faschisten nie gegen sich selbst gerichtet empfanden, denn sie waren überzeugt, diese Gewalt sei ›nationalen Feinden‹ vorbehalten und ›Terroristen‹, die sie wohl verdienten.«[1]

Heute haben sich die Ziele geändert, doch die Verfahrensweisen sind ziemlich ähnlich geblieben. Ständige Wellen fluten die sozialen Netzwerke, um ganz gezielt diesen oder jenen zu belästigen, manchmal monatelang, auch hier ohne Unterbrechung, die die Zielperson dazu zwingen, das Netzwerk zu verlassen, wenn sie ihre psychische Gesundheit bewahren und angesichts dieses erdrückenden Ansturms nicht völlig den Boden unter den Füßen verlieren will. Auch hier geht es nicht darum, das Unvergleichbare zu vergleichen, nämlich die Situation in den 1940er Jahren mit der heutigen. Alles hat sich verändert, sowohl die Staaten als auch die Menschen. Dennoch weist die Art und Weise, wie die kondi-

1 R. Paxton, *Anatomie des Faschismus*, S. 126.

tionierten Reflexe ablaufen, gewisse Ähnlichkeiten auf, da die Psyche nach alten Gesetzen funktioniert, die sie weiterhin strukturieren.

9
Das Leben als Erschaffung: Das Offene ist die Rettung

Die Psyche ist glücklicherweise nicht das einzige Gesetz zur Erklärung des menschlichen Universums. Sie besitzt nicht die Schlüssel zu den Geheimnissen des Individuums und der Geschichte. Wir können davon ausgehen, dass der soziale, wirtschaftliche, kulturelle und/oder psychische Determinismus niemals das Spiel um das Verständnis eines Wesens und einer Gesellschaft gewinnen wird. Sicher ist jedoch, dass eine »kranke« Psyche, anders gesagt eine zu starke Neurose oder Psychose, viele Phänomene erklärt, die alle einen immensen Einfluss auf den Menschen und seine Umwelt haben. Das ist ein nicht zu leugnender Umweg, der keineswegs die Wahrheit über das Subjekts sagt – er sagt sogar das Gegenteil, nämlich wie das Subjekt sich von dem, was es selbst nicht ist, überwältigen lässt und Gefallen daran findet, sich täuschen zu lassen, was früher oder später leider zu seiner Wahrheit werden kann. Die Art und Weise, in der ein Subjekt nicht darauf verzichtet, sich selbst zu verstehen, ist entscheidend für die Art und Weise, wie es seine Freiheit betrachtet und eine dynamische, existentialistische und humanistische »Wahrheit« ausarbeitet.

Ich war immer der Ansicht, dass die Wahrheit in ihrem nichtdynamischen Teil im Wesentlichen tödlich ist; das ist der Teil der Endlichkeit des Menschen und der staubhaften Flüchtigkeit seiner Existenz. Ich bin mir nicht sicher, ob ich mit dieser Wahrheit leben kann, die mich langweilt und verzweifeln lässt. Der Teil der Wahrheit, der mich interessiert, liegt allein auf der Seite des Werks, sei es ein künstlerisches oder allgemeiner eines der Subjektivierung (Geburt, Liebe, Teilen, Entdeckung der Welt und der anderen, Engagement, Kontemplation, Spiritualität etc.). Dieses Axiom, das darin besteht, die Wahrheit dort und nirgendwo sonst, in ihrem unendlich kleinen ewigen Part anzusetzen, macht mich mein Leben lang zu einer Anhängerin von Platon oder Plotin. Das ist die einzige Dauerhaftigkeit, die mir zusagt und die sich fortan mit der Idee der »Wahrheit« schmücken kann, im Sinne von etwas, das über seine Äußerung hinaus Bestand hat und für zukünftige Zeiten Bedeutung haben wird. Wir müssen uns an die Zukunft erinnern, um unserem Humanismus einen Sinn zu geben. Der Rest ist Schaum, ohne falsch zu sein, und macht mit Sicherheit die Wahrheit für andere aus, für die Historiker zum Beispiel. Die Wahrheit der Versäumnisse, unserer Krankheit, die sich hält, unserer Unfähigkeit, uns nicht zu wiederholen, ist eine Grundwahrheit, die von den historischen Ereignissen erzählt wird; die Geschichte, die uns erzählt, wie wenig die Lehren der Geschichte gelernt werden können. Angesichts dieser toten Sonne bedarf es des Lichts einer anderen Wahrheit, die weiß, dass es einen anderen, schließlich ganz neuen Part gibt.

Die analytische Arbeit ist dazu da, den kreativen Teil zu erfassen, den die Wahrheit eines Subjekts beinhalten muss, seinen Pakt mit dem Offenen, ein Rilke'scher Begriff, der mich seit meinen ersten Veröffentlichungen ständig begleitet hat. Als ich ihn entdeckte, glaubte ich, endlich aufatmen zu können. Doch war er in der Sensitivität, die er hervorrief, stärker als meine abstraktere, theoretischere, ruhigere platonische Denkweise. In dieser Offenheit gab es die Präsenz des Tieres, der Natur, des Lebendigen, des Himmels, der Berge und natürlich des Todes. Da war Rilkes schmerzhafte Poesie, seine Elegien, da war dieses ganze große Jahrhundert des Unglücks und der Romantik, das bald zwei Weltkriege erlebte, die Vorkatastrophe und ihr erster Schock, so als habe dies auch die Unfähigkeit zur Offenheit angebahnt, die die Menschen beherrscht und sie in ihr Verderben treibt. »Mit allen Augen sieht die Kreatur das Offene.«[1] Ich habe ihm in der *Métaphysique de l'imagination*[2] ein ganzes Kapitel und zweifellos einen der wichtigsten Wege gewidmet, um zu versuchen, zu verstehen, was die Individuation ist, was ihre Begegnung mit dem Realen, mit dem Jenseits der kantischen Synthese ist. Das darauffolgende Kapitel heißt wie eine Art erklärender Satz des Rilke'schen Verses: »Die Todesvorstellung und der ruhige Blick des Tieres«.

Wenn wir heute eine Verbindung zu dem »Hier liegt Bitterkeit begraben« herstellen müssten, müssten wir an das Offene des großen Dichters anknüpfen. Höher als alles sind die Literatur, die Poesie, die sich der Welt hingeben, der ewigen Vergänglichkeit der Welt, des Erhabenen, der langen Zeit, die länger ist als man selbst, der Natur, die ohne die Hand des Menschen nicht existiert, ihn aber dennoch übersteigt. Ich, die ich keine Dichterin bin, halte mich von dieser großartigen Gewalt fern, die ich für diesen lächerlichen Körper, der der meine ist, als zu glühend empfinde, ich halte mich fern, unfähig, so viele Emotionen zu erleben, ohne dass mir übel wird, ich halte mich fern, um zu schreiben, sicher eher unzulängliche Dinge, die aber versuchen, denjenigen, die eine Kluft zwischen sich und der Welt spüren und sie als Angriff auf ihr Sein erleben, zu erklären, wie man trotz allem in dieser Welt bestehen kann, ohne Ressentiment und sogar ohne Verbitterung, ohne den Rücken vor dem fehlenden Sinn zu beugen. Das Offene. Das Offene. Als ich das am Ende der Adoleszenz las, habe ich begriffen, dass hier Rettung war, vielleicht meine eigene. Manche werden sich gewiss wundern, dass jemand, der nicht an Gott glaubt, sich um das Seelenheil sorgen kann. Was ist die Seele, wenn nicht eine wunderbare Fiktion, vielleicht die umgekehrte Fiktion Gottes, die Vorstellung, die sich der Mensch von sich selbst macht, nicht nur Materie zu sein. Ich habe oft über sie ge-

1 Rainer Maria Rilke, *Duineser Elegien*, achte Elegie.

2 Cynthia Fleury, *Métaphysique de l'imagination*, Paris, Éditions d'écart, 2002, S. 710, siehe das Register zu Ouvert, S. 92.

schrieben, die Seele, es gibt nur das Leben der anderen und das, was sie von uns behalten, um etwas von dieser Geschichte zu beweisen zu versuchen. Die Rettung aus dieser Sache hat mich schon früh gequält, obwohl ich mich keineswegs für das menschliche Dasein begeisterte. Ich wurde wider Willen als Mensch geboren; wenn ich hätte wählen können, hätte ich mich von vornherein aus dem Staub gemacht, wäre Staub geblieben oder etwas, das fliegt, wenn auch nur ein wenig … nein nichts, ich hätte das Nichts vorgezogen, das sich die Illusion des Ganzen machen kann, das hätte eine anmutigere Beherztheit gehabt. Zu wissen, dass Rilke und viele andere das durchgemacht haben, hat etwas Aufheiterndes, wie eine Spur geteilter Menschlichkeit, eine gemeinsame Schwäche, die aber nicht beschämend ist.

10
Die Hydra

Kommen wir auf die besagte »unbedeutende Zahl« zurück – denn ein Einziger wird genügen, um alle anderen zu retten, ein einziger Mensch, ein Mensch allein, das ist der Traum, der von den Religionen vorgeschlagen wird, als wäre dies ein wünschenswerter Traum. Schon die Idee des Menschen reicht aus, um die Menschen zu retten und sie in der Hoffnung und vor allem gegenüber dem Ansturm des Ressentiments aufrecht zu halten. »Sofern wir uns nicht fragen: Hoffnung auf was? Hoffnung in was? Ich hoffe … unter der Voraussetzung, nicht zu schwer auf dem Akkusativ- oder Dativobjekt zu lasten.«[1] Die Hoffnung muss ein gewisses Maß an Uneigennützigkeit aufweisen, um funktionsfähig zu sein.

1 Vladimir Jankélévitch, *L'Enchantement musical. Écrits 1929-1983*, Paris, Albin Michel, 2017.

Das Offene gegen das Ressentiment, definitiv. Aber von Fall zu Fall ist die Sache nicht leicht, und man muss sich oft zwingen, über die bloße Ebene der Idee hinauszugehen. Man braucht diese »unbedeutende Zahl«, sie ist notwendig, und wenn man sie erhöhen könnte, wäre das ein weiterer Schritt auf eine würdige Zivilisation hin. Die Kehrseite des Offenen, ganz konkret und nicht weniger bildhaft, ist das »Amalgam« der Abscheu, das aus zwei verschiedenen Bestandteilen besteht, wie Paxton betont, »einerseits Harz und andererseits einem Härter, die vermischt werden müssen«, um die »faschistische Dynamik und konservative Ordnung zu erzielen, die durch eine gemeinsame Gegnerschaft gegen Liberalismus und die Linke verbunden sind«.[1] Um den Faschismus zu erklären, bringt Paxton verschiedene Thesen zusammen,[2] die miteinander konkurrieren: die ökonomische Argumentation, die psychoanalytische Argumentation und auch eine Form von metaphysischer Argumentation, was aus meiner Sicht nicht problematisch erscheint, es sei denn, es koexistiert noch mit einer Angst, die sich durch die Arbeit an sich selbst nicht legen kann.

Nehmen wir die ökonomische Argumentation. Traditionell bezieht sie sich auf den Kontext der Krise und Demütigung der »Kleinen« oder auch auf die Fragmentierung und Atomisierung, die in einer Gesellschaft zunehmen können, wenn sie zum Ort eines Wachstums mit mehreren Geschwindigkeiten wird, was schließlich die Idee von einer gemeinsamen Welt zerbricht. Die psychoanalytische Argumentation konzentriert sich auf die Persönlichkeit des Führers, um sich jedoch sehr schnell der interessanteren öffentlichen Meinung zuzuwenden, anders gesagt der Tatsache, dass die Deutschen (und andere) eine Rolle auf ihn projiziert haben, die er erfolgreich ausfüllt. Schließlich beruft sich Paxton auf Bloch und seine glänzende Theorie von der »Ungleichzeitigkeit« der Seelen, in dem Sinne, dass nicht jeder unbedingt im selben

1 R. Paxton, *Anatomie des Faschismus*, S. 189-190.

2 Ebd., S. 302-315.

Jetzt lebt. Aber auch hier stellt sich die Frage, inwiefern ist das schädlich? Dass wir nicht im selben Jetzt leben und dass wir im Laufe unseres Lebens auch Formen entdecken werden, die Zeit der Welt auf eine ganz neue Weise zu bewohnen, ist eine metaphysische, ethische und psychoanalytische Wahrheit. Ja, aus dieser Unfähigkeit, im selben Jetzt zu leben, kann dann eine große Angst oder ein Gefühl des Abgehängtseins entstehen, doch ist es keineswegs selbstverständlich und letztlich auch eher selten, dass man in den Faschismus abgleitet. Im Faschismus gibt es nicht die grandiose Erfahrung der metaphysischen Leere, sondern die selbstgefällige Panik vor der kleinen Gegenwart, dem nichtmetaphysischen »Jetzt«, dem quantitativen Jetzt des persönlichen Wohlbefindens, von dem man glaubt, es stehe einem zu.

Diese Versuchung, an die sich die meisten von uns klammern, ist verheerend, zumindest wenn sie immer das letzte Wort hat, denn sie belässt uns in der Unfähigkeit, uns aus der Gegenwart und Verdinglichung zu lösen. Man muss immer mit einem Bein außerhalb des quantitativen Jetzt stehen, wenn man nicht riskieren will, seine beiden Beine im Ressentiment versinken zu sehen. Das Versinken im quantitativen Jetzt schafft den notwendigen Kontext für die Akzeptanz des Inakzeptablen, da es eine Art »hysterische Blindheit« aufbaut,[1] die sich nur auf sich selbst und das eigene Überleben konzentriert und es unmöglich macht, sich mit Blick auf die anderen zu dezentrieren. Es ist logisch, dass ein Individuum, das sein Sehvermögen verliert, im Sinne von hinschauen können, einen Blick auf etwas werfen, so wie andere für etwas Sorge tragen, unfähig wird, das Gesicht des anderen zu erkennen. Es verblasst. Ein »verdinglichtes« Wesen kann nur Verdinglichung erzeugen; außerdem erträgt es den Anblick von etwas anderem nicht, sei es in Form des Übergangs zu Handlungen gegen andere und einer barbarischen Reaktivierung des Hasses, sei es in Form der Verabscheuung von sich selbst, die im wahrsten Sinne des

1 Ebd., S. 53.

Wortes unlebbar ist. Denn es stimmt, dass das Ressentiment ein ekelhaftes Bollwerk gegen die eigene Depression ist: Der Mensch des Ressentiments ist deprimiert, entmutigt, aber diese Depression nährt sich von der Rache an anderen und findet täglich punktuelle, aber keineswegs dauerhafte Mittel der Kompensation, die er in Ermangelung ihrer Kritik genüsslich konsumiert. Das Ressentiment verdirbt zwar das Wesen, hält aber körperlich fit und konserviert das zerfressene Individuum in seinem bitteren Saft. Es wirkt wie Formalin. Damit ist das Ressentiment ein Prinzip der Selbsterhaltung, zu geringen Kosten: Die »Seelenschwäche«, auf der es beruht, verlangt vom Betroffenen wenig Anstrengung, Opferselbstgefälligkeit. Das Ressentiment lässt sich leicht mit dem kombinieren, was Christophe Dejours als »faule Akrasie« bezeichnet, und, wenn es virulenter ist, als »sthenische Akrasie«. Erstere bezeugt eine recht banale Spaltung des Selbst, die an Feigheit und Egoismus grenzt, Zweitere einen verabscheuungswürdigen und rachsüchtigen Eifer. Die »faule Akrasie« zieht das Schweigen der Polemik vor, das fehlende Engagement der Verantwortlichkeit.

Nehmen wir den Extremfall der Endlösung. Die Nazis erkannten sehr schnell, dass das Hauptproblem des Vernichtungsprozesses »nicht administrativer, sondern psychologischer Natur« war.[1]

> Allein schon der Gedanke an eine drastische Endlösung bedurfte der Fähigkeit der Täter, mit tiefsitzenden psychologischen Hemmungen und Widerständen fertig zu werden. Die psychologischen Hemmungen unterschieden sich in einer bedeutenden Hinsicht von den administrativen Schwierigkeiten: Ein administratives Problem konnte gelöst und aus dem Weg geräumt werden; die psychologischen Probleme hingegen forderten eine ständige Auseinandersetzung. […] Die Kommandeure

1 Raull Hilberg, *Die Vernichtung der europäischen Juden*, Bd. 3, Frankfurt am Main, Fischer Taschenbuch Verlag, 1990, S. 1076.

der Einsatztruppen achteten stets wachsam auf die geringsten Anzeichen psychologischer Instabilität. Im Herbst 1941 schockierte der Höhere SS- und Polizeiführer Rußland Mitte, von dem Bach, Himmler mit der Bemerkung: »Sehen Sie in die Augen der Männer des Kommandos, wie tief erschüttert sie sind! Solche Männer sind fertig für ihr ganzes Leben. Was züchten wir uns damit für Gefolgsmänner heran? Entweder Nervenkranke oder Rohlinge!«[1]

Hier sieht man gut, wie das Ressentiment zur Verteidigungsstrategie des kleineren Übels werden kann, um den psychologischen Zerfall zu verhindern und die Fortsetzung abscheulicher Handlungen zu ermöglichen, ohne dafür psychisch den Preis zu bezahlen und auch ohne die schwierige Aufgabe zu übernehmen, durch ein alternatives Handeln Widerstand zu leisten.[2] So wird das Res-

1 Von dem Bach in *Aufbau*, New York, 23. August 1946, S. 1-2; in R. Hilberg, *Die Vernichtung der europäischen Juden*, Bd. 3, S. 1076-1077.

2 Frantz Fanon hat dieses Phänomen in *Die Verdammten dieser Erde* in Bezug auf die Folterungen während des Algerienkriegs perfekt beschrieben. Es geht insbesondere um den Fall eines europäischen Polizei-Inspektors, der seit den »Ereignissen« seine Frau und seine Kinder misshandelt. Es ist sehr interessant zu sehen, dass der Inspektor sich nicht direkt darüber beklagt, foltern zu müssen, sondern sogar anerkennt, dass man dies unerbittlich tun muss und dass es nicht in Frage kommt, dies von jemand anderem als ihm selbst tun zu lassen, der am Ende den Ruhm erntet, die Leute zum Reden gebracht zu haben. Er erinnert daran, dass man ein »Gespür« braucht, um zu wissen, wann man foltert und wann man damit aufhört, und vor allem, das Opfer glauben zu lassen, dass die Hoffnung besteht, zu entkommen: »Es ist die Hoffnung, die einen zum Reden bringt.« Nachdem er das gesagt hat, stellt er eine vage Verbindung zu der Tatsache her, dass er verrückt wird, seit er regelmäßig die »Feinde« foltert und seine Frau und Kinder verprügelt. Anstatt die Folter bei den feindlichen Soldaten und seiner Familie in Frage zu stellen, bittet er den Arzt, das alles »wieder einzurenken«. Dazu schreibt Fanon: »Dieser Mann wußte genau, daß alle seine Störungen direkt von der Art seiner Tätigkeit in den Verhörzellen verursacht wurden, obwohl er versuchte, die Verantwortung dafür

sentiment zum sichersten Verbündeten des Faschismus oder jeder anderen großen Zeit totalitärer Verdinglichung, indem es die Feigheit der Menschen zu einem sehr effizienten und kontinuierlichen Mechanismus macht, der in keiner Weise »beabsichtigt«, unerschütterlich und unwürdig ist. Natürlich gibt es ideologisch entschlossene Individuen, Fundamentalisten, doch sind sie zahlenmäßig sehr gering und wären nicht so schwer zu bekämpfen, wenn die feige Masse nicht abwesend wäre. Sie könnten übrigens den Eindruck erwecken, dass sie ihre Ressentiments sublimieren, was theoretisch unmöglich ist. Was aber eine bestimmte Form der Psychose vielleicht letztlich zu leisten vermag, weil die Verleugnung so groß ist. Oder sie sind geschickt darin, nahezu perfekt zu lügen, und haben ein solches falsches Selbst erreicht, dass sie nicht mehr zwischen Wahrheit und Unaufrichtigkeit unterscheiden können. Sie schmücken sich mit Tugendhaftigkeit, indem sie dem Bösen den Anschein eines höheren Gutes geben.

Nehmen wir Himmler, der 1943 erklärt: »Die Reichtümer, die sie [die Juden] hatten, haben wir ihnen abgenommen«:

> Ich habe einen strikten Befehl gegeben, den SS-Obergruppenführer Pohl durchgeführt hat, daß diese Reichtümer selbstverständlich restlos an das Reich abgeführt wurden. Wir haben uns nichts davon genommen. Einzelne, die sich verfehlt haben, werden gemäß einem von mir zu Anfang gegebenen Befehl bestraft [...]. Eine Anzahl SS-Männer – es sind nicht sehr viele – haben sich dagegen verfehlt und sie werden des Todes sein, gna-

pauschal auf ›die Ereignisse‹ abzuwälzen. Da er nicht vorhatte (das wäre ja Blödsinn gewesen), mit dem Foltern aufzuhören (dann hätte er ja den Dienst quittieren müssen), bat er mich ohne Umschweife, ihm zu helfen, daß er die algerischen Freiheitskämpfer ohne Gewissensbisse, ohne Verhaltensstörungen, sozusagen mit Gelassenheit foltern könne.« *Die Verdammten dieser Erde* (1961), übers. v. Traugott König, Frankfurt am Main, Suhrkamp Verlag, 1966, S. 206.

denlos. Wir wollen nicht am Schluß, weil wir einen Bazillus ausrotten, an dem Bazillus krank werden […]. Wir haben keinen Schaden in unserem Inneren, in unserer Seele, in unserem Charakter daran genommen.[1]

Mit diesem Anspruch, selbst nichts zu sein, nichts für sich zu nehmen und sich als unbestechlich darzustellen, bleibt Himmler, zumindest in seiner Erklärung, ein Überbleibsel der Individuation, und seine Persönlichkeit zu untersuchen reicht nicht aus, um die Leere und Banalität des Prozesses des Ressentiments zu erfassen. Doch erinnern wir uns an die Methode von Paxton: Lassen wir die Reden beiseite und konzentrieren uns auf die Taten. Himmlers Tagebücher, die in russischen Militärarchiven gefunden wurden, zeichnen ein Bild von einem ausgesprochen psychotischen, grausamen, die Grausamkeit genießenden Menschen, der ganz damit beschäftigt ist, sich an den Verbrechen zu beteiligen,[2] ohne jedoch den aufwendigeren Preis einer systematischen Zuordnung zu den Verbrechen zu zahlen. Nein, es wird eine Art Unterhaltung bleiben, die zwischen unzähligen[3] Besprechungen und Abendessen stattfindet und Himmlers totale »soziale« Entfremdung und seine psychische Entfremdung mit einer unverhohlenen Freude an der Grausamkeit zeigt, solange sie ihn nicht die Augen verdrehen lässt, denn der Psychopath hat auch seine Empfindsamkeit.

1 Rede von Himmler bei einer Gruppenführertagung in Posen am 4. Oktober 1943, PS-1919, in R. Hilberg, *Die Vernichtung der europäischen Juden*, Bd. 3, S. 1077.

2 »Eine weitere erschreckende, aber nicht weniger überraschende Anekdote aus Himmlers Tagebuch ist, dass Himmler, so überraschend das auch klingen mag, empfindlich auf den Anblick von Blut reagierte. So berichtet er, dass er umkippte, als er bei einer Erschießung von Juden in Weißrussland ein Stück Gehirn auf seine Jacke bekam.« (*Atlantico*, 3. August 2016).

3 »Eintausendsechshundert Termine sollen in Himmlers Tagebüchern verzeichnet sein«, *Mashable*, 2016; *Midi-Libre*, 2016.

Das Abdriften in die Psychopathie bedeutet das definitive Ende einer jeden möglichen Individuation.

Hannah Arendt hat zusammen mit anderen den Mechanismus der Entlastung von der Verantwortlichkeit und der Entindividualisierung, der die sukzessive Herausbildung der Endlösung ermöglichte, perfekt aufgezeigt. Indem sie dies getan hat, hat die Philosophin keineswegs die Individuen von ihrer Verantwortung freigesprochen, sondern gezeigt, dass die von ihnen vorgenommene Entlastung von der Verantwortlichkeit ein Täuschungsmanöver darstellte, das bereits Teil der Leugnung des Holocausts war. »Die Vernichtung der Juden war nicht zentralisiert«, schreibt Hilberg. »Weder hatte man eine Behörde für Judenangelegenheiten gegründet noch ein Budget für den Vernichtungsprozeß bereitgestellt. Die antijüdischen Maßnahmen verteilten sich auf den Staatsdienst, das Militär, die Unternehmen und die Partei. Alle deutschen Organisationen wurden in das Projekt einbezogen. Jede einzelne Behörde trug dazu bei; man nutzte jede Spezialisierung; und an der Umklammerung der Opfer waren durchweg alle Gesellschaftsschichten beteiligt.«[1]

Das ist die Definition des Ressentiments: eine Bewegung, die ihre Opfer nach und nach umklammert, eine unförmige Plastizität, die umso effizienter ist, als sie die Illusion erweckt, keinen Körper und keinen Kopf mehr zu haben, obwohl sie eine Hydra mit hunderttausenden von Köpfen ist. Die Hydra ist ein passendes Monster, weil sie zusammenbringt, was man für einen Gegensatz hält: Individualität und Masse. Sie ist eine ziemlich effiziente Verkörperung der Dialektik zwischen Quantitativem und Qualitativem, die anfangs strikt getrennt sind und im Laufe dieses Prozesses möglicherweise durchlässig werden. Die Hydra auszumerzen verlangt dann, einen Teil der Köpfe zu beseitigen, und niemand

1 Raul Hilberg, *Täter, Opfer, Zuschauer. Die Vernichtung der Juden 1933-1945*, übers. v. Hans Günter Holl, Frankfurt am Main, Fischer Taschenbuch Verlag, 1996, S. 33.

weiß im Voraus, wann die Dialektik zwischen dem Quantitativen und dem Qualitativen unterbrochen wird. Das Abschneiden aller oder auch nur der meisten Köpfe wird nicht erforderlich sein, jedoch eine geschickte Kombination zwischen ihnen, zwischen denen, die als präskriptiv gelten, und den anderen. Eine Kombination, die zu kennen gut wäre, um sich vor dem tödlichen Abdriften dieser großen Zusammenschlüsse zu schützen.

III. DAS MEER

Eine offene Welt für den Menschen

1
Die Deklosion nach Fanon

Was ist das Gegenmittel gegen das Ressentiment? Es gibt viele Wege, die alle möglich sind, solange das Subjekt sie ergreift und hier sein Engagement, seine innere Beteiligung, sein Inneres zum Leben erweckt. Als ich das Rilke'sche Offene entdeckte und die Möglichkeit, es mit einer persönlichen Schrift zu verweben, war dies ein »mögliches« Mittel, um der Bitterkeit oder, einfacher ausgedrückt, der Melancholie zu widerstehen, die bereits in vollem Gange war; ebenso natürlich Mallarmé, seine Fragmente über Anatole,[1] dieser nahezu angehaltene Atem, während er in seinen Versen ein Meister der Töne und einer schwindelerregenden Syntax ist; hier ist es unmöglich, in seinem »Grab« nicht den kurzen, erschöpften Atem zu hören und trotz allem die Kraft von etwas anderem für den, der ihn liest. Die Schriftsteller tragen diese Kraft für andere in sich. Sie bringen uns Erneuerung, während sie sich damit abplagen, ihrer Kraftlosigkeit die Stirn zu bieten.

1 C. Fleury, *Mallarmé et la parole de l'imâm*, insbesondere das Kapitel »Le tombeau d'Anatole«, das dem Tod seines Sohnes gewidmet ist. Der Tod des Kindes bleibt eine unmögliche Trauer. Das Werk Mallarmés hat die Resonanz eines stillen Schreis, einer unendlichen Träne. Der »Kindsverlust« ist ein dank der analytischen Kur entwickelter Begriff (siehe *Le soin est un humanisme*, Gallimard, 2019), der nicht nur die Trauer um ein Kind beschreibt, das gelebt hat, sondern auch die Trauer um ein nie geborenes, so sehr erhofftes und für immer unerreichbares Kind.

Eine weitere Illustration dieses vom Stil gebildeten Fußritts, diesmal des philosophischen Stils, ist ein Satz von Jankélévitch, der immer noch nachhallt: »Es ist unnötig, tragisch zu sein, es genügt, ernst zu sein.« Es ist nicht nötig, noch eins draufzusetzen, die Sache für schwieriger zu halten, als sie ist. Sie ist schwierig, und zwar umso mehr, je mehr unsere Lebenswege Träger einer schmerzhaften, schwachen kollektiven Geschichte sind: Wir müssen zusätzlich zu unserer eigenen Unzulänglichkeit auch noch die Unzulänglichkeit tragen, die uns die anderen zuschreiben. Die Frauen kennen dies. Jeder kennt dies, aber wir sollten nicht relativieren: Frauen und alle kennen es, die von der Gesellschaft als »minderwertig«, »unberührbar«, »unrein« angesehen wurden, diejenigen, die allen Grund haben, Ressentiments zu hegen, weil sie die Gerechtigkeit teilweise auf ihrer Seite haben. Für all diese Menschen ist es notwendig, gegen das Ressentiment zu kämpfen und darüber hinauszugelangen, für sich und für diejenigen, die nachfolgen, um den Lauf der Geschichte umzukehren, um den Kopf nicht erneut zu senken, diesmal vor der eigenen Entfremdung und dem eigenen Verfolgungswahn.

Von den Autoren, die diesen kämpferischen und kreativen Weg gegangen sind, gibt es so viele. Ich entscheide mich dafür, Frantz Fanon zu folgen, aber andere wären genauso relevant. Fanon, der große Fanon. Psychiater und Denker des Postkolonialismus, so genial und so schrecklich jung, jung für die Ewigkeit, so früh ist er von uns gegangen. In seinem Vorwort zu den *Œuvres* von Fanon[1] geht Achille Mbembe auf die »drei Kliniken des Realen« ein, die nicht nur Fanons Denken, sondern auch sein Leben und die Vorbildfunktion begründet haben, die er für andere und deren Werke hatte. Drei Kliniken des Realen – der Nationalsozialismus, der Kolonialismus, die Begegnung mit dem französischen Mut-

1 »L'universalité de Frantz Fanon«, Vorwort von Achille Mbembe, in F. Fanon, *Œuvres*, Paris, La Découverte, 2011, mit Fanons Werken von 1952-1964, S. 9.

terland –, die nicht assimilierbar scheinen, da die historischen Kontexte so unterschiedlich sind, sich in Fanon aber zu einem Wesen verweben, zu ihm, seinem Widerstand und seiner Sublimierung. Mbembe hat recht, wenn er sagt, dass es bei Fanon die »Aufforderung zum Behandeln« gibt, insbesondere diejenigen, die sich wie er in die Diktate dieser drei majoritären, von sich überzeugten und mörderischen Ordnungen eingeschnürt fanden. Die Aufforderung zum Behandeln kann eine Moral begründen, eine Ethik, die die Verdinglichung außer Kraft setzt, die sie sicherlich bekämpft, doch nach und nach auch ihre theoretische und rechtliche Entwertung herbeiführt, diesen weiteren Schritt in der Klinik des Realen. Zu behandeln bedeutet auszukurieren – oder es zumindest zu versuchen – und eine neue Ordnung der Dinge für das Individuum zu schaffen. Hier bedeutet zu behandeln, die Verletzungen des Kolonialismus und des Nationalsozialismus anzuprangern, ihre absolute Gewalt aufzuzeigen und sie auf die Seite der Verbrechen zu stellen, der Verbrechen gegen die Menschlichkeit, die nicht verjähren, der Shoah und der Sklaverei. Es bedeutet, die Zukunft durch das Unverjährbare zu eröffnen.

Jankélévitch hat deutlich gezeigt, wie wichtig das »Unverjährbare« für die Gründung des Rechtsstaates ist, insofern es für die demokratische Justiz eine regulative Idee darstellt, die besagt, dass sie dort verantwortlich ist, wo andere Regime nicht verantwortlich sind. Andererseits nimmt sie eine Kontinuität der Geschichte an und kann »reparieren« oder, was einfacher ist, ihre eigene Chronologie und die Ereignisse, die sie durchlaufen, historiographisch und kritisch aufarbeiten, wie die, die ihrer verfassungsmäßigen Einführung vorausgingen. Ein Rechtsstaat zu sein bedeutet, ein anderes Verhältnis zur historischen Wahrheit zu haben, sich den schwarzen Löchern der Geschichte zu stellen und sich nicht mehr mit einer offiziellen Geschichte zufriedenzugeben. Es bedeutet, sich für die harte Lehre der »wissenschaftlichen« Geschichte zu entscheiden, die auf Fakten beruht und deren Überarbeitung durch die beteiligten Parteien ständig dekonstruiert wird. Dieser »Streit der Historiker« ist das Herzstück des demokratischen Prozesses. Bei Fanon geht es »um den Kampf und um die Zukunft, die es um jeden Preis zu eröffnen gilt. Dieser Kampf hat das Ziel, Leben zu schaffen, die Hierarchien zu beseitigen, die von denen eingesetzt wurden, die es gewohnt sind zu gewinnen, ohne Recht zu haben, wobei die absolute Gewalt bei dieser Arbeit eine entgiftende und einführende Rolle spielt. Dieser Kampf [...] zielt zunächst darauf ab, zu zerstören, was zerstört, abschneidet, zerstückelt, blind macht und Angst und Wut hervorruft – die Dingwerdung.«[1] Fanon kämpft unverdrossen gegen das Ressentiment, weil er *die Klage aufnehmen* kann,[2] ohne sich hier zu entscheiden. Er macht daraus keine doppelte Strafe, er *behandelt*, optiert für die kapazitive Behandlung, die nach der Verletzung die Resilienz hervorbringt, um »ein ganz neues menschliches Subjekt« auftauchen zu lassen, das geradewegs dem »Mörtel des Blutes und des Zorns« entsprungen ist.[3]

Die Bekämpfung des Ressentiments ist kein Vergnügen, sie tut weh, selbst wenn man ein anderes Leid bekämpft. Das Böse zu bekämpfen, schützt nicht von vornherein. Es braucht Zeit, bis man nicht mehr das Gefühl hat, seine eigene Sache zu verraten, wenn man sich von seinem eigenen Leid emanzipiert. Der Weg zur Emanzipation beinhaltet auch: zwar sein Leid anzuerkennen, aber vor allem sich davon zu trennen, es hinter sich zu lassen, nicht um es zu vergessen, ohne eine Wirkung zu entfalten, sondern um aufzubauen, denn man muss lernen – das ist der Preis für eine relativ gesunde Neurose –, nicht mehr zu wiederholen, sich in der Wiederholung des Schmerzes nicht häuslich einzurichten; man muss so auf etwas verzichten, was man zum Teil selbst war, aber nur zum Teil. Man muss sich davon überzeugen, dass das Selbst, das für die Öffnung, für die Zukunft bestimmt ist, nicht dort war.

1 Ebd., S. 10.
2 Ebd.
3 Ebd.

»Frei von der Bürde der Rasse und befreit von den Attributen des Dings«, schreibt Mbembe weiter über Fanon, woran man im Übrigen sieht, dass das Herz der Geschichte der Rassialisierung die Verdinglichung ist.

Fanon wird nicht müde, den sozialen und psychischen Entfremdungen des Kolonialismus nachzugehen, die das verdinglichte Subjekt in den Wahnsinn treiben und es zur Geisel seines eigenen Leidens machen: »In der kolonialen Situation zielt die Arbeit des Rassismus in erster Linie darauf ab, jede Trennung zwischen dem inneren Ich und dem äußeren Blick abzuschaffen. Es geht darum, die Sinne zu betäuben und den Körper des Kolonisierten in etwas zu verwandeln, dessen Steifheit an die eines Leichnams erinnert.«[1] Die gemeinsame historiographische und behandelnde, philosophische und psychoanalytische Arbeit, die ein Volk und ein Individuum dazu bringt, in der Welt ihre eigenen Wege zu gehen, sich der Bevormundung und Verdinglichung zu entziehen, bezeichnet Fanon als »Deklosion«[2] der Welt, als wäre sie ein Echo auf ihr Gegenteil, die Forklusion: das, was das Subjekt einschließt und es dann in einen perfekten Kerkermeister seiner selbst verwandelt. Die Deklosion ist hingegen der Ausgang aus diesem dramatischen emotionalen Magma, das Identitäten hervorbringt, die von ihren »Kulturen« gefangen sind. Ein perfekter Begriff, um die Verflechtung kollektiver und individueller Geschichten zu beschreiben und um zu verstehen, wie die Pathologien der Subjekte zwangsläufig mit der Geschichte, die sie durchlaufen, verschränkt sind. Die Psychodynamik bleibt die Wahrheit der individuellen Pathologie in dem Sinne, dass diese zwar eigene genetische Dispositionen haben kann, dass aber trotzdem der soziokulturelle, wirtschaftliche, institutionelle und familiäre Kontext entscheidend ist, um sie zu lenken und natürlich auch zu korrigieren. In dieser Hinsicht zeigt die heutige Klinik deutlich, wie Immigration, er-

1 Ebd., S. 11.
2 Ebd., S. 12.

zwungenes Exil, massive Umsiedlungen prekärer Bevölkerungsgruppen, Umsiedlungen, die nicht gewünscht wurden, wie diese verschiedenen Ereignisse eine bestimmte Art von Pathologien und Psychosen verfestigen, die dem Exil inhärent und notwendig posttraumatisch sind. Wozu man spezifische Pathologien bestimmter Kulturen hinzufügen kann, die noch von der Religion, halluzinatorischen Wahnvorstellungen und Aberglauben beeinflusst sind.

Die »Deklosion« ist, um sie auch hier außer Kraft zu setzen, ein Echo auf die Logik der »Einzäunung«,[1] nach der Individuen aus Minderheitengruppen aussortiert, zusammengefasst und abgespalten werden, was einer Staatsbürgerschaft zweiter Klasse gleichkommt. Gesund zu werden, lautet die Herausforderung für den Menschen, für jeden Menschen, und hier für jeden schwarzen Menschen. Die einzige Herausforderung ist: sich »von sich selbst zu befreien«. Fanon beginnt seinen Text *Schwarze Haut, weiße Masken* (1952) mit einem Verweis auf Aimé Césaire, einen anderen großen Mann der humanistischen, kolonialen und postkolonialen Befreiung, der eine universelle Lehre überbringt: »Ich spreche von Millionen Menschen, denen man geschickt das Zittern, den Kniefall, die Verzweiflung, das Domestikentum eingeprägt hat.«[2] An sie wenden sich Césaire und Fanon, an diejenigen, die aufgrund ihrer Hautfarbe, ihrer kulturellen oder sozialen Herkunft, ihres Geschlechts zum »Domestikentum« gezwungen wurden, an all diejenigen, denen man den Kniefall beigebracht hat, also das Gegenteil von Lernen, insofern man versucht hat, das Gegenteil eines kritischen Denkens zu vermitteln, des Ansporns, der den Geist wach und den Körper aufrecht hält. Und dann der Satz, der die Einleitung eröffnet und der diejenigen tief verletzen kann,

1 Ebd., S. 19.

2 Aimé Césaire, *Über den Kolonialismus* (1950), zit. n. Frantz Fanon, *Schwarze Haut, weiße Masken* (1952), übers. v. Eva Moldenhauer, Frankfurt am Main, Syndikat, 1980, S. 7.

die es bereits sind, weil man sich weigert, sie als Schwarze zu »ontologisieren«: »Müßte ich das Ressentiment meiner farbigen Brüder auf mich nehmen, so würde ich sagen, dass der Schwarze kein Mensch ist.« Jede Person ist ein menschliches Wesen, unabhängig von ihrer Hautfarbe; wer sich allerdings alleine durch seine Hautfarbe definieren lässt, kann, ohne sich dessen zwangsläufig bewusst zu sein, der Verdinglichung Vorschub leisten. Dies ist ein sehr universalistisches Ziel, das von den kolonialen und postkolonialen Studien stark kritisiert wurde; und diese Debatte wird endlos weitergehen, denn der schwarze Anspruch und der universalistische Anspruch können Hand in Hand gehen oder sich umgekehrt widersprechen. Was Fanon sagt, kann verletzen, weil es dem Individuum in seinem Identitätskomplex nicht schmeichelt. Er fordert es vielmehr auf, diesen Ursprung von Anfang an zu sublimieren, nicht ihn zu verleugnen oder gar zu verdrängen, sondern ihn zu sublimieren, sich sofort jenseits von ihm und anderswo zu positionieren, um in der Welt zu sein und sie zu gestalten. »Wir haben nichts Geringeres vor, als den farbigen Menschen von sich selbst zu befreien.«[1] Der schwarze Mensch hat sich nicht um den schwarzen Menschen zu kümmern, er hat sich um den Menschen zu kümmern. »Der Weiße ist in seine Weißheit eingesperrt. Der Schwarze in seine Schwarzheit.«[2]

Fanon fordert zur Befreiung von der eigenen Gemeinschaft auf. Er will hinter dem Spezifikum einer Kultur, eines Geschlechts, einer Geschichte den springenden Punkt der Universalität erfassen, nicht um das Entkörperlichte zu glorifizieren, sondern um das Schicksal der Welt für jedes Individuum zu öffnen: »Wir werden kein Mitleid haben mit den alten Regierungen, den alten Missionaren haben. Für uns ist derjenige, der die Neger vergöttert, ebenso krank wie derjenige, der sie verabscheut. Umgekehrt ist der Schwarze, der seine Rasse weißmachen will, ebenso unglück-

1 F. Fanon, *Schwarze Haut, weiße Masken*, S. 8.
2 Ebd., S. 9.

lich wie derjenige, der den Hass auf den Weißen predigt.«[1] Der Schwarze und der Weiße sind »Sklaven«, der Erste seiner angeblichen »Minderwertigkeit«, der Zweite seiner angeblichen »Überlegenheit«,[2] beide Sklaven einer »Neurose«, die von Generation zu Generation weitergegeben und durch die individuellen Versäumnisse eines jeden Subjekts bestätigt wird, das darauf verzichtet, eine Subjektivierung herzustellen, die diesen Namen verdient. Dann nimmt für all jene, die nicht in der Lage sind, »aus ihrer Rasse auszubrechen«,[3] eine Art gespiegelte Neurose Gestalt an, wobei jeder an die Neurose des anderen Verbindungen anknüpft, um seine eigene aufrechtzuerhalten.

Bei Fanon wird die Beschreibung des Ressentiments in Anlehnung an Minkowski klinischer.[4] Er erinnert daran, was es mit dem »negativ-aggressiven«, ja passiv-aggressiven Typ gemeinsam hat, der von der Vergangenheit, seinen Frustrationen und Misserfolgen besessen sein kann, was den »Lebenstrieb« lähmt.[5] Vor der politischen Übersetzung des Ressentiments auf einer kollektiveren Ebene, wenn die Zahl das falsche Subjekt stärkt und dazu bewegt, noch rachsüchtiger zu werden, gerade weil es hinter der Zahl verschwinden kann und die Konsequenzen seines Zorns nicht alleine tragen muss, praktiziert der Mensch des Ressentiments eine Art Introversion, Verstellung, die für Unterworfene typische Verlogenheit – nicht dass die Verlogenheit zwangsläufig eine Begleiterscheinung der Unterwerfung wäre – und verstrickt sich in seine Widersprüche: die anderen zu hassen und gleichzeitig auf sie zu bauen, um seine Situation zu ändern. Seine »Abkapselung erlaubt ihm nicht, irgendeine Erfahrung zu machen, die ihn für seine Ver-

1 Ebd., S. 8.

2 Ebd., S. 42.

3 Ebd., S. 46.

4 Eugène Minkowski, *La Schizophrénie* (1927), zit. n. F. Fanon, *Schwarze Haut, weiße Masken*, S. 50.

5 Germaine Guex, *La Névrose d'abandon* (1950), zit. n. F. Fanon, *Schwarze Haut, weiße Masken*, S. 50.

gangenheit entschädigen könnte. So fehlt es ihm auch fast gänzlich an Selbstwertgefühl und damit an affektiver Sicherheit; daher ein überaus starkes Gefühl der Ohnmacht gegenüber dem Leben und den Menschen sowie eine totale Verwerfung des Verantwortungsgefühls. Die anderen haben ihn verraten und frustriert, und doch erwartet er nur von den anderen eine Verbesserung seines Geschicks.«[1] Und Fanon zitiert erneut Germaine Guex, um das Bild dieses Mannes abzuschließen, der von der »Nicht-Valorisierung« seiner selbst zerfressen ist, die wie eine Obsession wirkt und in ihm gerade ein »qualvolles Gefühl des Ausgestoßenseins« hervorruft, ihn zur endgültigen emotionalen Verunsicherung und damit zur Verlassenheit verdammt, ihn in der Wiederholung hält und »unbewußt alles tut, was nötig ist, damit die vorhergesehene Katastrophe hereinbricht«.[2]

Die Diagnose von Guex knüpft an das unstillbare Bedürfnis nach Wiedergutmachung an, das auch Scheler sieht und das den Menschen des Ressentiments zum Gefangenen seines Schmerzes macht und uns vorsorglich zwingt, alles in unserer Macht Stehende zu tun – individuell, kollektiv, institutionell –, um zu verhindern, dass er in einen quasi unrettbaren Zustand verfällt, vor allem weil die Wiedergutmachung nie als abgeschlossen betrachtet werden kann. Das Subjekt produziert dann weiterhin den Misserfolg: Es ist nur fähig, die Bedingungen für seinen Misserfolg herzustellen, da es ganz in seiner schweren Neurose steckt (im besten Fall) und häufiger bereits in einer ressentimentgeladenen Psychose gefangen ist. Hier ist die Arbeit des Schriftstellers und Dichters so entscheidend, denn sie ermöglicht uns, durch den Stil auszubrechen, das Ausmaß der Verstümmelung zu erkennen und mittels dieser genialen Stilisierung auf die Heilung zuzugehen.

»Es gibt in der Welt keinen armen, gelynchten Kerl, keinen armen Gemarterten, in dem man nicht auch mich tötet und quält.«

1 Ebd.
2 Ebd., S. 51.

Diese Zeilen stammen wieder von Césaire und eröffnen das vierte Kapitel der *Schwarzen Haut*. Césaire ist klar: Er ist der Erniedrigte, der Ermordete. Er trägt diese Brandmarkung in sich, die über Menschen hereinbricht, die in »dieser« Kultur geboren wurden, die die Geschichte willkürlich als »minderwertig« beurteilt. Das heißt nicht, dass alles, was sich durch die Kulturen zieht, nicht zu relativieren und nicht in eine Rangordnung zu bringen wäre. Ganz im Gegenteil: Jede Kultur hat die Pflicht, sich auf das Universelle und das kritische Denken zu beziehen und die Freiheit des Denkens in enger Verbindung mit dem wissenschaftlichen Geist weiterzuentwickeln. Jede Kultur hat ganze Seiten, die schändlich sind und zum Ziel der Kritik gemacht und reformiert werden müssen. Doch darum geht es hier nicht. Es geht um die allgemeine Bedingung des Menschen, der von anderen schlecht behandelt wird, und zwar aus keinem anderen Grund als den wahnhaften Neurosen eines jeden, als dem, was man auf den anderen projiziert, im Guten wie im Schlechten. Das ist das, was die kollektiven Schicksale ausmacht. So nimmt Césaire diese Last auf sich und wird zu diesem schlecht behandelten Menschen, diesem »armen Menschen«. Doch in dem Moment, in dem er dieser »arme Mann« schreibt, hat dies keine Macht mehr über ihn. Das ist die Stärke des Stils: aussagen und entfliehen, aussagen und nicht vom anderen ausgesagt werden, sondern umgekehrt die Oberhand über das Leben, die Existenz gewinnen, die eigene Existenz und die der anderen, in dem Sinne, dass sie das Leben der anderen inspiriert, in dem Sinne, dass sie es trägt, die Oberhand über die Sprache gewinnen, während der Kolonialismus ein Unternehmen der Beraubung der Sprache ist. Césaire, der glänzende Schriftsteller, nimmt die Sprache des anderen und macht sie zu einer universellen Sprache, um das Böse und seine Überwindung auszusagen. Durch sein Schreiben erkennt er den »gedemütigten« Menschen, adelt ihn, legitimiert ihn, stellt ihn wieder her und befreit ihn. Natürlich wird die Poesie nicht ausreichen, und was hier – zuerst – als poetisches Ereignis initiiert wurde, wird die Tat beenden.

In dem Kapitel »Der Schwarze und die Sprache« geht Fanon auf die herablassende Haltung der Kolonisten ein, die, wenn sie einem »Schwarzen« begegnen, sofort mit ihm »*petit-nègre*« sprechen und dabei so tun, als würden sie vergessen, dass er eine Sprache, eine Kultur, ein Land und eine Würde hat. »Ein Idealist, wird man sagen. O nein«, sagt Fanon, »die anderen sind Schweinehunde«[1]: »Du sitzt in einem Café, in Rouen oder Straßburg, unglücklicherweise bemerkt dich ein alter Trunkenbold. Schnell setzt er sich an deinen Tisch: ›Du Afrikaner? Dakar, Rufisque, Bordelle, Frauen, Kaffee, Mangos, Bananen …‹ Du stehst auf und gehst; er schickt dir einen Schwall von Flüchen hinterher: ›Dreckiger Neger, in deinem Busch hast du dich nicht so aufgespielt!‹«[2] Wenn Fanon also einfach schreibt, *der Mensch ist Bewegung hin zur Welt und zu seinem Mitmenschen*, ist dies eine riesige, unsichtbare, aber ewige Ohrfeige, die er dem Kopf des Idioten versetzt, eine gewaltige lautlose Ohrfeige des Stils und der Emanzipation durch den Stil. Wo befindet sich das Ressentiment hier? Zweifellos bei demjenigen, der sich für »überlegen« hält, dessen Realität dies aber kaum erkennen lässt.

2
Das Universale mit der Gefahr des Unpersönlichen

Es sind die 1950er Jahre, aber es sind auch unsere Jahre. Fanon kommt in die Metropole und entdeckt sich als »Objekt inmitten anderer Objekte«,[3] das durch den Blick und das Verhalten der anderen ständig verdinglicht wird. Aber er lehnt »jede affektive Ver-

1 F. Fanon, *Schwarze Haut, weiße Masken*, S. 24.
2 Ebd., S. 25.
3 Ebd., S. 71.

krampfung«[1] ab. Er nimmt den Kampf nicht gegen die anderen auf, sondern gegen sich selbst und seine Opferbereitschaft: Nein, sie bekommen ihn nicht ein zweites Mal, und der Kampf beginnt erst. Fanon macht sich mit dem Schreiben und der militanten Aktion aus dem Staub: »Ich wollte Mensch sein, nur Mensch. Manche verbanden mich mit meinen versklavten, gelynchten Vorfahren: ich beschloss, diese Vergangenheit auf mich zu nehmen. Auf der universellen Ebene des Intellekts verstand ich diese innere Verwandtschaft – ich war ein Enkel von Sklaven, so wie der Präsident Lebrun der Enkel von fronpflichtigen Bauern war.«[2] *Auf der universellen Ebene des Intellekts verstehen*, damit ist alles gesagt, um einen möglichen Weg aus dem Ressentiment zu begreifen, den Sieg über sich selbst und die anderen; so macht man das, man begibt sich auf die universellen Ebene, genau auf die Ebene, die man Ihnen abspricht. Aber lassen wir uns von dieser Verweigerung nicht täuschen, sie ist selten bewusst; oft ist es, faktisch, nur Trunkenheit. Ein echter Gegner ist selten, und es ist immer schwieriger, seiner Verachtung entgegenzutreten. Aber selbst diese Verachtung ist nichts gegen den, der die Last auf sich nimmt, zu den *inneren Verwandtschaften* zu stehen, die uns miteinander verbinden, uns alle, die wir gedemütigt wurden und die wir wiedergeboren wurden.

Man hat mir oft vorgeworfen, keine »Feministin« zu sein, die Gender Studies nicht genug in meine Arbeit einzubinden, die inklusive Schreibweise nicht zu praktizieren und einen sehr schwache, sagen wir inexistenten Reflex zu haben, Bezeichnungen zu verweiblichen. Dennoch ist der Feminismus bei mir untrennbar mit dem Humanismus verbunden. Ich verstehe die Wege der Frauen sehr gut, die einen Feminismus der Eroberung hervorgebracht haben, er ist unerlässlich, ich habe sogar das Gefühl, sein Erbe hochzuhalten und die Verantwortung dafür zu übernehmen. Es

1 Ebd., S. 74.
2 Ebd.

gibt keinen unbedeutenden Gegenstand im Kampf, auch wenn jeder das Recht hat, seine Kämpfe zu wählen. Ich verachte weder die inklusive Schreibweise noch die Feminisierung von Bezeichnungen, aber ich komme aus einer anderen Welt, der des Universalismus, den man mir beigebracht hat. Das ist nun einmal so. Und die Denker der Gender Studies waren für meinen Werdegang ebenfalls wichtig, da ich weiß, dass die Identität zum Großteil eine soziale Fiktion ist und dass die Gesellschaft uns einen Platz zuweist. Schwarz, Jude, Muslim, Frau sein. Du, hier. Du, das. Seien wir einen Moment ehrlich. Ich weiß offen gestanden nicht, was Frau zu sein bedeutet, und die Geschichte lehrt mich, dass es in dieser Welt weit davon entfernt ist, ein Allheilmittel zu sein, dass es bestenfalls ein Fehler, eine Unzulänglichkeit, schlimmstenfalls ein Drama und etwas ist, das man verschwinden lassen oder besitzen muss, wie einen fetten Goldklumpen, den man unter Männern tauscht. Mit diesen Männern, die in der Falle dieses Wahns gefangen sind, habe ich kein Mitleid. Ich halte mich von ihnen fern, um ihren stumpfsinnigen Furor und ihre Gefährlichkeit so gut es geht zu vermeiden. Zum Glück gibt es viele andere, Männer und Frauen, mit denen ich mich auf dem Terrain des Humanismus bewege und die bereit sind, mich ohne Herablassung viele Dinge zu lehren, die mir sogar ihre Liebe, Freundschaft oder Achtung zuteilwerden lassen, die in mir vielleicht eine Frau gesehen haben, das aber schließlich vergessen haben, oder für die dies zumindest nicht so wichtig ist. Ich weiß jedenfalls nicht genau, was das ist, und es bleibt ein recht schwaches Thema im Vergleich zu vielen anderen, im Vergleich zu dem, was Mallarmé als *die Fähigkeit des Universums, sich selbst zu sehen*, oder auch als *das Unpersönliche* bezeichnet. Wenn man die Dichter liest, entdeckt man, inwieweit die Achtung vor der Person, ob Mann oder Frau, schwarz oder weiß oder x, auch der Ort einer großen Anerkennung des Unpersönlichen sein kann, wie die große Geschichte der Individuation etwas mit der des Verschwindens zu tun hat. Am 14. Mai 1867 schrieb Mallarmé an Cazalis: »Ich bin jetzt unpersönlich und nicht mehr der Stéphane, den du gekannt hast, sondern eine Fähigkeit, die das Geistige Universum hat, sich selbst zu sehen und sich zu entwickeln, durch das, was ich war.« Eine Entpersonalisierungserklärung, wie ich in *Mallarmé et la parole de l'imâm* geschrieben habe. Eine Erklärung, die Fanon sicher für sich hätte beanspruchen können.

Diese Freiheit der Unpersönlichkeit habe ich in jungen Jahren genossen, wie das Licht auf der Haut, die warme Sonne. Ich habe gesehen, dass »Frau sein« keinen Sinn machen würde, genauso wie »Mann sein« – sicher, was zweifellos einfacher wäre, weil der Mann leichter auf die falsche Äquivalenz von Mann und Mensch hereinfallen kann. Aber offen gesagt, fliegt der Trugschluss für den, der ein bisschen vernünftiger ist als seine Mitmenschen, schnell auf. Andererseits ist es wahr, dass die Dummheit der anderen leichter die »Welt« macht, dass die Höhle groß genug ist, um die kleine Welt aufzunehmen, die von vornherein meint, das Zusammentreffen von Universalem und Humanität zu sein. Das Problem ist übrigens nicht, dass sie das glauben, sondern dass sie den Anspruch erheben, die Einzigen zu sein, die sich so etwas vormachen können, und dass sie das Wahrheit nennen. Schließlich könnte das Recht auf die große Illusion großzügiger sein.

Wir sollten nicht glauben, dass es selbst für den so talentierten Fanon leicht wäre, über das Ressentiment hinauszugehen. Die Gelüste, die Hoffnung zu verlieren, sind da. Die Ermüdung angesichts der Welt ist da. Die Zögerlichkeit ist da. »Doch mit all meinem Sein lehne ich diese Amputation ab«,[1] schreibt er bei seiner Schilderung der Erfahrungen eines Schwarzen. »Ich fühle, daß ich eine Seele habe, die ebenso weit ist wie die Welt, eine Seele so tief wie der tiefste Fluss, meine Brust hat eine unendliche Ausdehnungskraft.« Es gibt viele Menschen, die ihr Dasein schmerzt, die es schmerzt, die Tiefe der Welt zu spüren und von ihren Mitmenschen in Verruf gebracht zu werden. Ja, man könnte sie ob ihres

1 Ebd., S. 91.

Schicksals bemitleiden, man könnte ihnen sogar recht geben, doch das hieße, die List zu vergessen, mit welcher das Ressentiment sein Übel verbreitet. In letzter Instanz ist das Individuum verantwortlich, zumindest muss es dies glauben und so tun, als sei es verantwortlich; das ist eine Fiktion, die ein stärkeres Regulativ ist als die Entmündigung. Es geht nicht darum, sich selbst als schuldig darzustellen oder zu akzeptieren, dass man von den anderen nicht wertgeschätzt wird. Es geht darum, zu verstehen, dass das Subjekt in letzter Instanz Subjekt bleibt, indem es die »Amputation« ablehnt, die unaufhörliche Verachtung, die selbstgewiss und so dumm ist, aber von einer mechanischen, sehr effizienten, systemischen Dummheit, die zuweilen auch institutionell sein kann. Wenn man einmal den Fuß in das Universelle gesetzt hat, bedeutet das nicht, vor dem zu fliehen, was man ist. Entpersonalisierung ist Personalisierung. Ist das ein Widerspruch? Nein, ein einfaches Paradoxon, wie uns die Moralphilosophie von Jankélévitch lehrt. Denn wenn das Universelle eine bewusste Auslöschung der Person wäre, wäre es Verdrängung, ja sogar Verleugnung und letztlich ein Schatten seiner selbst, ein Werkzeug, das für den Kulturimperialismus arbeitet. Das Universale nimmt in seinem Schoß alle Singularitäten auf, ab dem Moment, in dem sie bereit sind, das Abenteuer der Sublimierung zu wagen.

> Ich habe kaum meine Augen geöffnet, die man mir verbunden hatte, und schon will man mich im Universellen ertränken? […] Ich muss mich in meiner Négritude verlieren, die Asche sehen, die Segregation, die Unterdrückung, die Vergewaltigung, die Diskriminierung, den Boykott. Wir müssen mit dem Finger all die Wunden berühren, die die schwarze Livree zementieren.

In der Analyse gibt es oft diese verschiedenen Momente der Verbalisierung, ohne eine im Voraus festgelegte Ordnung. Und manchmal beginnt der Zyklus von neuem, weil die Rückerinnerung an den Schmerz da ist. Keine Sitzung ist jemals abgeschlossen; es gibt zwar einen Verlauf, gemäß dem man von einer Entwicklung sprechen kann, aber es wird immer das Unheilbare geben und mit ihm Momente des Anschlags, des Stillstands, der Verwundungen, des üblen Beigeschmacks, und hier muss der Analysand wieder zum Weberhandwerk greifen, der Verbitterung, der sehr realen und berechtigten Bitterkeit nicht erliegen, die ihn in Beschlag nimmt.

Wir alle haben Grund, unter unseren Unzulänglichkeiten und erlittenen Ungerechtigkeiten zu leiden. Fanon strebt nach dem Universalen, einfach ein Mensch zu sein, aber er möchte sich auch in seine »Négritude« stürzen, als handle es sich dabei um einen Ozean elementarster Art, um einen Ozean für alle, um ein Universales eben. Und das ist es auch. Auch ich würde mich gerne in der Négritude verlieren, als wäre sie meine eigene, und übrigens erlaubt die Bruderschaft mit Fanon auch dies, zu sehen, wie groß die *innere Verwandtschaft* zwischen uns allen ist.

Wenn die Literatur die Wahrheit der Humanität in sich trägt, dann deshalb, weil wir alle durch den Stil die Négritude erfahren können, unsere verborgene oder gut sichtbare Négritude, diese Realität von Mann und Frau, den großen ozeanischen Schmerz des Mangels, nichts zu sein, *die letzte der Verdammten* zu sein. Wie Fanon ging ich diesen Weg, »als ich mit der Bestandsaufnahme des Realen fortfuhr und mich bemühte, den Augenblick der symbolischen Kristallisierung zu bestimmen, stand ich ganz natürlich vor den Toren der Jung'schen Psychologie«.[1] Diese Tore hatten mich dazu inspiriert, den Begriff der Individuation und im weiteren Sinne den der Unersetzbarkeit zu verwenden, um von hier den des Individualismus zu verwerfen, der nicht ausreicht, um den Reichtum des Prozesses und vor allem seine mögliche Verbindung mit der Schaffung einer gemeinsamen Welt im Arendt'schen Sinne, das heißt des Rechtsstaats, zu verstehen.

In der Analyse stampfen manche Patienten zuweilen mit den

1 Ebd., S. 117.

Füßen; sie haben das Gefühl, auf der Stelle zu treten, so vieles verstanden zu haben, aber dennoch in der Falle des Ressentiments gefangen zu sein. Hier, in der Sitzung, machen sie ihrer Verbitterung Luft, der Eifersucht, dem Neid, die sie überwältigen können, sagen, dass sie dies nicht wollen, aber dass es da ist und irgendwo abgelassen werden muss, entschuldigen sich dafür und ärgern sich über ihren Analytiker, fahren ihn persönlich an, sind irritiert von diesem Spiegel, der schweigen kann und bei dem sie den kleinsten Blick oder Seufzer verfolgen.

Weil Fanon Psychiater ist und ein perfekter Psychoanalytiker gewesen wäre, wenn die Zeit ihm die Gelegenheit dazu gegeben hätte, kann er diese Individuen in der Sitzung gut beschreiben, vor allem einige Besonderheiten, die diejenigen betreffen, die sich als »schwarz« erleben, und wie dies eine Entfremdung in dem Sinne bleibt, dass sie immer versuchen, sich zu vergleichen, sich abzuwerten oder aufzuwerten. Strapaziös ist, dass der Vergleich selbst innerhalb der Sitzung nicht aufhören kann. Er wird später aufhören, wenn die Kur ihre Arbeit der Heilung entfaltet. Aber in den ersten Momenten hat der Mensch, der sich schwarz fühlt, nicht einmal das Unbewusste, um sich davon zu befreien, insofern das kollektive Unbewusste, in dem er, der Kolonisierte, der Bewohner der Antillen, schwimmt, wie Fanon erinnert, dieses kollektive Unbewusste nicht mit der persönlichen Struktur des Gehirns besagten Bewohners der Antillen solidarisch ist, sondern der »unreflektierten kulturellen Auferlegung« unterliegt, der zufolge »schwarz sein« zwangsläufig bedeutet, auf der dunklen, fremden Seite zu sein, auf der Seite des Bösen, auf der Seite des Nicht-Lichts. Man muss schwarz sein, um so etwas zu denken, um es zu wagen, sich selbst so sehr zu verletzen und zu glauben, dass man, weil man schwarz ist, nicht licht ist. Das ist so irreal, so falsch, dass es als dummes Zeug erscheint. Wie kann ein Wesen so etwas von sich selbst denken, das macht keinen Sinn, werden wir alle sagen, die nicht physisch schwarz sind. Aber diese Evidenz entfällt, wenn man sich dem kollektiven und individuellen Unbewussten zuwendet, das einige Geheimnisse der kollektiven und individuellen Neurosen verrät. Hier offenbart sich die globale menschliche Dummheit, die Dummheit der Menschen untereinander, die spielen, dass sie sich hassen: »Im kollektiven Unbewussten des *homo occidentalis* symbolisiert der Neger oder, wenn man lieber will, die schwarze Farbe das Böse, die Sünde, das Elend, den Tod, den Krieg, den Hunger. Alle Raubvögel sind schwarz. Auf Martinique, einem aufgrund seines kollektiven Unbewussten europäischen Land, sagt man, wenn ein ›blauer‹ Neger einen besucht: ›*Was bringt er für ein Unglück?*‹«[1]

Es gibt unzählige Wesen, die die Bürde der »schlechten« Geburt mit sich herumtragen, dessen, was sie für eine schlechte Geburt halten, oder denen man erklärt, dass diese tatsächlich sehr schlecht ist – und deren Zahl nimmt nicht ab. Dann muss dieser Schmerz behoben werden, den sie sich selbst zufügen und den sie so weit verinnerlicht haben, dass sie ihn mit den besten Rechtfertigungen schmücken; ihn zu beheben ist alles andere als einfach, ja sogar unwahrscheinlich. Auch hier bleibt der Weg, den ich als Analytiker am meisten erlebe, der der Schaffung von etwas anderem, einer möglichen zukünftigen Wahrheit, die nicht durch die Realität der Entfremdung in Beschlag genommen wäre. Diesen Schmerz, den sie sich selbst zufügen, haben alle, die von der Gesellschaft als außerhalb des Bereichs der Respektabilität angesehen wurden, zumindest für einen Moment gespürt, und manchmal währt dieser Schmerz schon seit ewig: Dies sind Frauen, Fremde, Männer, die Männer lieben, Frauen, die Frauen lieben, Männer, die sich nur als »Söhne« erleben, nicht anerkannt von ihrem Vater, nicht geliebt von ihrer Mutter, die Liste ist endlos, und ihre Würde ist immens, und ihre analytische Arbeit so achtunggebietend, dass man sich wünscht, man könnte viel besser sein, als man ist, um ihnen bei diesem großartigen Unternehmen der Sublimierung zu helfen. Diese Geschichte der beschädigten Singularitäten, ne-

1 Ebd., S. 120.

ben der großen Geschichte, ist ebenfalls wahre Geschichte, die Geschichte der Individualitäten in Bewegung, die an der Freiheit und Ent-Entfremdung arbeiten, alleine, mit Verbündeten, die sie sich selbst gewählt haben.

> Die Neger leben aus dem Vergleich [...], stets sind sie auf das Erscheinen des Anderen angewiesen. Immer geht es um weniger intelligent als ich, schwärzer als ich, weniger rechtschaffen als ich. Jede Selbstposition, jede Selbstverankerung steht in einer Beziehung der Abhängigkeit vom Sturz des Anderen.[1]

Dieser Satz stimmt für jeden Menschen des Ressentiments: Man muss den verschlungenen, regelmäßigen, panoptischen Mechanismus erfassen; das Subjekt erhält von sich nur Kenntnis durch die mimetische Rivalität (René Girard), unter den Augen des anderen, in Bezug auf den anderen, und vor allem macht es seinen Wert an dem des anderen fest und seine Rückversicherung an der Abwertung des anderen. Wenn es keinen »Sturz« des anderen gibt, der nur als gegnerische Partei, Rivale und Konkurrent erlebt wird, besteht die Gefahr des Sturzes von einem selbst, denn der Mensch des Ressentiments ist ein inexistentes, sehr kindliches »Ich« mit einer fiebrigen emotionalen Intelligenz: Er kann sich keine Welt vorstellen, in der Singularitäten koexistieren können. Wenn dem einen etwas gegeben wird, wird ihm dies zwangsläufig weggenommen, er ist das Opfer dieser Ordnung. Er kann die anderen nicht bewundern. Er kann nur eifersüchtig oder neidisch sein; und das führt im Gegenzug zu seinem eigenen psychischen Untergang. Aber dem schenkt er keine Beachtung, denn mit zunehmendem Unwohlsein wird er immer unempfänglicher für seine Krankheit. »Vom Sturz des anderen abhängig zu sein« – das ist das, was das Unwohlsein des Ressentiments auslöst, und wir können die Sanktion einleiten, sie auf das historisch-soziale Umfeld des Indivi-

1 Ebd., S. 133.

duums ausdehnen – es heißt, vom Sturz der Welt, vom Untergang abhängig zu sein. Man muss sich vom Untergang der Welt überzeugen, um schließlich ohne jede Scham sein eigenes Ressentiment aufblühen zu lassen und seine Viktimisierung zu genießen.

Im Gegensatz zu dieser Abhängigkeit vom Sturz des anderen entfaltet Fanon ein Plädoyer für den Menschen, einfach nur den Menschen, der weder schwarz noch weiß ist, und dieser Mensch ist er selbst, auch er, er mit, er trotz. »Ich bin ein Mensch, und ich muß die ganze Vergangenheit der Welt revidieren.«[1] Die Geschichte, die uns vorausgeht, die Geschichte der Völker, die Geschichte der Freiheit, die überall auf der Welt kämpft und versucht, eine gemeinsame Geschichte zu erarbeiten, die Geschichte der humanistischen Zivilisation, der menschlichen Vervollkommnung, wie Condorcet sagen würde, diese Erzählung, die sowohl der Literatur als auch der Realität, sowohl dem Wunsch und dem Willen als auch bestimmten Tatsachen entspringt, ja, diese Geschichte ist »geschrieben«, gewollt, gewünscht, auf etwas ausgerichtet; sie ist in diesem Sinne »wahr«, weil sie konstruiert ist, weil sie versucht, mehr zu sein als das, was sie ist, weil sie versucht, für eine größere Zukunft fruchtbar zu sein, um den kommenden Rechtsstaat nicht zu sehr zu beschämen. Fanon weigert sich, allein auf sein kollektives Gedächtnis festgelegt zu werden, dieses und nicht jenes, als ob die Erinnerungen der Menschen wie Land aufgeteilt und verteilt werden könnten. Fanon erfindet die einzig praktikable Moral für Schwarze, eine Moral für alle, eine Moral, die »nicht ein Opfer der *List* einer schwarzen Welt sein will«.[2]

Ich weiß sehr wohl, dass es andere Wege gibt, um den verletzten Stolz wiederherzustellen. Doch so legitim sie auch sein mögen, sie haben nicht die Nachhaltigkeit der universalistischen Methode. Die *Postcolonial Studies*, *Cultural Studies* und *Subaltern Studies* sind unerlässlich, da sie uns oft lehren, die Geschichte

1 Ebd., S. 144.
2 Ebd., S. 146.

in ihrer Version der Mehrheit zu dekonstruieren. Wir sollten das auch ohne sie können, aber das ist nur selten der Fall. Ihr Beitrag ist daher entscheidend. Wie jede Strömung müssen sie jedoch darauf achten, selbstkritisch zu bleiben, sich nicht zur Binarität und Essentialisierung hinreißen zu lassen, die sie ansonsten häufig bekämpfen. Daher ist der Pakt mit dem Begriff des Universalen notwendig und kommt wieder zu seinem Recht. Vielfalt als Test für die Glaubwürdigkeit der Universalität, aber auch Universalität als Test für die Glaubwürdigkeit der Vielfalt.

3
Den Kolonisierten behandeln

»In jedem Augenblick muß ich mich daran erinnern, daß der wahre Sprung darin besteht, die Erfindung in die Existenz einzuführen.«[1] Dieses Zitat sollte jeder in Ehren halten, denn es ist das Tor zu einem Stück Horizont, eine Linie, die man verfolgen muss, um sich aus der Falle des Ressentiments zu befreien. »In der Welt, in der ich fortschreite, erschaffe ich mich unaufhörlich«.[2]

Diese vitalistische Erschaffung des Selbst durch sich selbst findet man bei Bergson und, ursprünglicher, auch wenn sich die Bedeutung stark unterscheidet, da der Platz des »Ich« in der Antike noch ziemlich inexistent ist, in der Skulptur des Selbst, die damals – und zu Recht – sehr eng mit der Umwelt, der Stadt und dem Kosmos verbunden war. Das Paradoxon, das es hier zu erfassen gilt, ist, wie die Idee der Erfindung mit der Idee des Erbes vereinbar ist. Wir sind die Verwahrer des Davor, dieser endlosen Vergangenheit, die unsere Neurosen strukturiert; wir sind die Erben

1 Ebd., S. 147.
2 Ebd.

dieser anderen, vielfältigen Leben, und wir suchen nach dem, was sie uns mitteilen könnten, manchmal gegen ihren Willen. »Ich bin nicht der Sklave der Versklavung, die meine Väter entmenschlicht hat.«[1] Wenn man eine einzige humanistische Wahrheit aufstellen müsste, wäre es diese: Nichts darf den Menschen festlegen, sicher nicht die anderen, doch auch sicher nicht er selbst, durch seine Freiheitsunfähigkeit (Wilhelm Reich); weder die Vergangenheit noch die versperrte Zukunft. Man muss den Humanismus schützen, der die Menschen vor ihren Unzulänglichkeiten und ihrer »Selbstgefälligkeit im Morbiden«[2] schützt; sie müssen »behandelt« werden, damit sie Lust haben, weiter zu »suchen«. »Es gibt auf beiden Seiten der Welt Menschen, die suchen.«[3] Manche werden sich wundern, dass »suchen« eine Herausforderung sein soll, und noch mehr, dass »suchen« gewissermaßen ein Ergebnis der den Menschen erwiesenen Behandlung ist. Dennoch bleibt das »Suchen« eine der größten Herausforderungen des Lebens, eine Form, Wunsch und Handeln zu verbinden. »Zu suchen« beschreibt das In-Gang-Setzen der Intelligenz, des Willens und dann den Versuch der Erprobung, nicht allein bei der Theoretisierung zu bleiben.

Für mich als Analytikerin bedeutet eine Behandlung angedeihen zu lassen auch, dem Analysanden, der oft die Lust an den Dingen oder am Leben verloren hat, zu ermöglichen, sich wieder auf die Suche zu begeben, und ihn in dem Sinne kapazitiv zu machen, dass er glaubt, neue Möglichkeiten entfalten und eine neue Seite seines Lebens schreiben zu können, ohne Sklave der kollektiven Neurose zu sein. Ronald Laing[4] spricht von den »Nexus«,

1 Ebd.

2 Frantz Fanon, *L'An V de la révolution algérienne* (1959), in F. Fanon, *Œuvres*, S. 265.

3 F. Fanon, *Schwarze Haut, weiße Masken*, S. 146.

4 Ronald Laing, dessen Schriften und selbst Behandlungspraxis ich mag – obwohl er, zuweilen zu Recht, wegen dieser Praxis stark kritisiert wurde. All diejenigen, die etwas versuchen, können anecken, sich irren und ge-

in denen wir stecken: in erster Linie dem Familiennexus, dem Knoten aus den Neurosen der anderen, derjenigen, die uns vorausgegangen sind; aber ebenso dem kulturellen Nexus, dem großen Knoten der kollektiven Neurose, doch auch dem Knoten der bilateralen Neurosen (wenn ich mich so ausdrücken darf), denn wir sind in große Kreise eingebunden, aber auch in intimere und konfliktträchtige Face-to-Face-Konstellationen. Das »Ich« ist oft Sohn oder Tochter von, Ehepartner oder Ehepartnerin von, Bruder oder Schwester von etc. Und schon teilen sich die Neurosen, verdoppeln sich, und die Nexus werden zu einer Art von Fraktalen, die Falten bilden, die vielleicht etwas für Geistesgrößen wie Deleuze oder Leibniz sind, die die Individuen aber oft nur schwer deuten können. Die Individuen behandeln: ihnen Zugang zu verschaffen zu den Falten und vor allem zu ihrer kreativen Hermeneutik. Das Ende der Wiederholung beginnt hier, in dieser Möglichkeit, die Knoten zu lockern, ja sie sogar hinter sich zu lassen, und weil sie unauflösbar sind, sie zu durchtrennen.

Es gibt Spalte, in deren Nähe man sich nicht aufhalten sollte, denn sie saugen einen an wie ein Abgrund und ziehen einen durch die Größe des von ihnen verursachten Schwindels an. Man sollte sich nicht für stärker halten, als man ist. Gegenüber seinen Neurosen muss man demütig bleiben, mutig, gewiss, aber demütig. Es gibt Kämpfe, die man besser nicht führen sollte, nicht um einen Kniefall zu machen, sondern um andere Kämpfe zu führen, bei denen die Chance auf einen Sieg größer ist. Natürlich geht es mitnichten darum, die Kämpfe aufzugeben, die sich als zu kompliziert oder als aussichtslos erweisen; wäre dies der Fall, gäbe es keine Geschichte, keinen Anfang und eben nichts anderes als die Wiederholung. Die gekonnte Mischung aus einem Kampf, den man führt, und einem Kampf, den man lässt, aber nicht definitiv, ist der eines freien Menschen, der sich in der Individuation ver-

rade durch diese Fehler wichtige Fortschritte machen, die von anderen, die ihnen etwas verdanken, getragen werden.

sucht, indem er mit seinen Bemühungen sparsam umgeht, ohne sie sich zu ersparen. Nichts ist im Voraus festgeschrieben; und den zu finden, mit dem man einen Ausweg erarbeiten wird, ist nicht einfach. Es gibt Liebschaften, Freundschaften und Menschen, die professionell Menschen behandeln.

Man müsste eine Vielzahl von Kriterien aufrollen, um die Ethik des Behandelnden zu erläutern, die Ethik der Psychoanalyse, hätte Lacan gesagt, ihre Grenzen, die richtige Distanz, die es zu finden gilt, das richtige Maß an Empathie, das es zukommen zu lassen gilt, die Ebene der Implikation von einem selbst und allgemeiner die institutionelle Ethik, in die der Behandelnde eingebunden ist, und auch die institutionelle Organisation, die diese Ethik ermöglicht oder behindert. Die Behandlung beweist sich mehr, als dass sie verordnet wird. Anhand des Beispiels von Algerien kommt Fanon auf die nicht möglichen Verbindungen zwischen der Medizin – wenn sie von den Kolonisten praktiziert wird, seien sie nun kompetent oder nicht – und der lokalen Bevölkerung zu sprechen. Man möchte, dass die Medizin ein autonomes Territorium bildet, das von sozialen und kulturellen Entfremdungen und vor allem von Gewalt und Vorurteilen frei ist, aber einen *davon freien Bereich* gibt es nicht. »In einer homogenen Gesellschaft ist der Kranke zu keinem Zeitpunkt vor seinem Arzt auf der Hut.«[1] Ein Satz, der in Erinnerung ruft, was man zuweilen allzu leicht vergisst: dass jede Medizin politisch ist, insofern sie für eine sachgerechte Ausübung von den vom politischen Regime gestellten Möglichkeitsbedingungen abhängt. Das bedeutet nicht, dass es keine Ärzte gibt, die diesen Namen verdienen und eine wissenschaftlich und ethisch respektable Medizin praktizieren, sondern dass die Medizin als solche, als öffentliche Politik der Fürsorge, ohne den Rechtsstaat nicht existieren kann. Eine Behandlung zukommen zu lassen verlangt, wenn sie nachhaltig und wirksam sein soll, dass man über die individuelle Technik dieses

1 F. Fanon, *L'An V de la révolution algérienne*, S. 357.

oder jenes Behandelnden hinausgeht, und vor allem, dass man entschlüsselt, in welchen »institutionellen«[1] Rahmen diese Pflege eingebettet ist. Denn die Zustimmung zur Behandlung hängt auch von der besagten globalen institutionellen Zustimmung ab. Es ist klar, dass kein Kolonisierter eine Behandlung, wie technisch und relevant sie auch sein mag, von einem Arzt akzeptieren kann, der mit der Kolonialherrschaft in Verbindung steht, und sei es unwillentlich. Fanon beschreibt sehr gut, dass zu behandeln und zu regieren in gewisser Weise nicht voneinander zu trennen sind, insofern das Fehlen einer demokratischen Regierung, welche die Rechte des Einzelnen respektiert, die Erteilung einer Behandlung unmöglich macht, deren heilende Wirkung über jeden Verdacht erhaben wäre. Doch die Behandlung verträgt den Verdacht nicht. Die Grundlage der Behandlung ist das Vertrauen in die Person und in das institutionelle System, die Sie behandeln, und nicht nur in die technische Kompetenz.

Das ist eine komplexe Sache, die dekonstruiert werden muss, denn der Mensch des Ressentiments, zumindest der, der sich am Rande des Ressentiments befindet, der mit einem Bein noch woanders steht und möglicherweise geheilt werden kann, dieser Mensch bedarf der Behandlung. Wie jeder Mensch, der an einer Psychose oder schweren Neurose leidet, willigt er jedoch nicht in die Behandlung ein und macht geltend, dass er sie nicht braucht oder dass der Arzt nicht vertrauenswürdig ist. Dann funktioniert die Übertragung nicht, das Vertrauen ist nicht gegeben, die Zu-

1 »Vor der obligatorischen Visite des Arztes im *Douar* oder im Dorf wird die Bevölkerung durch die Polizeibehörden zusammengetrieben. Der Arzt, der in dieser Atmosphäre eines globalen Zwangs kommt, ist nie ein indigener Arzt, sondern immer ein Arzt, der der herrschenden Gesellschaft und sehr oft der Armee angehört«, in F. Fanon, *L'An V de la révolution algérienne*, S. 355. Der Umstand, dass der Arzt ein Indigener wäre, würde nichts an der Sache ändern. Auch er könnte verdächtigt werden, der autoritären Ordnung in irgendeiner Form die Treue zu halten, was die Behandlung erneut unwirksam machen würde.

stimmung nicht geklärt, und alles verschließt sich. Fanon bezeichnet dies als »aktive Verminderungen« oder auch als »Einschnitte in die Existenz des Kolonisierten«, anders gesagt als alles, was dem Leben des Kolonisierten »das Aussehen eines unvollkommenen Toten« verleiht.[1] Der Kolonisierte, der die Behandlung verweigert, die er absolut braucht, verurteilt sich selbst. Das ist derselbe Mechanismus, der auch über den Menschen des Ressentiments hereinbricht. Die Kolonialherrschaft hat zur Folge, dass die Beziehung des Kolonisierten zu seiner eigenen Kultur,[2] so Fanon, aber, wie wir hinzufügen könnten, auch zu seinem eigenen Körper erschüttert wird, denn die Beziehung, die wir zu uns selbst haben, ist durch diese Kultur vermittelt.

Wir erinnern uns an die Problematik des Nosokomialen, das in vielen Pflegeeinrichtungen Besorgnis erregt, weil unzureichende Hygiene für die Kranken gefährlich ist. Es gibt auch ein psychisches Nosokomiales, welches das gute Klima in einem Pflegekollektiv zerstört, erklärt Jean Oury – zum Beispiel das Mobbing durch die Leitung. Doch über die institutionellen Fehlfunktionen hinaus gibt es die eher kulturelle Fehlfunktion, nämlich die des politischen und sozioökonomischen Regimes, in das die Pflege eingebettet ist. So ist offensichtlich, dass der Kolonialismus das Nosokomiale erzeugt, psychisch wie physisch, und es ist unbestreitbar, dass er die Erbringung einer Behandlung strukturell verhindert. Daher bedeutet zu behandeln, offiziell oder offiziös in den Widerstand zu gehen, die eigene Separierung von dieser mehr globalen Kontamination zu beweisen, die Grenze, zu der man selbst wird, um den Patienten vor einer Verschlechterung seines Zustands zu schützen. Fanon ist sicher nicht der Erste, der die tragische Geschichte der Verbindung von Totalitarismus und Medizin erzählt hat, oder wie Letztere die Körper der Individuen zerstört, damit Ersterer noch effizienter ist. Mit der Entwicklung

1 Ebd., S. 361.
2 Ebd., S. 363.

des Rechtsstaats nach dem Zweiten Weltkrieg verflechten sich das Rechtssystem und das Recht auf Gesundheit, freilich über die Universalität der Sozialversicherung (in Frankreich), doch wird auch eine qualitative und schützende Schwelle für medizinische Werte errichtet, indem Regeln für die wissenschaftliche Integrität der Medizin aufgestellt werden. In diesem Sinne schützen die Werte und Prinzipien des Rechtsstaats den Körper des Einzelnen, zumindest theoretisch.

Das ist ein sehr konkreter Punkt, der im Übrigen in seiner positiven Seite zeigt, dass jeder Rechtsstaat sich als ein biopolitisches Regime darstellt. Andererseits muss dieses biopolitische Regime dem Körper des Einzelnen und seiner Freiheit dienen; und genau darin liegt das ganze Problem, denn hinter den guten Absichten schlummern und tummeln sich eher konservative und die Freiheit bedrohende Intentionen. Das Ergebnis ist, dass sich viele – in der liberalen Tradition – zu Recht dafür einsetzen, eine Theorie der begrenzten Regierung aufzustellen, die den Körper der Bürger von ihren Vorrechten ausnimmt. Das ist auf dem Papier die richtige Lösung, aber eben nur auf dem Papier, denn noch einmal: Das Fehlen einer staatlichen oder institutionellen Regelung bedeutet nicht, dass es keine Eingriffe in den Körper der Männer und Frauen gibt. Daher ist es besser – gewiss aus einer höchst minimalen, aber dennoch irreduziblen Perspektive –, dafür zu sorgen, dass die Politik sich positiv auf die individuellen Körper auswirkt, wobei von den Bürgern selbst definiert wird, was »positiv« ist, indem man diese Überlegungen der nationalen Repräsentation anvertraut und/oder sie direkter durch Aktionen der partizipativen Demokratie und des zivilen Ungehorsams übernimmt. Wenn Fanon beschreibt, wie eine Sprechstunde zwischen einem Arzt und einem Kolonisierten abläuft, das unaufhörliche Aufeinanderprallen von Missverständnissen, entdeckt ein jeder in seiner Beschreibung die wohlbekannte Situation einer nicht möglichen Behandlung, sobald der allgemeine Rahmen durch Macht- und Herrschaftsverhältnisse verzerrt ist. Ähnlich verhält es sich mit dem Menschen des Ressentiments, der sich übrigens sehr oft als ein »Kolonisierter« im eigenen Hause erlebt, als ein gedemütigtes, seiner Vorrechte beraubtes, deklassiertes und in Misskredit geratenes Wesen. Daher ist die Literatur über den Kolonialismus für die Entschlüsselung der Mechanismen des Ressentiments sehr lehrreich. Das ressentimenthafte Ich und den Kolonisierten kennzeichnet in Bezug auf die Vorstellung, behandelt zu werden, dieselbe Ambivalenz.

4
Die Dekolonisierung des Seins

Fanon ist ein Schlüsselautor, wenn es darum geht, die Verbindung zwischen Ressentiment und Geschichte, der Charakterstruktur eines Menschen und der kulturellen, aktuellen und überlieferten Geschichte eines Volkes zu verstehen. Er ist auch ein Schlüssel, um zu verstehen, wie ein »Ich«, das allen Grund hat, Ressentiments zu empfinden, weil es von dort kommt, von einer schmerzhaften kollektiven Geschichte, und noch immer in der Falle der kulturellen Dominanz gefangen ist, stärker ist als dieses Joch und durch das Werk, die Reflexion, das philosophische und militante Schaffen entflieht, durch das kollektive Engagement, aber auch bereits durch das individuelle Engagement, ein »Ich« zu sein, das nicht vom Ressentiment beschädigt ist. Nicht darin eingeschlossen zu sein; sich dessen voll bewusst zu sein, nie seine Stärke, zuweilen seine Berechtigung zu leugnen, doch nie nachzugeben und es zu akzeptieren. Eine extrem starke Spannung, die sich in Fanons weit ausholendem und angestrengtem Stil niederschlägt, der manchmal fast poetisch und in seiner Beschreibung der Leiden der Kolonisierten sehr »medizinisch« ist. Man hätte gehofft, dass die Ereignisse in seinem persönlichen Leben ihm förderlicher gewesen wären. Aber auch hier war das Schicksal gegen ihn: Fanon erkrankte an myeloischer Leukämie und starb im Alter von sechsunddreißig Jahren. In dem Jahr vor seinem Tod, der ihm durch die medizinische Diagnose in aller Klarheit vorausgesagt wurde, schrieb er *Die Verdammten dieser Erde*. Wir befinden uns im Jahr 1960. Und die von Fanon vertretene These bestätigt sich endgültig: Die gefährlichste Kolonisierung ist diejenige, die sich auf das Sein stürzt, diejenige, der das menschliche Sein in seinem Inneren nachgibt, nicht die äußere und politisch-ökonomische, sondern die mehr metaphysische, mehr ethische der Innerlichkeit der Seele. »Seine Analyse hebt nicht nur die Folgen der Versklavung von Völkern und Subjekten hervor, sondern auch die Voraussetzungen für ihre Befreiung, die vor allem eine Befreiung des Individuums, eine Dekolonisierung des Seins ist.«[1]

Das Ressentiment ist eine Kolonisierung des Seins. Es zu sublimieren führt zu einer Dekolonisierung des Seins, der einzig möglichen Dynamik, um ein Subjekt und die Fähigkeit zur Freiheit hervorzubringen. Fanon verzichtet nie darauf, die inakzeptable Gewalt zu beschreiben, die auf die kolonisierten Völker niederprasselt. Er zeigt, wie diese Gewalt die Menschen verändert und sie oft vor die widerwärtige Alternative stellt, entweder gegen sich selbst oder gegen andere zur Tat zu schreiten. Die Gewalt lässt keine Wahl, sie produziert eine bloß erzwungene Wahl, bei der das Subjekt schließlich immer ihr Gefangener, erneut versklavt ist. Als Jean-Paul Sartre das Vorwort zu der Ausgabe der *Verdammten* von 1961 schrieb, kam er ebenfalls auf die *Liquidation* zurück, die das koloniale Unternehmen darstellt: die kulturelle Liquidation in dem Sinne, dass die Sprache des anderen verleugnet, zum Verschwinden gebracht werden muss und ihr keine sprachliche Legitimität zuerkannt wird, die diesen Namen verdient.

1 Alice Cherki, Préface à l'édition de 2002 des *Damnés de la terre*, in F. Fanon, *Œuvres*, S. 424.

> Die koloniale Gewalt hat nicht nur den Zweck, diesen unterdrückten Menschen Respekt einzujagen, sie versucht sie zu entmenschlichen. Mit nichts wird gespart, um ihre Traditionen zu vernichten, um ihre Sprachen durch unsere zu ersetzen, um ihre Kultur zu zerstören, ohne ihnen die unsere zu geben; sie werden durch Erschöpfung abgestumpft.[1]

Und Sartre schildert ebenso perfekt den doppelten Zwang, dem derjenige unterliegt, der die Gewalt der Herrschaft schon immer erlitten hat, äußerlich, sich aber nach und nach auch innerlich von ihr kontaminieren ließ.

> [Die Kolonisierten] sind eingekeilt zwischen unseren Waffen, die auf sie gerichtet sind, und jenen entsetzlichen Gelüsten, jenen Mordgelüsten, die in ihnen aufsteigen und die sie nicht immer erkennen. Denn es ist zunächst nicht ihre Gewalt, sondern unsere, die in ihnen anwächst und sie zerreißt. […] Diese zurückgehaltene Wut dreht sich, wenn sie nicht ausbricht, im Kreise und richtet unter den Unterdrückten selbst Verheerungen an.[2]

Die richtige Diagnose ist insofern schwierig, als die Rechtfertigung von Gewalt legitim ist. Dennoch genügt diese Legitimität nicht, um sie als therapeutisches Instrument für ein Individuum anzuerkennen, das diese Gewalt erleidet oder zu spüren bekommt, denn sie richtet sich unweigerlich gegen dieses, egal, ob es sich dessen bewusst ist oder nicht und ob es die Wende anstrebt oder nicht. Die freigesetzten »entsetzlichen Gelüste« erzeugen keine Geschichte, die für das Individuum machbar ist und noch weni-

1 Jean-Paul Sartre, »Vorwort« zu Frantz Fanon, *Die Verdammten dieser Erde*, übers. v. Traugott König, Frankfurt am Main, Suhrkamp Verlag, 1966, S. 13.
2 Ebd., S. 15-16.

ger für das Kollektiv. Sie führen letztlich nur zu einer »gemeinsamen Erniedrigung«.[1] Die Erniedrigung ist ein Übel, das Axel Honneth, ein bedeutender Vertreter der Kritischen Theorie und ein Kind der Frankfurter Schule und der Theorien der Verdinglichung, treffend beschreibt, wenn er die Konturen der heutigen neoliberalen Gesellschaft skizziert, die eine generelle Verachtung produziert. Die Erniedrigung ist das Übel, das die ressentimenthaften Seelen verfaulen lässt; sie sind nicht mehr in der Lage, eine Ethik der Anerkennung zu vertreten, und machen dabei geltend, dass sie keine Anerkennung erfahren haben, was im Übrigen stimmt.

Aber den anderen Anerkennung zu zollen ist noch ein weiterer Schritt, den das bloße Fehlen von Anerkennung nicht obsolet machen kann. Wer den Weg der Individuation wagt, ist notwendig gezwungen, dabei über die Ethik der Anerkennung zu gehen, selbst wenn er sie vollständig erfinden muss – eben durch die Sublimierung –, wenn er in seinem Leben nicht einmal eine Spur davon gesehen hat. Es gibt das literarische Leben, es gibt die Lektüre, um anerkannt zu werden, es gibt die Künste, um anerkannt zu werden, und sei es nur vom ästhetischen Gefühl. Die Erfahrung der Schönheit ist eine Ethik der Anerkennung, die nicht als solche auftritt. Und wenn die Menschen versagen, wenn sie nicht in der Lage sind, uns ein wenig Anerkennung zu zollen, die wir so sehr brauchen, dann muss man sich mit dem vergangenen Leben befassen und eine Allianz mit den Toten eingehen, den großen, oft nicht anerkannten Künstlern, die uns vorausgegangen sind. Wir müssen eine Allianz mit der Kultur eingehen, um aus dem Desaster der vorprogrammierten Entwürdigung herauszukommen.

Es ist wahr, dass Gewalt manchmal alleine durch Gewalt eingedämmt werden kann, anders gesagt, so Sartre in seinem Vorwort, kann die Waffengewalt des Kolonisierten die Gewalt des Kolonis-

1 Ebd., S. 16.

ten zum Schweigen bringen. Gewiss, aber handelt es sich hier ausschließlich um »Gewalt«? Das ist nicht so sicher, denn sie kann auch eine legitime Selbstverteidigung darstellen. Wenn sich diese aber mittel- und langfristig als reine Gewalt erweist, wird sie den Kolonisierten dennoch das Genick brechen. Gewalt ist nie ein dauerhafter Prozess des Aufbaus. Sie ist die Kraft der Zerstörung, möglicherweise der Zerstörung des Bösen, was völlig legitim und manchmal notwendig ist, aber sie ist keine Dynamik des Aufbaus und des Abbaus von Ressentiments. Gewalt ist tautologisch, sie erzeugt nur sich selbst. Sie ist Wiederholung. Sie hat die maschinelle und tödliche Kraft der Wiederholung.

Als Kind eines Idealismus, dessen Zorn er nicht zu spüren bekommen hat, glaubt Sartre fast romantisch an die Idee von einer Gewalt, die letztendlich die »koloniale Finsternis«[1] beseitigen kann. Sartres Formulierung ist, wie so oft bei ihm, messerscharf: Sie ist schlagend, und man glaubt, die ebenso hochmütige wie großartige Prosa der *Schmutzigen Hände* im Ohr zu haben: »Die Waffe des Kämpfers ist seine Menschlichkeit. Denn in der ersten Zeit des Aufstands muss getötet werden: einen Europäer erschlagen heißt zwei Fliegen auf einmal treffen, nämlich gleichzeitig einen Unterdrücker und einen Unterdrückten aus der Welt schaffen. Was übrigbleibt, ist ein toter Mensch und ein freier Mensch.«[2] Sagen wir, es bleibt ein Mensch, der seine Freiheitsfähigkeit wiederentdeckt, aber noch nicht frei ist, denn diese Freiheit muss nun an den Aufbau eines Subjekts angelehnt werden, das bis dahin nicht existierte, und an die Gnade eines gebeutelten Unbewussten und eines ebenso unglücklichen Bewusstseins sowie an den Aufbau einer gemeinsamen Welt, und auch hier wird Gewalt alleine nicht ausreichen.

Die Gewalt des Hasses allein schafft keinen Ausweg aus der Finsternis; sie begründet im Gegenteil ein posttraumatisches Phä-

1 Ebd.
2 Ebd., S. 18.

nomen, welches das Subjekt verschließt und krank macht. Fanon weiß das als Kliniker und Psychiater sehr genau, und das ist zweifellos der Grund, weshalb er trotz seiner sehr aktiven Militanz nicht zur allgemeinen Gewalt aufruft. Er verpflichtet sich vor allem, für eine »Behandlung« zu sorgen, um den einen oder anderen zu erlauben, davon wegzukommen.

Ich weiß jedoch sehr gut, dass Fanons Philosophie nicht so klar ist wie das und dass es in Bezug auf seine Haltung zur Anwendung von Gewalt tatsächlich eine Ambivalenz gibt. Indem er sich zum »Algerier« erklärt und sich durch die Annahme des Vornamens »Ibrahim« eine Art neue Identität zulegt, zeigt Fanon deutlich, dass er radikal und paradigmatisch sein kann. Jemand anderes zu werden, selbst wenn es darum geht, eine Verbindung zu dem herzustellen, was man schon immer war, ist eine totale, ziemlich bis zum Äußersten gehende, revolutionäre Sublimierung. Sie ist radikal in der Entstehung eines neuen Subjekts, im Aufbau, in der Verbindung mit der Zukunft. Aber sie verweist nicht auf die Zerstörung. Zwar konnte sich Fanon gegenüber der Gewalt anderer, der Gewalt der Kolonisierten, konzilianter zeigen, doch wenn es um ihn selbst ging, war trotz allem sein Ethos eines Arztes da. Mit dem Identitätswechsel befinden wir uns bei Fanon mehr an der Grenze zur »Sorge um sich«, insofern dieses Selbst Gegenstand einer Neubildung ist.

Sei es für einen selbst oder für andere, wir müssen begreifen, dass der Akt der »Behandlung« hier politisch ist, insofern er erlaubt, für den Betroffenen ein neues Leben aufzubauen, und insofern sich niemand über die Notwendigkeit täuschen lässt, Politik und Behandlung zu verbinden, oder auch, dass die Wahrheit des Politischen in dieser neu entstehenden Solidarität liegt, die es allen erlaubt, ihre Individualität zu entfalten. Die Behandlung ist daher ein politisches Engagement und keine überflüssige Handlung, die mit einer Form von Wohltätigkeit oder Mitleid gleichgesetzt werden kann. Behandeln bedeutet, das künftige Leben zu ermöglichen, individuell und kollektiv, und das Unumkehrbare abzulehnen, das eine Gewalt erzeugen kann, der sich nichts widersetzt.

5 Die Kreativität wiederherstellen

Auch hier gilt: Was Fanon zur Kolonisierung und dann zu ihrem Gegenteil, der Dekolonisierung, sagt, kann man auch über das Ressentiment und seine Überwindung sagen. Der Mensch des Ressentiments erleidet die Kolonisierung in sich. Er ist nicht mehr Akteur: Er ist lediglich ein »in Unwesentlichkeit abgesunkener Zuschauer«.[1] Anders gesagt, nagt die Unwesentlichkeit an ihm und wird ihm das Genick brechen. Von der Unwesentlichkeit zerfressen zu werden und andererseits zu glauben, dass man recht hat, dass man einen Sinn für Gerechtigkeit besitzt, ist ein Trugschluss, der durch dieses unvernünftige Gefühl hervorgerufen wird. Sodann ist ein Individuum, das sich auf dieses falsche Axiom stützt, nicht in der Lage, klare und objektive Gedanken zu entwickeln, ein kritisches Denken, das von der Unabhängigkeit seiner Urteilskraft zeugen würde. Wenn ich die Formulierung »hier liegt Bitterkeit begraben« behalten wollte, dann auch, um an das Territorium unserer Seele anzuknüpfen, das untrennbar mit dem sehr realen Territorium der Gesellschaft, in der wir leben, und dem Territorium der Familie oder, genauer gesagt, der Kindheit verbunden ist, dem Territorium, in dem wir aufgewachsen sind und unsere ersten schmerzhaften Gefühle erlebt haben. Auf diesem Territorium muss man begraben, um etwas gedeihen zu lassen, das richtige Maß an Verdrängung finden, beiseitelassen, ohne abzulassen, voranschreiten, ohne zu verleugnen, kurz sich veran-

1 Ebd., S. 28.

kern, ohne in der Zugehörigkeit gefangen zu sein. Fanon erklärt oft, dass der Gewinn an Persönlichkeit, der als Individuation zu verstehen ist, mit einem Verlust an Zugehörigkeit einhergeht,[1] insofern jeder die Erfahrung der Trennung macht, um schließlich frei zu sein, um schließlich als Mensch zu existieren und nicht nur als dieser oder jener, diese Frau, dieser Schwarze, dieser andere.

Auch hier handelt es sich um ein Paradoxon, das Jankélévitch perfekt hätte erklären können: die Tatsache, dass unsere Territorialität gleichermaßen mit Zugehörigkeit und Nicht-Zugehörigkeit, mit Bindung und Ent-Bindung arbeitet. Wir müssen uns oft verankern, um zu verstehen, dass auch eine Weltbürgerschaft möglich ist, dass wir einen eigenen Zeit-Raum abstecken müssen, hier und jetzt, um uns von den Grenzen, die er zieht, zu befreien und zu begreifen, dass jeder Mensch einem Jenseits dieser oder jener Grenzen angehört. Es muss etwas bleiben, *hier liegt begraben*, damit sich das Individuum anderswo entfalten kann und damit sich die Welt als Horizont öffnet. »Hier liegt Bitterkeit begraben«: Das bezog sich auf diesen langen Prozess, der für meinen Teil mit *La Métaphysique de l'imagination* begonnen hatte, an den Grenzen der Schriften von Henry Corbin, Hölderlin und Derrida, mit dem großartigen, Blanchot gewidmeten Text *Demeure* des Ersteren. Im Denken Corbins sind die Insel, das Meer und der Ozean entscheidende Motive für das Verständnis der imaginären Welt, die er definiert, um die Seele hervorkommen zu lassen. Das *imaginäre Meer*[2] ist das Territorium des Wassers zwischen Sichtbarem und Unsichtbarem, das gewissermaßen ein *Pendant* zur imaginären Welt darstellt und der Seele andere Arten von sinnlichen und metaphysischen Erfahrungen bietet. »Hier liegt das Meer begraben« bezog sich auf dieses Ozeanische, den Anfang

1 F. Fanon, *L'An V de la révolution algérienne*, S. 333.

2 C. Fleury, *La Métaphysique de l'imagination*, siehe »la mer imaginale« im Glossar.

und das Ende, das die Seelen auf der Suche nach sich selbst befahren. Und auf die Verse Hölderlins, die mitschwingen: »Es nehmet aber/Und gibt Gedächtnis die See,/Und die Lieb auch heftet fleißig die Augen,/Was bleibet aber stiften die Dichter.«[1] Das ist die unerschütterliche Verbindung zwischen einem nichtgeographischen Meer, einem kognitiven und psychischen Meer, auch hier ein Territorium der Seele, das die Erinnerung wiedergibt oder sie nimmt, und das denjenigen, die es verstehen, die keine Angst haben, diesen Ort zu entdecken, die Fähigkeit zur Poesie und damit zur realen Territorialität verleiht, die jedem Platz in der Welt vorausgeht.

Die Welt als Dichter bewohnen, hatte Heidegger gesagt, der sie eben nicht immer als Dichter bewohnt hatte. Die Bitterkeit, die zum imaginären Meer geworden ist, ist das Gegenteil der »zersetzenden Erfahrungen«,[2] von denen Fanon spricht, wenn er die Form von Unterhaltung beschreibt, die auf die kolonisierte Jugend niederprasselt. Dasselbe könnte man über die heutige Jugend sagen, die sehr oft der kommerziellen Welt der Unterhaltung überlassen wird, da die Eltern nicht immer da sind, um zu diesem verlockenden Ansturm ein Gegengewicht zu bilden, der sich bei einer fehlenden Erziehung allerdings als verheerend erweisen kann. Nicht dass die Jugendlichen aus Vierteln, in denen Migranten leben, Kolonisierte wären; ein solcher Vergleich ist in keiner Weise plausibel, auch wenn viele damit spielen, eine solche Diagnose und damit ein solches Ressentiment zu verfestigen. Dem ist nicht so, die Kolonisierung des Seins geht über ethnische und äußere Grenzen hinaus. Jedes Kind, das mit einer bestimmten Art von Unterhaltung allein gelassen wird, kann in seiner Seele zu einem Kolonisierten werden, ohne sich dessen unbedingt bewusst zu sein. »Zersetzende« und süchtig machende Erfahrungen, könnten wir heute hinzufügen. Falsch kompensierende Er-

1 Friedrich Hölderlin, »Andenken«.

2 F. Fanon, *Die Verdammten dieser Erde*, S. 150.

fahrungen, die keine dauerhafte Stabilität des Ich erzeugen. Im Gegenteil wird es von einem Gefühl der Apathie gepackt – es gibt viele junge Menschen, die vor Bildschirmen sitzen und allmählich die Lust verlieren, sich in die Welt um sie herum einzubringen. Und gleich im Anschluss an diese Beschreibung der zersetzenden Erfahrungen tritt Fanon in die Fußstapfen Reichs, ohne ihn zu nennen, da er wie dieser einer Fokussierung auf die Zahl diagnostiziert, das heißt auf die Verantwortung »der« Individuen, dieser Masse, die durch das Fehlen von Subjekten gebildet wird.

> Die wichtigste Aufgabe ist es, in jedem Augenblick zu begreifen, was sich bei uns abspielt. Wir dürfen nicht das Außergewöhnliche kultivieren, nach dem Helden suchen, einer anderen Form des Führers. Wir müssen das Volk in die Höhe heben, das Gehirn des Volkes erweitern, es anfüllen, differenzieren, menschlich machen.[1]

Die Aufgabe ist klar: Es ist die Pflicht eines jeden, die Bedingungen für die Möglichkeit von Verantwortung zu erarbeiten, in der Welt zu handeln, ohne unbedingt außergewöhnlich sein zu müssen. Darin liegt nicht die Herausforderung. Die Herausforderung liegt im Gegenteil in der regelmäßigen, mühsamen, aber einzig wirksamen Erziehung, bei der Erweiterung des Gehirns nicht nachzulassen, bei der Multiplizierung der ästhetischen und existenziellen Erfahrungen, die es dem Geist ermöglichen, zu »wachsen«. Behandeln und Erziehen sind wiederum Aufgaben, die für den Akt des Regierens als essentiell bezeichnet werden. Wir erinnern uns an Reichs Seiten über die Demokratie bei der Arbeit.

> Wir kommen noch einmal auf diese Besessenheit zurück, die wir von allen afrikanischen Politikern geteilt sehen möchten, die Besessenheit von der notwendigen Aufgabe, das Volk auf-

1 Ebd., S. 151.

> zuklären, die Arbeit zu durchleuchten, sie von ihrer historischen Undurchschaubarkeit zu befreien. In einem unterentwickelten Land verantwortlich sein heißt wissen, daß alles letztlich auf der Erziehung der Massen beruht, auf der Belebung des Denkens, auf dem, was man allzu schnell Politisierung nennt.[1]

Und diese Wahrheit ist keineswegs allein auf unterentwickelte Länder beschränkt. Sie ist die Wahrheit des Rechtsstaates, des Anspruchs, eine öffentliche und individuelle Rationalität zu begründen. Wir wissen das natürlich, machen uns aber leider immer noch Illusionen über die Frage der guten Regierung, indem wir sie allein auf die Frage der politischen Regierung im Sinne einer exekutiven Maschine der politischen Macht, einer Mannschaft von Präsidenten und Ministern beschränken, obwohl die Frage der guten Regierung sich auf einen sehr viel längeren Zyklus erstreckt als die bloße Ausübung eines Präsidentenamts. Die Frage der guten Regierung ist nicht ausschließlich eine Frage des exekutiven Moments, sondern liegt davor, in der Bildung und Fürsorge. Viele von uns arbeiten daran, die richtige Frage der guten Regierung zu stellen und die Voraussetzungen für ihre Legitimation und Effizienz zu schaffen, und zwar gerade durch Bildung und Fürsorge für die Individuen – für diejenigen, die die Regierung im engeren und repräsentativen Sinne wählen. Diese Frage lässt sich von der Geopolitik nicht trennen. Das gilt umso mehr in Zeiten der Globalisierung, in denen sich jede nationale Souveränität teilt, da sie in multilaterale Rahmen eingebunden ist und auf die »kapazitiven« Dispositionen der Nachbarländer stößt.

Diese Ausführungen dürfen nicht zu dem Missverständnis führen, Fanon einem illusorischen Irenismus zuzuschreiben. Bei ihm gibt es die Idee der legitimen Gewaltanwendung, einer Gewalt, die untrennbar mit der großen Befreiungsbewegung einer Nation

1 Ebd.

und der Menschen verbunden ist. Bei Fanon wird die Freiheit als »Ent-Entfremdung« definiert. Angesichts eines Entfremdungsprozesses, der mit der »kulturellen Negation« einer Nation, beispielsweise einer kolonisierten Nation, gleichzusetzen ist, angesichts dessen, was er als »Verbleichen der Kultur«[1] bezeichnet, angesichts dieser unerträglichen Negativität bleibt die Gewalt der Gegenwehr eine Möglichkeit, manchmal sogar die einzige. Als *Ultima Ratio* kann Gewalt legitim sein. Manchmal ist sie auch, zumindest in ihren ersten Bekundungen, eine Form von Gesundheit, eine Ablehnung des Unannehmbaren, das sich gerade abspielt. Nach dieser Zeit der Reaktion muss sie sich notwendig in einer sublimierten Form neu erfinden und etwas anderes schaffen.

Nur wächst die Schwierigkeit noch, denn die kolonialen Entfremdungsprozesse sind verheerend, indem sie die Individuen ihrer Kultur berauben, ihrer Kraft, ihrer Ressourcen, die ihnen helfen könnten, gegen den Unterdrücker Widerstand zu leisten, vor allem aber eine neue normative Ordnung für das Leben zu schaffen. Die Seiten, auf denen Fanon die Kultur der Kolonisierten beschreibt, werfen einen scharfen kritischen Blick auf sie und definieren sie als »immer engstirniger, immer träger, immer leerer«, zweifellos auch, weil die Gewalt dem Ressentiment weicht, das die besagte Kultur von innen heraus zu zerfressen beginnt.

> Nach ein oder zwei Jahrhunderten der Ausbeutung kann man einen regelrechten Schwund im Panorama der nationalen Kultur feststellen. Sie wird zu einem Reservat motorischer Gewohnheiten, alter Traditionen der Kleidung, zerfallener Institutionen. Sie ist unbeweglich, unschöpferisch, steril. Verelendung des Volkes, nationale Unterdrückung und Hemmung der Kultur sind ein und dasselbe.[2]

1 Ebd., S. 181.
2 Ebd., S. 182.

Kurz, eine kolonisierte Kultur, die zur Karikatur ihrer selbst wird; wäre sie etwas anderes, würde sie bestimmt von den Besatzern zerstört werden. Natürlich gibt es den Untergrund, um sie zu retten, und dieser rettet individuell viele Menschen; hingegen ist der Untergrund nicht der richtige Ort, um eine größere Masse von Individuen zu erziehen und ein Territorium mit kapazitiven Ressourcen für ihre Emanzipation aufzubauen. Das veranlasst Fanon zu der Aussage, dass es nicht möglich ist, sich allein auf den nationalen Unabhängigkeitskampf zu stützen, um eine tatsächliche kulturelle Unabhängigkeit aufzubauen. Nein, die kommende Unabhängigkeit wird zwangsläufig von dem »beeinflußt«[1] sein, was sie so viele Jahre lang war, ein Gespenst ihrer selbst. Man kann nicht sofort aus seiner Asche auferstehen. Es bedarf der Sublimierung des kritischen Aktes, insbesondere der Kritik des aufkeimenden nationalistischen Wahns, der sich mit allen Tugenden schmückt, obwohl er oft nur der Name für die Reaktion ist.

6
Die Therapie der Dekolonisierung

Um die Kolonisierten und ihre Leiden zu behandeln, greift Fanon auf die Methode von François Tosquelles zurück, der die großen Tage von Saint-Alban einläutete und den Ursprung der von Jean Oury so geschätzten institutionellen Psychotherapie bildete, die an der Grenze zwischen Sozialtherapie und Ethnopsychiatrie[2] (Fanons spezifischerer Beitrag) angesiedelt ist. Letzterer ver-

1 Ebd., S. 188.

2 Jean Khalfa, »Fanon, psychiatre révolutionnaire« in F. Fanon, *Écrits sur l'aliénation et la liberté*, 2e partie, »Écrits psychiatriques«, La Découverte, 2018, S. 164.

tritt in einem psychodynamischen Ansatz die Verbindungen von Psychiatrie und Soziologie, Subjektivität und Geschichte oder auch das, was er »Soziogenie«[1] nennt, eine Genetik, zu der die Soziologie immer wieder ein Gegengewicht bildet, um zu erklären, dass die Geschichte »nichts anderes als die systematische Aufwertung kollektiver Komplexe ist«.[2] Laing,[3] Lacan, Foucault … greifen ebenfalls diese soziale Konzeption eines Wahnsinns auf, der in einen Beziehungsknoten eingebettet ist. Zu versuchen, Individuen zu behandeln, ohne die Institution, die sie behandelt, noch die Gesellschaft, die sie umgibt, zu behandeln, hat in der Konzeption von Fanon, als ein Erbe Tosquelles, nur wenig Sinn. Wir haben es schon oft gesagt, Fanon, ganz der Psychiater, der er ist, wirkt auch politisch auf das Individuum, auf die Institution und auf die Gesellschaft ein. Er »behandelt«, das ist eine medizinische und eine politische Herausforderung, die nicht voneinander zu trennen sind.

Fanon beteiligt sich an der Entstehung eines neuartigen Ortes, wie Saint Alban das für Tosquelles, La Borde für Oury, Kingsley Hall für Laing etc. war. Dieses mit einem Ort verbundene Denken ist entscheidend für eine gute Behandlung, selbst wenn es Fehlentwicklungen gibt. An diesen Orten scheint trotzdem eine neue Therapie zu entstehen, ein stets reiches und paradigmatisches Denken, das die Art und Weise, wie wir denken und behandeln, revolutioniert. Für Fanon ist dies Blida-Joinville,[4] ein Krankenhaus, in dem er mit den Techniken der Sozialtherapie experimen-

1 Ebd., S. 166.

2 F. Fanon, *Altérations mentales, modifications caractérielles, troubles psychiques et déficit intellectuel dans l'hérédodégénération spino-cérébelleuse* (thèse pour obtenir le grade de docteur en médecine, 1951), zit. n. J. Khalfa, »Fanon, psychiatre révolutionnaire«, S. 164.

3 Ronald Laing, Aaron Esterson, »L'équilibre mental, la folie et la famille« (1964): »La folie peut être vue comme une réponse particulière à une situation insupportable.«

4 J. Khalfa, »Fanon, psychiatre révolutionnaire«, S. 186.

tiert, das heißt mit einer Öffnung der Institution gegenüber der Welt und einer bestimmten Art von Aktivitäten und Rollen für die Beteiligten. Fanon verfällt jedoch nie in einen Radikalismus, der für eine vollkommene Assimilation von Welt und Klinik optiert. Dies ist nicht nur falsch und ein Trugschluss, sondern auch therapeutisch mitnichten wünschenswert. Später konsolidiert er seinen Ansatz im Charles-Nicolle-Krankenhaus in Tunis.[1] Fanon sieht in der psychiatrischen Einrichtung im Übrigen die gleichen Funktionsstörungen wie in einem kolonialistischen Staat, der die Entfremdung erzwingt, die kulturelle Identität der Individuen auflöst, die Menschen verdinglicht, sie klassifiziert, um sie besser abwerten und unterwerfen zu können.[2] Fanons Dissertation besiegelt seinen akademischen Aufstieg, das Wichtige geht jedoch darüber hinaus. Diese Dissertation ist eine Form, in der Verhaltens- und psychische Störungen der Kolonisierten, der »Indigenen«, beschrieben werden, vor allem aber ist sie eine politische und intellektuelle Strategie der Ent-Entfremdung.

Dieses Unternehmen ist vielfältig, wie immer bei Fanon. Was ihm übrigens einige Feindseligkeiten und den Vorwurf mangelnder akademischer Strenge einbringt, obwohl er einen Text von einer seltenen Intensität und Präzision liefert. »Tatsache ist, dass die Philosophie das Risiko ist, das der Geist eingeht, um seine Würde anzunehmen«,[3] lautet eine der Bemerkungen gegenüber einem Mitglied der Kommission, vor der er seine Dissertation verteidigte. Die Philosophie ist bei ihm keine akademische Haltung, sondern eine existentielle, ethische und politische Herausforderung. Jeder kann hier den feierlichen Ton der Adresse bemerken, feierlich und aufrichtig, der deutlich zeigt, dass Fanon sein Leben als Mensch spielen lässt, wenn er denkt und Psychiater wird, dass die Dinge nicht so leicht zu trennen sind, auch wenn es

1 Ebd., S. 198-199.
2 Ebd., S. 200-201.
3 F. Fanon, *Altérations mentales*, S. 203.

ihm am Herzen liegt, unablässig aus seinen Determinismen auszubrechen. Doch diese Wachsamkeit ist der Beweis für eine ständige Sorge hinsichtlich der vielfältigen Verdinglichungen, hinsichtlich seiner individuellen und kollektiven Geschichte und der Institution, die manchmal ebenso sektiererisch ist.

In den Leitartikeln, die er für die Hauszeitung der psychiatrischen Klinik Saint-Alban schreibt, ist der Stil ebenso klinisch wie überaus persönlich, so dass es schwierig ist, zu wissen, wer sich hinter dem ausgesagten »Ich« verbirgt. Wer spricht? Fanon, der Psychiater? Definitiv. Doch Fanon, der Mensch? Fanon, der Schwarze, der sich der Notwendigkeit bewusst ist, diesem Partikularismus zu entfliehen, auch wenn dies bedeutet, ihn vollständig anzunehmen? Wer spricht? Fanon im Namen einiger Patienten, die nicht die Kraft haben, sich zu äußern? In dem Leitartikel vom 26. Dezember 1952[1] zeichnet er, wie es scheint, das Bild eines erschöpften Mannes, eines Individuums, das – wer weiß? – in Ressentiments verfallen könnte. Wir werden es nicht erfahren. Nur, dass er sich als »Vergessener« erlebt, als jemanden, der sein ganzes Leben lang auf etwas gewartet hat, das nie gekommen ist, und der sich mit vierzig Jahren hier müde wiederfindet, ohne dass die Welt seine Erwartungen erfüllt hätte. Von wem spricht Fanon? Von sich? Er ist noch nicht vierzig, er wird vorher sterben. Von dem, was er hätte werden können, ein Vergessener? Wenn er dieses kollektive finstere Schicksal, das das seine war, nicht hätte »sublimieren« können?

In einem anderen Leitartikel vom 6. März 1953 erinnert er daran, dass der Mensch in der Lage sein muss, durch die Zeit zu reisen, die Kontinuität von Vergangenheit, Gegenwart und Zukunft anzunehmen, kurz ein Gedächtnis und die Hoffnung auf eine Zukunft zu haben. Wem es nicht gelingt, mit diesen drei Dimensionen umzugehen,[2] ist in Bezug auf seine psychische Gesundheit

1 F. Fanon, »Traits d'union«, in *Écrits sur l'aliénation et la liberté*, S. 287.

2 »Die Vergangenheit, Gegenwart und Zukunft müssen die drei vorrangi-

zweifellos verwundbarer als andere. Ich für meinen Teil ziehe es vor, von den drei Zeitdimensionen *Chronos*, *Aion* und *Kairos* zu sprechen, die mir in Bezug auf die Dialektik von Zeit und Subjekt präziser erscheinen, das heißt, wie ein Subjekt seine Individuation und damit das Unternehmen der Ent-Entfremdung oder Dekolonisierung seines Seins gefährdet, wenn es nicht mehr in der Lage ist, die drei Zeitdimensionen zu praktizieren, die es ihm ermöglichen, sich in die Welt, das Gedächtnis und das Werk einzufügen. Ein Subjekt kann sich, wenn es nicht mit diesen drei Dimensionen umgeht, in seiner Fähigkeit, ein Subjekt zu sein, »eingeschränkt« fühlen und daher leiden. Die Drohung des Ressentiments kann sich im Zusammenbrechen einer dialektisierten Zeit abspielen: *Chronos* ist das Lineare, die Geschichte, die Kontinuität, das, was mir vorausgeht und mir folgt, die Möglichkeit, eine Aktivierung zu sehen, Stein nach Stein. Diese Einbettung in die Zeit ist notwendig, schließt einen aber aus und führt zu dem Gefühl, von der Zeit erdrückt zu werden, denn die Zeit vergeht, verrinnt und ist stärker als man selbst. Dann braucht man *Aion* oder das Gefühl der Schwebe und Ewigkeit – ein wenig Zeit in Reinform, wie Proust betont. Ein Aion, das der andere mögliche Name für die Sublimierung ist, das Innehalten im Sinne von Beherrschung und Fülle und nicht im Sinne von Verhinderung. Hier hält das Subjekt ein, atmet, genießt eine unveränderliche Gegenwart, die ihm das Gefühl gibt, seine Endlichkeit oder die eines anderen zu überwinden. Und dann gibt es noch *Kairos*, den Augenblick, den es zu ergreifen gilt, die Möglichkeit, ja sogar das Recht eines jeden, einen Anfang zu machen, Geschichte zu machen: die Handlung des Subjekts, die ein Vorher und ein Nachher herbeiführt, so wenig sie sich auch unterscheiden mögen. Den Kairos versuchen, als ein Recht und als eine Pflicht des Subjekts. Sobald das Subjekt

gen Interessen des Menschen sein, und es ist unmöglich, etwas Positives, Wertvolles und Nachhaltiges zu sehen und zu erreichen, ohne diesen drei Elementen Rechnung zu tragen«, in ebd., S. 290.

darauf verzichtet, den Kairos zu versuchen, verdunkelt sich etwas in ihm. Wie wir gesehen haben, ist der Mensch des Ressentiments genau der Mensch, der sich nicht mehr mit diesen drei Dimensionen verbindet: Seine Gegenwart wird als inakzeptabel angesehen, als Beweis für die Ungerechtigkeit, die er erleidet; seine Zukunft wird inexistent, und seine Vergangenheit verweist oft auf eine illusorische, höchst phantasmatische Nostalgie, die nichts mit der eher auf Tatsachen beruhenden Vorstellung von Erinnerung zu tun hat, die, auch wenn sie immer eine Erzählung ist, nichtsdestotrotz ein Erlebnis bleibt, das eine Grundlage, einen Sockel für das Subjekt bilden kann.

Das ist vielleicht der Unterschied zwischen dem Ressentiment und der Verbitterung, die das Risiko des Ressentiments eingeht, aber vielleicht eben nur das Risiko. Das Übel der Verbitterung ist sehr belastend, übersetzt sich aber politisch nicht immer in Hass auf den anderen. Vielmehr spiegelt es bei dem Subjekt, das sie empfindet, eine Art depressive Stimmung wider. Erwachsene Exilanten kennen diese Verbitterung gut, vor allem wenn sie – zu Recht – den Eindruck haben, dass sie mit ihrem Land ihren Status und die soziale Anerkennung, die sie genossen hatten, aufgeben mussten. Anderswo waren sie Lehrer, Ärzte, Anwälte, Ingenieure, und nun sehen sie sich gezwungen, zu spät und ohne jegliche Gleichwertigkeit, erneut Auswahlverfahren zu durchlaufen, obwohl sie psychisch, emotional, ökonomisch, familiär usw. auf dem Weg zu einer starken Verletzbarkeit sind. Sie sind gut im Rückblick in die Vergangenheit, aber sie gebrauchen ihn zu oft. Die Vergangenheit ist wichtig, um sie daran zu erinnern, wer sie sind, aber sie wird in dem Maße tödlich, in dem sie sie daran erinnert, dass sie – zumindest äußerlich und sozial – das nicht mehr sind. Diese Verbindung zur Vergangenheit, die für das Subjekt vollkommen notwendig und strukturell ist, wird zu einem Nicht-Verbündeten, einer Schwächung. Aber auch die Ent-Bindung von der Vergangenheit vollbringt keine Behandlung. Das Individuum steckt in einer Zeit fest, die nicht mehr existiert, weder als Chronos noch als Aion noch als Kairos. So als gäbe es keine Einbettung in die Zeit mehr, was natürlich unmöglich ist und die Derealisation stärker und das Übel heimtückischer macht. Hier wird das Subjekt nach und nach devitalisiert. Es verfällt nicht in das feindseligere Ressentiment. Es ertrinkt in der Verbitterung, ohne dass es ihm gelingt, mit diesem »Bitteren« etwas anzufangen.

Doch gerade hier ist es noch möglich, das Bittere (*l'amer*) in das Meer (*la mer*) zu transformieren, die Trennung zu vollziehen (von der Mutter, *la mère*), sich von dem Bild des Selbst, das man zu sein glaubte, loszusagen, die Notwendigkeit, das Bild des Selbst hinter sich zu lassen, dem Werk entgegenzugehen, tätig zu sein. Manchen gelingt dies zeitweise. Sie schreiben und retten sich beim Schreiben für einen Moment. Doch oft beginnt die Verbitterung von Neuem, und auch die Entmutigung. Man dürfte dem quasi keine Sekunde nachgeben, zumindest für eine lange Zeit, diejenigen, die durch das Exil wie zusammengepresst wurden. Es ist da und erinnert sie daran, dass die Zeit vergeht und ihre Endlichkeit nicht sublimiert wird, obwohl sie, anderswo, die Karten dazu in der Hand hatten. Es sind wahre Verletzte mit Ressourcen von einer hohen Qualität, die unsere ganze Aufmerksamkeit verdienen, solange es noch möglich ist, sie auf dem Territorium des Meeres zu begleiten.

Aber es ist nie leicht, sein Leben jenseits der 50 neu erfinden zu müssen. Es gibt eine Art unsichtbare Mauer, eine Grenze, jenseits der man es nicht für völlig unmöglich hält, aber für spät und nicht mehr fähig, die Illusion der Ewigkeit zu vermitteln. Doch ist nichts neu. Für die Jugend war die Ewigkeit schon immer eine Illusion, aber jetzt, nachdem man die Mitte des Lebens überschritten hat, ist diese noch schwerer aufrechtzuerhalten, nun beugen sich die Seelen dem Mangel an Illusionen, einem gesunden Mangel, einem reifen Mangel, aber ohne die Mittel zu haben, mit dieser neuen Reife Schritt zu halten. Meine Aufgabe ist es, sie nach 50 Jahren wieder auf den möglichen Weg der Erfindung des Lebens zu bringen. Es ist falsch, zu glauben, dass diese Herausforderung ein Luxus ist für Individuen, die es sich leisten können, unterschwellig in Frage gestellt zu werden: vom Überlebensinstinkt nicht erstickt zu werden. Solche Menschen sehen wir selten in der freien Praxis, hingegen sehr viel häufiger in sozialmedizinischen Zentren. Das Leiden ist dort sogar allgegenwärtig. Anderswo, in den Sitzungen einer freien Praxis, gibt es alle möglichen Schicksale, Einheimische und Einwanderer, Ansässige und Exilanten, Reiche und Prekäre, Männer und Frauen, die alle unterschiedlich stark von Verbitterung betroffen sind, sich ihr alle nicht überlassen wollen, aber nicht unbedingt wissen, wie sie es anstellen sollen, nicht in diesem Gefühl zu versinken. Alle sind von dieser Bitterkeit erschöpft und daher nicht in der Lage, eine andere Vitalität zu erzeugen. Und doch sind sie die Ersten, die erkennen, dass es noch ein weiter Weg ist, zwischen 30 und 50 Jahren. Ich möchte sie ein wenig zum Lächeln bringen und sage ihnen, dass sie sich beschäftigen müssen und dass es besser ist, eine Beschäftigung zu finden, die für das Subjekt Sinn macht. Wenn sie sich beschäftigen, lächeln sie, der Blick in ihrem Gesicht wird heiterer; wenn sie eine Beschäftigung finden sollen, die die Wünsche des Subjekts befriedigt, verblasst das Lächeln erneut, und die Angst vor dem immensen Fonds an Nichtwissen über sich selbst wächst.

7
Ein Umweg über Cioran

Ich war immer der Meinung, dass die Literatur, die Kunst, das Genie der Geisteswissenschaften eine mögliche Tür für all jene bleiben, die Verbitterung empfinden, dass in der ästhetischen Erfahrung ein möglicher Ausweg liegt. Ich weiß sehr wohl, dass das nicht so einfach ist, da die Geisteswissenschaften eine große Anstrengung erfordern, und dass diejenigen, die unter der Verbitterung leiden, auf nichts mehr Lust haben, vor allem nicht auf eine Anstrengung. Was die Lektüre derjenigen betrifft, die die Bitterkeit sublimiert haben, so ist auch hier die Erfahrung nicht einfach, denn sie ist zweischneidig, da sie eine Art Quadrierung der abyssischen Erfahrung vorschlägt.

Nehmen wir Cioran. Man kann die Ermüdung, die jedes Sein erfasst, seine Verbitterung, ja sogar seinen Nihilismus nicht besser ausdrücken als er, eine Art, für immer vom Leben verlassen zu sein, aber gleichzeitig eine poetische Fähigkeit, die dieser Verlassenheit widerspricht. *Vom Nachteil, geboren zu sein*[1] ist eine geniale Formel für die Eitelkeit dieser Geschichte, der unseren, dieser so kleinen, so winzigen Geschichte, die uns dennoch erstickt. Ja, wahrlich, *Vom Nachteil, geboren zu sein*, niemand kann dies leugnen, und um die Traurigkeit, oder das Verlassenheitsgefühl, noch zu steigern, muss man die Aphorismen *Von Tränen und von Heiligen* lesen.

> Alles hat schon einmal existiert. Das Leben kommt mir vor wie eine substanzlose Wellenlinie. Die Dinge wiederholen sich nicht, aber wir leben anscheinend in den Widerspiegelungen einer vergangenen Welt, deren verspätete Echos wir verlängern.[2]

Das ist ein großartiges Kunststück. Cioran erzählt vom Bitteren, vom Fehlen der Lebenslust und des Sinns, beinahe von Langeweile, vom Fehlen des Begehrens. Aber um dieses Bittere auszudrücken, spricht er von einer substanzlosen Wellenlinie, von Widerspiegelungen, von einem Fluss, der bereits der des Meeres zu sein scheint, auch wenn er ihn nicht als solches gelten lassen will. Das

1 Emil M. Cioran, *Vom Nachteil, geboren zu sein*, übers. v. François Bondy, Frankfurt am Main, Suhrkamp Verlag, 1979.

2 E. M. Cioran, *Von Tränen und von Heiligen*, übers. v. Verena von der Heyden-Rynsch, Frankfurt am Main, Suhrkamp Verlag, 1988, S. 23.

Meer ist eine Wellenlinie mit Substanz, eine meisterhafte Wellenlinie. Doch uns, die wir Cioran lesen, kann die Poesie dieses Satzes nicht unberührt lassen, selbst wenn wir in unserer Verbitterung gefangen sind; es gibt da etwas von der großen Fähigkeit des Schöpfers zur Sublimierung, die kommt, um uns zu retten, auch wenn sie ihn selbst nicht rettet. Und Cioran ist ein solcher Schriftsteller, der geschickt darin ist, uns zu retten, und ungeschickt darin, sich selbst zu retten. Für ihn übertrifft keine Lust die, die man bei dem Gedanken empfindet, dass man im Zustand der reinen Möglichkeit hätte bleiben können:[1] Das ist das Übel, das zu empfindliche Seelen treffen kann, die in Melancholie verfallen, weil sie sich vor der großen, irrealen Welt der Möglichkeiten, der Welt der Kindheit gewissermaßen verschließen und in die ständige Erfahrung von Trauer und Verzicht, in die Höhen der Enttäuschung eindringen, mit der Pflicht, etwas daraus zu machen, während man entdeckt, dass man nichts ist. Cioran erfindet die »Katastrophe der Geburt«, von der sich niemand erholt und die in gewisser Weise den tiefliegenden Grundstein für das Ressentiment bildet, das wir aufweisen können. Nicht nur die anfängliche Endlichkeit, sondern auch das Nichts, das uns ausmacht, uns, die wir so und zu viel sind. »›Nach mir die Sintflut‹ ist der uneingestandene Wahlspruch eines jeden: Wenn wir hinnehmen, daß andere uns überleben, so in der Hoffnung, daß sie dafür bestraft werden.«[2]

Das ist also Ciorans antihumanistische, sagen wir misanthropische Sicht des Menschen: ein Wesen, dessen Egoismus nur seiner Mittelmäßigkeit, seinem Mangel an Größe und seinem Rückzug auf sein winziges Ich entspricht. Die Kleinheit des Menschen macht, wenn man ihm glaubt, den Ausgang aus dem Ressentiment unmöglich: Das ist sein Schicksal.

Oder man muss zwischen den Zeilen lesen und trotzdem glau-

1 E. M. Cioran, *Vom Nachteil, geboren zu sein.*

2 Ebd., S. 151.

ben – und Cioran ist ein Beweis dafür –, dass es einige Menschen gibt, die durch ihren Stil der ressentimenthaften Lethargie entkommen. Und manchmal sogar mit einem schneidenden Humor. Das ist bei Cioran der Fall, bei dem man nie genau weiß, welchen Ton er in seiner Diatribe anschlägt: einen melancholischen, ressentimenthaften, mildherzigen, ironischen? Jede deprimierende Perspektive ist glaubhaft, weil sie eben deprimierend ist.[1]

Man verzeiht Cioran seine fehlende perzeptive Ausarbeitung, weil er eben einen Stil hat und sich rühmen kann, ein Antimoderner zu sein, anders gesagt, eine Sprache, die gelernt hat, die Ströme der Moderne zu befahren, ohne ihrem Charme zu erliegen, aber dennoch eine starke Individuation aufrechtzuerhalten. Denn niemand kann an Ciorans »Ich« zweifeln, auch wenn er es unablässig klein macht. Wenn er folgenden Auszug aus der Kabbala erzählt, ist er auch hier ohne jegliches Mitgefühl für den Menschen, doch der Humor, den er beweist, ein schwarzer Humor, ist die nicht zu leugnende Spur dieses Subjekts, das er verachtet:

> Zimzum. Dieses drollige Wort bezeichnet einen der wichtigsten Begriffe der Kabbala. Damit die Welt existiere, geruhte Gott, der alles und überall war, zu schrumpfen und einen leeren Raum zu lassen, der nicht von ihm bewohnt war: In diesem »Loch« fand die Welt Platz. So besetzen wir das Niemandsland, das er uns aus Barmherzigkeit oder Laune überlassen hat. Damit wir seien, hat er sich zusammengezogen […]. Hätte er doch nur die Einsicht und den guten Geschmack gehabt, ganz zu bleiben![2]

Kurz, ein Gott, der der Mangelhaftigkeit nicht entgeht. Cioran hat keinen einfachen Weg gewählt: Er suchte den Kontakt mit dem Ekel und versuchte eine Sublimierung des Ekels, den man ge-

1 Ebd., S. 110.
2 Ebd., S. 97.

genüber sich selbst und anderen empfindet. Angesichts der »Katastrophe der Geburt« hat er die grandiose Formel, von Ursprung zu Ursprung zu gehen. Hier sieht man übrigens die mögliche Verwandtschaft zwischen Melancholie, Verbitterung und Nostalgie im Sinne von einem Schmerz, der mit dem anfänglichen Nest verbunden ist. »Statt mich an die Tatsache des Geborenwerdens zu halten, wie es der gesunde Menschenverstand mir nahelegt, wage ich mich weiter, schleppe mich nach rückwärts, retrogradiere ich immer mehr wer weiß welchem Anfang entgegen, schreite ich von Ursprung zu Ursprung.«[1] Man könnte darin fast eine schmerzhafte Beschreibung der Freud'schen Kur sehen, die den Patienten dazu auffordert, die Konfrontation mit dem Anfang wieder aufzunehmen, im Übrigen den Anfängen, derart mannigfaltig sind sie im Leben, und der Patient widersetzt sich zuweilen in der Annahme, dass er so nur eine wirkungslose Form der Regression vollzieht. In der Tat ist »von Ursprung zu Ursprung« zu schreiten nicht die richtige Methode, da es keinen definitiv ersten Ursprung gibt. Auf dieser Seite der Geschichte gibt es keine irreduzible Stabilität, also etwas, das das Ganze oder das Nichts, das wir sind, bedingen würde. »Die Schwere der Geburt ist nichts anderes als der bis zum Irrsinn getriebene Gefallen am Unlösbaren.« Cioran ist sich der Ausweglosigkeit also durchaus bewusst, und der Begriff des Irrsinns ist mit dem der Gesundheit verbunden, um zu zeigen, wie sehr diesen Weg zu wählen darauf hinausläuft, die Krankheit zu wählen. Dies ist auch das Übel, das denjenigen zerfrisst, der in das Ressentiment abgeglitten ist, insofern es von einer »Gier nach der Ausweglosigkeit« zeugt, die hier als »Obsession der Geburt« definiert wird und *de facto* die Obsession von der Nicht-Lösung bedeutet, die für den Psychotiker sehr charakteristische Ablehnung eines Auswegs.

Bei Cioran geht es nicht darum, zu behandeln. Da Heilung keinen Sinn hat, scheint die Behandlung jeglicher Substanz entleert.

1 Ebd., S. 19.

Was dennoch für andere – und für ihn selbst – zu einer Kur wird, ist sein Stil. Cioran ist für die anderen ein Mann, der durch die Wand geht, ein Weg, der es uns Lesern ermöglicht, einen Ausweg zu finden, auch wenn dieser alles andere als einfach ist, denn wenn wir ihn lesen, kann uns die Entmutigung überkommen. Trotzdem bleibt er durch seinen Stil eine ästhetische und therapeutische Ressource. Und der Stil kann sich als ethisch erweisen, insofern er uns zur Sublimierung anregt. Cioran ist eine Art Moralist, ein La Rochefoucauld der modernen Welt, der genauso hart, genauso lustig und genauso traurig ist. Hinter dem großartigen Stil verbirgt sich Redlichkeit, auch wenn Cioran der Erste ist, der sich nicht über sich selbst täuscht, da er seine Laster und Unzulänglichkeiten nur zu gut kennt. Gleichwohl ist es nicht jedem gegeben, sich »dem Rausch der Trostlosigkeit« hinzugeben. Auch hier muss man Stil haben, entweder einen Lebensstil, der keinen Zweifel am Status des Individuums lässt, anders gesagt, entweder Stil haben, und man kann ein Schwein oder heilig sein. Für die anderen gilt: Wenn sie sich ihrem Todestrieb nicht widersetzen, bleiben sie die Versager, die sie ursprünglich waren. »Mangelnde Disziplin bei der Wahl der eigenen Trübseligkeiten führt zur Unfähigkeit, sich selber zu widerstehen.«[1] Mit anderen Worten: Sich über sein Schicksal zu beklagen ist würdelos und zeugt von einem unbestreitbar mangelhaften Verhalten, so berechtigt diese Klage auch sein mag. »Die eigenen Trübseligkeiten wählen« ist eine schonungslose Formel, um zu sagen, dass nicht alle Melancholien von gleicher Natur sind und dass es Kummer gibt, den ein Individuum beiseitelassen können muss, um nicht in die Lächerlichkeit zu versinken. Diese ethische Wahrheit wird bei Cioran allein auf dem Weg des Stils ausgesprochen, denn er würde es sich nicht erlauben, sich als Moralist zu präsentieren. Ebenso Fanon, indem er die Worte Césaires aufgriff und seine eigenen produzierte. Er verstand es, Stil zu haben, er verstand es sogar, seinen Stil zu »pflegen« und

1 E.M. Cioran, *Von Tränen und von Heiligen*, S. 28.

sich über die Literatur aus der patriarchalischen Gesellschaft auszuschleusen; doch Fanon verstand es auch, konkreter, faktischer anderen eine Behandlung zukommen zu lassen, indem er den Gewöhnlichsten Aufmerksamkeit schenkte.

8
Fanon, der Therapeut

Wenn man Fanons Leitartikel in der Hauszeitung seines Krankenhauses liest, lernt man seine Behandlungsmethode kennen: wie er die Zeit der Patienten einteilt oder ihnen diese Einteilung zumindest nahelegt, wie er versucht, wieder eine kapazitive Zeit zu schaffen. Wenn man krank ist, eine psychische Störung hat oder einfach entmutigt ist, ist dies eine der ersten Folgen: die Desorganisation der Zeit. Nicht mehr zu wissen, wie man mit der vor einem ablaufenden Zeit Schritt halten soll, unfähig zu werden, etwas zu tun, apathisch, und in die Trägheit zu versinken, sich in sie flüchten und darin leiden. Es gibt dann etwas fast Mechanisches, im Sinne eines Rituals, das man zurückfahren muss, um das Subjekt wieder in Gang zu bringen: ihm Aktivitäten vorschlagen, nicht um es zu unterhalten oder dumm zu beschäftigen, sondern um ihm die Schlüssel zum Sinn der Beschäftigung zurückzugeben: am Anfang folgt das Subjekt den Anweisungen, und eine Art innerer Dynamo kommt wieder in Schwung; sodann übernimmt es wieder die Kontrolle, um seine Raum-Zeit in einer persönlicheren Form auszurichten.

Das bedeutet behandeln. Dies kann sehr einfach und augenscheinlich simpel sein, was zweifellos der Grund dafür ist, dass die Arbeit der Pflegekräfte so wenig geschätzt wird. Sie ist sehr technisch, doch diese fast unsichtbare Technizität ist ein Wissen des Tuns und ein Wissen des Seins. Den anderen begleiten können, wenn er Probleme hat, ihn nicht in Verlegenheit bringen, ihn nicht beschämen, ihn nicht belästigen, ihn nicht verstimmen, da sein, aber nicht dort sein, unsichtbar sein, aber keinen Zweifel daran lassen, dass die Person nicht sich selbst überlassen ist, ihre beschädigte Autonomie wiederhergestellt und sie dafür nicht verurteilt wird.

Diese Behandlung herzustellen ist so schwierig geworden in dieser Welt, die nur Leistung schätzt und bewundert. Fanon erlernte diese simple, einfache und wirksame Behandlung bei Tosquelles: »Einfachheit der Sprache«, »die Kranken mit ihrem Namen ansprechen«, »den Tagesablauf organisieren, um die Gleichgültigkeit und Trägheit zu durchbrechen«, »verhindern, dass der Pfleger zum Störfaktor wird«, »die Regel der drei Achten anwenden: Arbeit, Zerstreuung, Ruhe«, »die Beziehungen der Kranken zur Außenwelt aufrechterhalten, die Notwendigkeit zu schreiben«, »ein erfülltes Leben führen, indem man die religiösen Feste feiert«, »Ablenkungen zulassen« etc.[1] Diese Regeln sind Regeln des gesunden Menschenverstands, die für jeden gelten können, der eine Phase der Ichschwäche durchläuft, und die sich auch jeder Pfleger in Erinnerung rufen sollte. Fanon glaubt keineswegs an die Selbstverständlichkeit der Pflege, wer sich als »Pfleger« definiert, kann ein Störfaktor sein; daher ist es wichtig, sich zu vergewissern, dass er seine Rolle nicht missbraucht, dass er die richtige Distanz wahrt und dass hinter der Pflege kein Machtmechanismus steht, der sehr einfach aufzubauen ist. Die Pflege ist hier kapazitativ und erlaubt dem Patienten, mit seiner vitaleren Umgebung in »Verbindung« zu bleiben, nicht notwendig mit der Familie, sondern mit seiner Umgebung, um zu leben, das heißt den Kontakt mit der Welt als ästhetische, perzeptive, fühlbare, intellektuelle Ressource zu bewahren. Sie umfasst auch die Notwendigkeit, zu schreiben, zu erzählen, Worte zu setzen, zu verbalisieren, doch einfacher, einen

1 Amina Azza Bekkat, »Introduction: du côté de chez Fanon« in F. Fanon, »Notre Journal«, in *Écrits sur l'aliénation et la liberté*, S. 321-322.

Faden der Schrift zu entfalten, selbst wenn die Person das Gefühl der Zersplitterung hat. Die Aufforderung zur Disziplin, um diese Tage zu organisieren, die endlos erscheinen können und oft ein Ort der Ineffizienz und damit von Schuldgefühlen oder allgemeiner von Verdrossenheit sind. Die großen Tage des kollektiven Bewusstseins zu feiern ist auch eine Art, sich mit anderen in Verbindung zu bringen, mit der Welt, die weiterläuft, wie mit der Welt der Ahnen, die uns vorausgegangen ist. Es geht nicht um religiösen Bekehrungseifer, das wird jeder verstanden haben, es geht darum, das Vorhandensein eines Rituals – in seiner elementarsten Form – zu akzeptieren, auch hier das Festliche, die Gemeinschaft mit anderen, das Heilige in seinem geselligen und nicht sektiererischen Aspekt. Auch die Verbindung mit dem Begriff der »Arbeit« muss wiederhergestellt werden, wenn man krank ist.

Fanon befürchtet, dass die Patienten infantilisiert und durch eine Übermedikalisierung noch mehr geschwächt werden. Sie zu behandeln erfordert, dass man ihr Verantwortungsgefühl weckt, und nicht, dass man sie bestraft oder überbehütet. Er beschreibt das Berufsideal folgendermaßen: »Jedes Mal, wenn wir unseren Beruf verwerfen, jedes Mal, wenn wir unsere Haltung des Verständnisses verwerfen, um eine Haltung der Bestrafung einzunehmen, irren wir uns.«[1] Wozu dient die Herausgabe einer Zeitung im Krankenhaus? Um dafür zu sorgen, dass es nicht zum Rückzug, zur Apathie, Viktimisierung und Ausgrenzung der Patienten kommt. »Auf einem Schiff«, schreibt Fanon mit einer fast naiven Sensibilität, »ist es banal zu sagen, dass man sich zwischen Himmel und Wasser befindet; dass man von der Welt abgeschnitten ist; dass man alleine ist. Die Zeitung bekämpft gerade das mögliche Sichgehenlassen, die Einsamkeit. [...] jeden Tag bringt dieses Blatt Leben aufs Schiff.«[2] Das Krankenhaus als Schiff und die Kur als Überfahrt zu sehen zeigt die Menschlichkeit der Geste, mit

1 Ebd.
2 Ebd., S. 324.

der Fanon behandelt. Seine Ausführungen beruhen nicht auf Irreversibilität. Sie durchqueren das Leben, das Leiden, und er als Chefarzt hat die Verantwortung eines Kapitäns, der mit seiner Mannschaft eins ist, die ebenso aus Patienten wie aus Pflegern besteht. Alle Patienten und Pflegekräfte sind aufgefordert, ein Tagebuch zu führen und am Verfassen des gemeinsamen Journals mitzuwirken.

Fanon ereifert sich oft über den geringen Elan, dies zu tun, obgleich er weiß, dass diese Verpflichtung tugendhaft, therapeutisch und kapazitiv ist, dass sie alle Individuen wieder auf den Weg des »Tuns« und eines würdigeren Lebens bringt. »Schreiben ist sicherlich die schönste Entdeckung, denn es erlaubt dem Menschen, sich zu erinnern, das, was geschehen ist, in der richtigen Reihenfolge darzustellen, und vor allem mit anderen, auch abwesenden, zu kommunizieren.«[1] Wir könnten hinzufügen, dass Schreiben die Projektion in die Zukunft und die Welt gestattet, dass Schreiben die letzte – oder erste, je nachdem – der zeitlichen und räumlichen Mobilitäten bleibt. Schreiben bedeutet, die Bewegung wiederzufinden, und in Fanons Sätzen in *Schwarze Haut* klingt eine neue, weniger metaphysische und mehr klinische Bedeutung an: »Der Mensch ist Bewegung hin zur Welt und zu seinem Mitmenschen«.[2] Wenn nun aber seine physische Bewegungsfähigkeit beeinträchtigt ist, muss man den Rest an psychischer Energie aus dem Grunde der Seele und des Herzens holen, um ihn wieder in Bewegung zu setzen, und das kann durch das Schreiben geschehen, nicht durch das spontane Schreiben aus Freude oder Inspiration, sondern durch das obligatorische Schreiben, das weniger evident und mühsamer ist und dessen Anwendung viele nicht auf Anhieb verstehen. Das Schreiben als Inspiration kann später wiederkehren und Freude machen. Hier geht es nicht darum; hier geht es darum, einen vom Leben und von sich selbst geschunde-

1 Ebd., S. 324.

2 F. Fanon, *Schwarze Haut, weiße Masken*, S. 31.

nen und geschwächten Menschen so gut wie möglich zu erholen, ihn aus der Entmutigung, um nicht zu sagen Verbitterung herauszuholen und ihn dazu aufzufordern, ja fast zu zwingen, den Weg der Schrift einzuschlagen, wie andere spazieren gehen oder sich zwingen, sich zu waschen. Es ist mehr als eine Körperhygiene oder eine im höheren Sinne des Wortes und nicht nur im Sinne der öffentlichen Ordnung. Dieses Schreiben ist ein »Sich-Kümmern«, eine therapeutische Geste, die man für andere machen kann. Die Patienten können dann dem anderen zuhören und ihm den Weg der Schrift zeigen. Das, was er sagt, seine Zweifel, seine Schmerzen, seine Traurigkeit zu Papier bringen, ihn so wieder in einen ethischen Kreis eingliedern und ihn mit Empathie in diesem aufnehmen. Immer darauf bedacht sein, den Patienten einzubeziehen, ihn zum Akteur zu machen, ohne ihn zu kommandieren. Das ist alles andere als einfach, denn er will nicht unbedingt ein Akteur sein, er will nichts, will nicht mehr, ist ein Willenskranker, insofern er unter einem Haufen von Ängsten und schweren Neurosen begraben ist, die zu schwer zu bewegen und vor allem zu schmerzhaft sind. Er will nicht, und doch rebelliert er auch, wenn er nicht einbezogen wird und es merkt:

> Vor ein paar Tagen habe ich eine sehr brutale Antwort bekommen. Ich hatte einen Reynaud-Kranken nach dem Datum gefragt. Wie soll ich das Datum wissen? Morgens wird mir gesagt: Stehen Sie auf. Essen Sie. Gehen Sie in den Hof. Mittags wird mir gesagt: Essen Sie. Gehen Sie in den Hof und schlafen Sie danach. Niemand sagt mir das Datum. Woher soll ich wissen, welcher Tag heute ist.[1]

Die Prinzipien und die Praxis müssen immer einander gegenübergestellt werden, denn man könnte vergessen, dass die Orte, die als Pflegeeinrichtungen bezeichnet werden, ambivalenter sind, als es

1 Ebd., S. 325.

den Anschein hat. Wenn Fanon kapazitiv machen und einbeziehen will, heißt das noch lange nicht, dass das Personal folgt und die Patienten zu Akteuren werden. Wenn ich bei dieser Form der Darstellung der Behandlung und vor allem bei dem Beispiel des Krankenhauses Blida-Joinville (1953) mit Fanon verweile – aber ich hätte dies auch bei Saint-Alban, La Borde oder Kingsley Hall oder vielen anderen dieser Orte tun können, die versuchen, anders zu behandeln und spiegelbildlich die Gesellschaft voranzubringen –, dann gerade, um eine Möglichkeit zu veranschaulichen, psychische Krankheiten, insbesondere die Depression, und alle Formen der Selbstentwertung, die in Ressentiments umschlagen, zu bekämpfen. Zu zeigen, dass es manchmal darum geht, wenig zu tun – kurz, um die Größe des Kleinen. Dass man es aber diszipliniert und regelmäßig tun muss, um jeden Tag unseren umherirrenden Willen herauszufordern. Das ist ein sehr konkretes Beispiel, um zu erzählen, wie ein durch und durch singulärer Psychiater in einer höchst unprätentiösen kollektiven Struktur arbeitet, wie er durch seine Andersartigkeit ein Verfahren der öffentlichen Pflege- und Solidaritätspolitik nährt, wie er daran arbeitet, die psychische Gesundheit des Einzelnen und die öffentliche Gesundheit neu miteinander zu artikulieren.

Einen solchen Ort, an dem die Behandlung neu erfunden wird, versuchen wir natürlich am Lehrstuhl für Philosophie im Krankenhaus, an der GHU Paris, »Psychiatrie und Neurowissenschaften«, aufzubauen. Wir sind davon noch weit entfernt und stehen erst am Anfang. Was ist die Herausforderung? Eine Abteilung zu schaffen, die der Pflege, den anderen Abteilungen des Krankenhauses, dem Pflegepersonal, den Patienten und der klinischen Erfindung gewidmet ist und die den Geisteswissenschaften sowohl theoretisch und akademisch als auch experimentell einen großen Platz einräumt. Ein Ort, der all die anderen unterstützt, die so notwendig und so erschöpft sind. Nicht mehr und nicht weniger als die Fortsetzung der solidarischen und medizinischen Erfindung in kollektiven Institutionen. Wenn das einmal festgelegt ist, muss man jedoch wachsam sein, wie Fanon uns lehrt, denn so evident die Sache ist, ist sie dies keineswegs für alle, und es fehlt an der Zeit und an den materiellen und menschlichen Mitteln für eine solche Ambition. Dennoch macht es keinen Sinn, diese Ambition aufzugeben. Das wäre so, als würde man die Medizin den Quacksalbern überlassen oder die neuen, so entscheidenden Gesundheitstechnologien aufgeben, um uns in ein neues Zeitalter der Medizin zu führen.

9
Anerkennung der Singularität

In einem Leitartikel vom April 1954 erinnert Fanon daran, dass ein ministerielles Rundschreiben mit Recht dazu auffordert, die Kranken korrekt anzusprechen (zum Beispiel eine verheiratete Frau nicht mit ihrem Mädchennamen anzusprechen) und ihnen zu erlauben, ihre persönlichen Dinge, ihre Kleidung oder Eheringe zu behalten. Das scheint heute selbstverständlich zu sein, auch wenn die Politik, persönliche Gegenstände zu behalten, oftmals unterlaufen wird, insbesondere bei einem so interaktiven, komplexen persönlichen Gegenstand wie dem Mobiltelefon. Wir erinnern uns an die bestechende soziologische Untersuchung von Goffman,[1] der die interne Funktionsweise psychiatrischer Anstalten und die Verfahren zur »Profanierung der Persönlichkeit«[2] aufdeckt, die vollkommen archaisch und für die Patienten gefährlich sind, da sie diese in eine durchweg schädliche und für die

1 Erving Goffman, *Asyle. Über die soziale Situation psychiatrischer Patienten und anderer Insassen*, übers. v. Nils Lindquist, Frankfurt am Main, Suhrkamp Verlag, 1972.
2 Ebd.

Behandlung kontraproduktive Selbstmissachtung versetzen. In diesen sogenannten Pflegeeinrichtungen, die sich als antihumanistisch erweisen, herrscht dann die Verdinglichung. »Bei jeder großen Erschütterung des Lebens«, kommentiert Fanon, »muss der Mensch seine Maße wiederfinden, seine Positionen sichern. Wir dürfen nicht an der Zerstörung dieser Positionen mitwirken.« Das sind starke Worte, und wir sollten nicht glauben, dass sie nur für den Bereich des Hospitals bestimmt sind. In Unternehmen wird die gleiche Verdinglichung betrieben, ebenso in der Schule oder in jeder öffentlichen Einrichtung, so als hätten sie Freude daran, die »Positionen des Individuums zu zerstören«, um es zu bevormunden und ihm jegliche Neigung zur Individuation zu nehmen. Wenn wir uns an diesem allgemeinen System der Verdinglichung beteiligen, »kollaborieren« wir – was man als einen historischen Verweis auf Vichy verstehen kann. Wir produzieren die Kolonisierung der Menschen, obwohl wir Teil ihrer Rückendeckung sein sollten.

Das Festhalten an kleinen Details ist als Absicht nicht totalitär, wie man bei der Lektüre von Erving Goffmans *Asylen* mit Recht vermuten könnte. Bei Letzterem ist die Funktionsweise der Asyle in den 1960er Jahren eben die totale Verdinglichung, bei der man versucht, alle Details des Lebens des Patienten zu kontrollieren, indem man ihm nicht die Initiative überlässt, etwas für seine Persönlichkeit Spezifisches zu beabsichtigen. Es handelt sich hierbei um ein Unternehmen der Normalisierung, ja Stigmatisierung. Nichts darf der totalen Institution, wie Goffman sie nennt, entgehen. Die Verweigerung der Singularität macht diese Institution zu einem Ort der Verstümmelung des Individuums und nicht der Einbeziehung und Behandlung. Wenn Fanon sich dafür einsetzt, den kleinen Details Aufmerksamkeit zu schenken, so geschieht dies gewiss nicht in einer totalitären Absicht. Für ihn geht es darum, im Kleinen und Intimen das zu respektieren, was der Patient als Eigenes betrachtet, das heißt seinen Namen, seine Kleidung, seine persönlichen Dinge, seinen Ehering etc. Das sind die Posten der Rückendeckung, Konsolidierung und Anerkennung seiner Identität, die er schon immer hat, unabhängig von der Erfahrung der Verletzlichkeit, die ihn durchströmt.

Es ist interessant zu sehen, dass die Analyse heute auf das globalere Funktionieren der Gesellschaft ausgeweitet werden kann. Was kann man mit der Aufmerksamkeit für das Kleine, das Winzige, die Details des Singulären machen? Gibt es dafür einen Platz im Politischen, was einige zu Recht als »Infra-Politik« bezeichnet haben, als das, wovor der Staat einen Schritt zurücktritt und was ihm erlaubt, sich zu entfalten, ohne in den Kommunitarismus einzuschwenken, was im Übrigen dem ursprünglichen Ziel der Achtung der Singularität widersprechen würde?

> Die Vernunft kann in der Geschichte und in der Gesellschaft nicht mit Gewalt durchgesetzt werden, und es ist sinnlos, sich vorzustellen, dass sie dort im Verborgenen am Werk ist. Außerdem, und das ist der Punkt, der von der Frankfurter Schule hervorgehoben wurde, erweisen sich die Bemühungen, das gesellschaftliche Leben zu rationalisieren, als verheerend, da sie die Bedingungen für eine allgemeine Unterwerfung schaffen, die von denjenigen, die ihr unterliegen, nicht mehr als solche wahrgenommen wird, was das Grundprinzip des Funktionierens der Normengesellschaft ist. Es ist gefährlich geworden, auf Projekte zur globalen Umgestaltung der Gesellschaft zu vertrauen. Man muss, zumindest heute, darauf verzichten, die Revolution im Großen zu machen, und sich damit abfinden, sie im Kleinen zu sehen, auf der Ebene der konkreten Details des Daseins, in dem Bewusstsein, dass das Bessere sich jederzeit in sein Gegenteil verkehren kann.[1]

1 Pierre Macherey, entretien avec Jean-Philippe Cazier, »Il n'y a pas de bon sens de l'histoire«, *Chimères*, 2014/2, Nr. 83, S. 23-33.

Was uns die Theorie der Frankfurter Schule hier lehrt, nicht über die Verdinglichung in einer Pflegeeinrichtung, sondern in den allgemeineren Institutionen der Gesellschaft, welche die Gesellschaft und die Geschichte sind, ist, dass sie in eine neue Ära eintreten, die Ära der zivilisatorischen Veränderungen, die nicht massenhaft und standardisiert sind, mit der Möglichkeit, ins Totalitäre abzugleiten. Daher ist das kollektive Projekt auch vereinbar mit einer experimentellen Insularität, dritten Orten, die sich darauf verstehen, das lokale Endogene und das nationale Allgemeininteresse miteinander zu verknüpfen, kurz auf eine neue Art, das Allgemeininteresse zu produzieren, indem man sich auf die Singularitäten stützt, die zum Rechtsstaat gehören.

Das ist kein Plädoyer für mangelnden Ehrgeiz, sondern die Sorge, unsere guten Absichten nicht durch ungeeignete und hinsichtlich ihrer Folgen zu gefährliche Mittel zu zerstören. Das ist eine schwierige Gratwanderung, denn der allgemeine Aufstieg bleibt eine große Herausforderung für die Gleichheit der Bürger. Es ist klar, dass es zwei Welten gibt, die sich gegenüberstehen:[1] die Welt der echten, kreativen Individuation, deren Talent durch zu vertikale Ansätze, die das eigene Können nicht ausreichend respektieren, verstümmelt wird, ganz zu schweigen davon, dass nur dieser Ansatz des Regierens tatsächlich effizient ist, wenn es darum geht, die Komplexität der Herausforderungen und vor allem die Finesse der zu ergreifenden Maßnahmen zu verstehen. Doch leider ist hier ein hohes Maß an Individualisierung der Einzelnen notwendig, um diesen Ansatz wirksam werden zu lassen. Dem gegenüber gibt es eine andere Welt, in der die Individuen mehr in den Individualismus und nicht in die Individuation verliebt sind. Sie sind zuweilen unsicher, kurzsichtiger, sich der Spezifität der aktuellen Herausforderungen weniger bewusst und

1 Diese Klassifikation ist klar »falsch«, da sie zu binär ist; dennoch erlaubt sie, den tiefen Antagonismus zu erfassen, der die verschiedenen gesellschaftlichen Strömungen unterscheidet.

schwanken zwischen dem Ruf nach Hilfe und der sehr illusorischen Vorstellung von einem Mann, den die Vorsehung schickt, und lehnen gleichzeitig eine Regierung durch die Eliten ab, die als zu oligarchisch und als nicht vorbildlich genug gelten, um als Führer anerkannt zu werden.

Die zweite große Bewegung, die die Gesellschaft derzeit strukturiert, ist tatsächlich ressentimentgeleitet, zumindest mit starken Tendenzen dazu: Die Individuen sitzen in der Falle und wechseln zwischen Aggressivität und Herabwürdigung; sie sind kindisch und fühlen sich hilflos, ohne sich zu engagieren, um aus der Opferhaltung herauszukommen. Dies spiegelt die bekannte klinische Situation von Patienten wider, die den Nicht-Ausweg produzieren. Sie sind äußerst erfinderisch, um keine Lösung zu finden; alles, was vorgeschlagen wird, wurde bereits versucht und hat sich als unwirksam erwiesen; alles, was nicht versucht wurde, wird abgewertet. Ihre Arroganz ist immens – zweifellos der einzige Schutz zur Verteidigung gegen die endgültige Vereinnahmung durch die Selbstverachtung –, sie, die keine Lösungen schaffen, wissen besser als jeder andere, was ein Ausweg ist. Und dort gibt es keinen. Gegen diesen erbitterten Willen an der Grenze zur Psychose die Schaffung eines Auswegs zu verhindern, ist es nicht einfach, sich zu positionieren: Einen Ausweg oder sogar mehrere vorzuschlagen wird unweigerlich abgelehnt – diese Patienten finden ihre einzige Freude noch im Scheitern ihres Analytikers –, nichts vorzuschlagen kann die Wiederholung im Nicht-Ausweg darum aber nicht aufhalten. Man muss eine andere Schwelle finden, an der man arbeiten kann, einen Raum, in dem die mimetische Rivalität nicht mehr greift, wo der »Vergleich«, wie Fanon sagen würde, aufhört. Man muss sie aus dem Narzissmus herausholen, untröstlich oder unheilbar zu sein.

Die Verweigerung eines Auswegs ist für den psychisch Kranken das einzige Zeichen, dass er noch ein Subjekt ist; es ist seine Art, ein Subjekt zu sein, und ihm dieses »Negative« zu nehmen, macht ihn noch aggressiver. Wenn man für sich nur noch die Störung hat, ist es fast unmöglich, sie aufzugeben. Nach und nach muss man überzeugen, ohne dabei den Eindruck zu erwecken, dass sich das Subjekt anderswo befindet, dass es eben das eigene ist, ein Subjekt, das tätig ist, im Unterschied zu einem Subjekt der Untätigkeit. Ein fabelhaftes Werkzeug wäre hier natürlich der Humor, die *vis comica*. Doch handelt es sich um Subjekte, die keinen Sinn für Humor haben und die es normalerweise sehr übelnehmen, wenn ihre Fähigkeit, den Nicht-Ausweg zu produzieren, in ironischer Weise angesprochen wird. Die Geschmeidigkeit, die der Humor auch haben kann, verfängt hier nicht, sie signalisiert sofort die Inkompetenz des Analytikers, der offensichtlich die Größe der Herausforderung und die Relevanz dieser Singularität nicht begriffen hat. Das sind tiefe narzisstische Pathologien, die sich damit brüsten, nicht manipulierbar zu sein, während sie nur manipulierbar sind, ein Mechanismus, der nicht einfach ist in einer Kur, die die Freiheitsfähigkeit in den Mittelpunkt ihres Vorgehens stellt.

In seinem Leitartikel vom Dezember 1956 veranschaulicht Fanon mit einem einfachen Beispiel den unüberwindbaren Unterschied zwischen der klassischen Funktionsweise der Gesellschaft und dem Leben in einer psychiatrischen Klinik. Er wählt das Beispiel des Sports, da dieser häufig als therapeutisches Element eingesetzt wird. Entsetzt stellt er jedoch fest, dass die Pfleger dann nicht mehr in der Lage sind, »Pfleger« zu bleiben und damit folglich ihre Rolle als Schiedsrichter wahrzunehmen, und dass sie anfangen, im klassischen Sinne des Wortes »Schiedsrichter« zu werden, nach den Regeln und Codes der Welt draußen, was unweigerlich zu einer größeren Funktionsstörung führt.

> In der psychiatrischen Klinik können wir keine allgemeinen Gesetze aufstellen, da wir es nicht mit einer anonymen Bevölkerung zu tun haben. Wir haben es mit ganz bestimmten Personen zu tun und müssen als Therapeuten diese Personen berücksichtigen, insbesondere die Nuancen, die Notwendigkeit, sich

> auf jeden einzelnen Insassen einzustellen. In der psychiatrischen Klinik kann man keine Sätze hören wie: »Das will ich gar nicht wissen, machen Sie es wie alle.« Eben weil der Insasse wieder lernen muss, wie alle zu sein; weil er es oft nicht so machen konnte wie alle, hat er sich uns anvertraut.[1]

Der Mensch des Ressentiments teilt mit diesem Patiententypus die Tatsache, dass er an einer narzisstischen Pathologie leidet und – selbst wenn diese entschieden unhörbar ist – eine absolute Anerkennung seiner Singularität verlangt, während er sie ansonsten unter der Gewalt des ressentimenthaften Affekts zum Schweigen bringt, und dass die bloße Berücksichtigung dieser Singularität ihn leiden lässt, da er sich bewusst wird, dass er Lichtjahre von seinem Ich-Ideal entfernt ist. Und was er ebenfalls mit der Beschreibung dieser Insassen teilt, ist gerade die Unfähigkeit, allgemein, wie alle behandelt zu werden: Er verschwindet in der Menge, aber diese Menge ist nicht allgemein, sie ist eine Art Aura seines nach Sein suchenden Egos, eine extensive Form seines entstellten Ichs, eine große Lache von Trieben, die das kleine, bornierte Ich, das er ist, erlösen soll. Man müsste ihn quasi rund um die Uhr begleiten, ihn in seiner Singularität anerkennen, ihn nicht durch die besagte Anerkennung dieser Singularität unter Druck setzen, einfach da sein, ohne zu urteilen, in reiner Sympathie (im Sinne von einfach nur dabei sein, ohne unbedingt eine aufwendige Empathie zu praktizieren), selbst wenn er feindselig ist. Noch einmal: Es ist besser, von der Seite der Prävention des Ressentiments her zu arbeiten, denn ist die Grenze zum Ressentiment einmal überschritten, ist es schwer, wieder zurückzukommen. Ich, die ich so oft mit dem Denken von Jankélévitch übereinstimme, weiche hier stark von ihm ab: Das Ressentiment scheint mir nicht so leicht reversibel zu sein, weshalb es zweifellos notwendig ist, im Voraus

1 F. Fanon, »Notre Journal«, in *Écrits sur l'aliénation et la liberté*, S. 360-361.

zu versuchen, ihm vorzubeugen, denn wenn die Schwelle einmal überschritten ist, ist etwas vom biologischen und intersubjektiven Vertrauen erschüttert, gleichsam erodiert. Jankélévitch bemängelt die »Philosophie des Loswerdens«, die es vorzieht zu »vergessen«, die vergibt, um sich der Verpflichtung zu Gerechtigkeit und Wahrheit besser entziehen zu können. Kurz die Philosophie, die nur eine scheinbare Vergebung erzeugt. Daher appelliert er lieber an das Ressentiment, insofern es Ernsthaftigkeit und Tiefe impliziere. Da er ein Autor ist, der immer zur Hoffnung neigt, glaubt er, dass das Ressentiment der herzlichen Vergebung vorausgehen könnte.[1] Ich glaube das nicht. Ebenso wie das Vergessen von der scheinbaren Vergebung ablassen kann – ein Subjekt kann durchaus beschließen, zu vergessen und nicht zu vergeben –, und ebenso wie nicht zu vergeben nicht notwendig ein Ressentiment erzeugt, ist dieses weder »ernsthaft« noch »tief« im Sinne von würdig und einer qualitativen Erkenntnis. Das Ressentiment ist nicht mit dem Leiden gleichzusetzen. Es ist ein rein subjektives Konstrukt, das sich wie ein giftiger Auswuchs über einem ernsthaften und tiefen Leiden entwickelt.

1 V. Jankélévitch, *Le Pardon* (1967): »Die Philosophie des Loswerdens ist eine Karikatur der Vergebung. [...] Wenn es keine andere Form der Vergebung gibt als das Loswerden, dann lieber das Ressentiment! Denn das Ressentiment würde hier Ernsthaftigkeit und Tiefe implizieren: Beim Ressentiment ist zumindest das Herz dabei, und deshalb ist es das Vorspiel zur herzlichen Vergebung.«

10
Individuelle Gesundheit und Demokratie

Die psychische Gesundheit der Individuen und die demokratische Gesundheit sind miteinander zu verbinden, indem man nach einem guten Funktionieren der Gesellschaft fragt, nach ihrer Fähigkeit, ihrer eigenen Entropie zu widerstehen, und nicht eine unerschütterlich tugendhafte Ausübung demonstriert. Bei guter Gesundheit zu sein bedeutet, krank zu werden und wieder aufzustehen, wie uns Canguilhem und viele andere gelehrt haben. Die demokratische Gesundheit teilt dieselbe Fähigkeit: Sie muss in der Lage sein, mit ihren inneren Störungen fertigzuwerden, darf nicht von ihnen paralysiert werden und muss einen Weg finden, um Fortschritte zu machen, auch wenn es immerwährende Gegenwinde gibt. Diese zeugen nicht unbedingt von einem gesunden Pluralismus. Es wäre hier eine irenische Version des Konflikts, wenn sie nur Gegenstand von Kontroversen wären, die gewissenhaft einen Konsens über die Normen respektieren. Die Gegenwinde können das entschiedene Gegenteil sein, anders gesagt antidemokratisch und antihumanistisch. Dann ist es viel schwieriger, sie zu integrieren und zu verdauen, ohne von ihnen kontaminiert zu werden.

Viele glauben, dass die Analogie von individuellem und kollektivem Körper keinen Sinn macht. Sie haben Recht: Die Frage der Zahl ist essentiell, um das Qualitative zu verderben. Sie nicht miteinander zu verbinden, ist jedoch ebenso lächerlich, da unsere Gesellschaften nunmehr aus »Individuen« bestehen, die mit mehr oder weniger psychischer Gesundheit ihre Individualität für sich beanspruchen. Dies bleibt nicht ohne Folgen für den mehr kollektiven »Körper«, den die Gesellschaft in ihrer Gesamtheit darstellt, auch wenn dieser organische und einheitliche Charakter immer weniger fassbar ist, da es innerhalb des besagten gesellschaftlichen Körpers so viele verschiedene »Körper« gibt. Die politische und soziale Funktionsweise einer Gesellschaft zu untersuchen, ohne die Frage der Psychoanalyse aufzuwerfen, erscheint unzureichend. Obwohl Axel Honneth kein Psychoanalytiker ist, hat er die Notwendigkeit erkannt, beides miteinander zu verknüpfen, insbesondere als er sein treffendes Konzept der »Anerkennung« schmiedete. Weshalb ist die Psychoanalyse für die Untersuchung der Demokratie, und nicht nur der Person, so wesentlich? Weil sie in der Lage ist, »die unbewussten Kräfte deutlich werden zu lassen, die die [...] Subjekte an der Wahrnehmung ihrer rationalen Interessen hinderten«.[1] Im Unterschied zu Habermas geht Honneth in der Geschichte der menschlichen Singularität und in dem theoretischen Beitrag der Psychoanalyse zur Kritischen Theorie diesen Schritt weiter:

> Eine kritische Theorie der Gesellschaft benötigt [...] ein möglichst phänomennahes, realistisches Konzept der menschlichen Person, das auch den unbewußten, nichtrationalen Bindungskräften des Subjekts einen angemessenen Platz einzuräumen vermag; ohne die Berücksichtigung von solchen reflexionsresistenten Motiven und Affekten geriete die Theorie nämlich in die Gefahr, einem moralischen Idealismus zu verfallen, in dem den Individuen ein Zuviel an rationalen Eigenleistungen zugemutet wird.[2]

Wir kommen dabei immer wieder auf die illusorische Vorstellung zurück, dass die Rationalität von der Rationalität der Triebe und Emotionen losgelöst ist und einfacher gesagt von dem, was ein Individuum strukturell ausmacht, nämlich die Endlichkeit, seine Angst vor dem Tod, »die existenziellen Grundlagen des eigenen

1 Axel Honneth, »Das Werk der Negativität. Eine psychoanalytische Revision der Theorie der Anerkennung«, in ders., *Das Ich im Wir. Studien zur Anerkennungstheorie*, Frankfurt am Main, Suhrkamp Verlag, 2010, S. 252.

2 Ebd., S. 253.

Lebensvollzugs«. Sie nicht in unsere Form einzubeziehen, die Demokratie in ihrer globalen politischen Funktionsweise zu denken und zu begreifen, verurteilt sie noch mehr zur Entropie.

Es geht keineswegs darum, in eine Karikatur der Untersuchung der Singularitäten abzugleiten, aus denen sich der Rechtsstaat zusammensetzt, auf die wir heute mit dem ständigen Sammeln persönlicher Daten zusteuern, die keineswegs mit der menschlichen Person gleichzusetzen sind. Es geht darum, zu verstehen, dass die psychische Gesundheit der Individuen ganz unbestreitbar Auswirkungen auf die Funktionsweise der Gesellschaft hat, und zwar umso mehr, je quantitativer diese wird. In *Les Irremplaçables* habe ich versucht, diesen Zusammenhang anhand eines verdinglichten Individuums aufzuzeigen, das sich ersetzbar, austauschbar und von seinem Umfeld, insbesondere dem institutionellen und beruflichen, also dem öffentlichen im weitesten Sinne, nicht respektiert fühlte. Wie sich dieses Individuum nach und nach spaltete, um sich dieser psychischen Misshandlung zu widersetzen, und wie es in der Folge krank wurde. Ob es eben am Anfang gesund war; oder wie es im Gegenteil durch die kollektiven Störungen seine eigenen inneren Störungen verstärkte, die mit seiner persönlichen Geschichte zusammenhingen, die ihrerseits bereits mit der kollektiven Geschichte verbunden war. Dieses Individuum wäre damit nicht mehr in der Lage, die Aufgabe zu übernehmen, die Demokratie zu schützen, anders gesagt sie zu wollen und sich für sie zu engagieren. Es würde im Gegenteil in den Verfolgungswahn eines Opfers verfallen und nach einem Sündenbock und einer Vaterfigur suchen, die es in dem doppelten, falschen, Glauben wiegen, geschützt zu sein und seinen feindseligen Trieben freien Lauf lassen zu können, ohne den Preis dafür zu zahlen.

Ebenso wie die Finanztheorie die Verhaltenswissenschaft nunmehr offizieller und mit dem Nobelpreis gekrönt[1] integriert hat,

1 Richard Thaler hat 2017 den Nobelpreis für seine Arbeiten zur Verhaltensökonomie erhalten.

sollte sich die politische Philosophie stärker mit der Verhaltenswissenschaft und insbesondere mit der Psychoanalyse verbinden, die diejenige Wissenschaft bleibt, die mit dem Begriff des Unbewussten arbeitet. Sobald man das Ressentiment als eines der gefährlichsten Übel für die psychische Gesundheit des Subjekts und die Funktionsfähigkeit der Demokratie bezeichnet, ist es wichtig zu verstehen, wie man sich vor ihm schützen kann, sicher institutionell, aber auch klinisch, was auf eine Untersuchung der eher triebhaften Erscheinungsformen besagten Ressentiments hinausläuft.

> Ob nun in Form verdrängter Triebphantasien, weitgehend unbewußt bleibender Bindungsschicksale oder unverfügbarer Affektionskonstellationen, stets werden hier an der menschlichen Person unbewußte Antriebskräfte berücksichtigt, die der rationalen Deliberation gewisse, kaum zu überschreitende Beschränkungen auferlegen.[1]

Honneth fährt fort, indem er ein zweites wichtiges Argument für eine angemessene Ausarbeitung einer kritischen Theorie der Gesellschaft anführt, das »explanatorisch« und nicht nur »normativ« ist. Die »Motive menschlichen Handelns« zu verstehen, erfordert eine psychoanalytische Theorie: »Um solche opaken, ich-fernen Motivlagen angemessen berücksichtigen zu können, wie sie in Ängsten, Bindungssehnsüchten, Verschmelzungswünschen und Unterwerfungsphantasien zum Audruck gelangen, bedarf es einer psychologischen Theorie des Subjekts, einer Sozialisationstheorie, die der Genese unbewußter Affekte in der Lebensgeschichte hinreichend Aufmerksamkeit widmet.«

Es ist klar, dass man dieses Unterfangen nicht mit allen Individuen realisieren kann, die eine Gesellschaft bilden, da man weiß,

1 A. Honneth, »Das Werk der Negativität. Eine psychoanalytische Revision der Theorie der Anerkennung«, S. 254.

dass es nicht wünschenswert ist, der Politik zu erlauben, sich auf das Feld des Intimen zu begeben. Es geht also nicht darum, Transparenz bezüglich des Lebens der Menschen herzustellen, was im Gegenteil eine regelrechte Psychose und ein Chaos falscher Selbste hervorrufen würde. Es geht darum, zu verstehen, dass unsere Institutionen – im weitesten Sinne: von der Schule über die Krankenhäuser, die Universitäten bis hin zu den Unternehmen etc. – genügend Sorgfalt walten lassen müssen, um die dem Menschsein innewohnenden Verletzlichkeiten, das heißt seine Triebkonflikte und das melancholische Gefühl der Endlichkeit, nicht zu verstärken. Sie müssen darauf achten, nicht eine Verdinglichung zu produzieren, die sich, nachdem sie sich gegen die Individuen gewendet und sie krank gemacht hat, gegen die Demokratie selbst richtet, indem sie diese psychischen Störungen und vor allem das besagte Ressentiment ins Politische übersetzt. Die Verbindung mit der Psychoanalyse, aber auch allgemeiner mit den Humanwissenschaften, wird in Zukunft umso notwendiger sein, als die Berücksichtigung der Bedeutung der emotionalen Rationalität, die untrennbar mit unseren rationalen Entscheidungsprozessen verbunden ist, in einem nunmehr digitalen und algorithmischen Rahmen stattfindet. Die Technik konkurriert auf eine immer bedrückendere und potenziell freiheitsbedrohende Weise mit den Humanwissenschaften in ihrem Verständnis der menschlichen Person. Sie bietet bereits jetzt die »Rückverfolgbarkeit« persönlicher Gefühle mittels einer immer expansionistischeren Sammlung von sogenannten persönlichen Daten, die diesen Namen zu Unrecht tragen, da sie nichts über die ganzheitliche Wahrheit der Person aussagen. Alle Daten sind nunmehr persönlich, insofern sie etwas über persönliche Freiheiten »aussagen« können. Diese Verdinglichung der Person durch digitale Daten ist das Gegenteil eines analytischen Prozesses, der die Würde und Freiheit des Menschen respektiert.

11
Der Angriff auf die Sprache

Eine der explizitesten und hörbarsten Manifestationen des Ressentiments ist der obszöne Gebrauch der Sprache. Der Mensch des Ressentiments geht nach einem schuldbewussten Schweigen, das oft auf die Verschleierung der Unterwerfung zurückgeht, aus sich heraus und speit seinen Groll mit seiner Sprache aus. Die Sprache wird zum Erbrechen und vor allem zur Möglichkeit, den anderen zu beschmutzen. Die Herausforderung lautet: Die Sprache nicht einfach als Vehikel für die Verbalisierung seiner Gefühle oder als Kommunikationsmittel gegenüber anderen zu benutzen, sondern als Angriffswaffe gegen den anderen. Man muss zuschlagen, den anderen verletzen, und da man dies nicht mit körperlicher Gewalt erreichen kann, geht es darum, die Sprache als Gewalt einzusetzen. Beleidigen, mit Worten herabsetzen, ihn delegitimieren, ihn mit Schande überziehen, diffamieren, verleumden, beschimpfen. Die Sprache wird zum vordersten Territorium, um die Galle auszugießen, und vor allem, um dem anderen zu schaden, den man für die Ursache des Übels hält, als dessen Opfer man sich bezeichnet. Die Sprache kann den Zorn, die Ablehnung, die Bezeichnung des anderen als Übel und Gefahr perfekt verbalisieren: Sie ist sogar das Ferment dessen, was später eine neue Legitimität darstellen kann, die Notwendigkeit der Herstellung von Gerechtigkeit. Die Gewalt im Dienste dieser Sache besteht ebenfalls sehr wohl legitimerweise. Doch die Misologie, die sich heute unter dem Deckmantel der Anonymität und der ständigen Denunziation abspielt, zeugt von dem ressentimenthaften Hass, der einem das Herz zusammenschnürt.

Von daher handelt es sich hier nicht nur um einen Angriff auf den anderen, sondern um einen Angriff auf die Sprache selbst, auf ihre Fähigkeit zur Symbolisierung und Sublimierung. Es ist ein Zurück zu einem verfälschten, sophistischen, selbstgefälligen und ordinären Gebrauch der Sprache, der erlaubt, sie zu einem bloßen Instrument im Dienste der Macht und nicht der Kritik zu machen. Diese von Karl Popper beschriebene Misologie ist gleichbedeutend mit einem Hass auf den Logos und die Kultur. Fortan entscheidet sich der ressentimentgeladene Mensch bewusst, die Sprache nur noch zu benutzen, um den anderen, die Welt und die Beziehungen, die er zu ihnen unterhält, herabzuwürdigen. Die Sprache steht im Dienst einer De-Symbolisierung. Sie steht nicht mehr im Dienst des kritischen Geistes, sondern im Dienst des Triebs. Wenn sie den Trieb nicht auskotzt, wird sie als unauthentisch angesehen. Doch ist genau das Gegenteil der Fall: Eine Sprache, die keine Symbolisierungskraft mehr hat, verschwindet als Sprache. Sie passt sich dem bloßen, unkontrollierten Trieb an und verliert ihre Fähigkeit zur Transfiguration. Sie ist nicht länger das unentbehrliche Werkzeug für den Aufbau der öffentlichen Rationalität, die ihrerseits wiederum Garant des Rechtsstaats ist, und allgemeiner gesagt für eine humanistische Gesellschaft.

Heutzutage ist ein solches Auskotzen in sozialen Netzwerken quasi ständig möglich, zumal die Anonymität eine der Regeln ist, die diese Räume organisieren. Eine einseitige Anonymität, insofern der Mensch des Ressentiments seinen Hass auf den anderen auskotzt, indem er den anderen ins Visier nimmt, der eben identifizierbar ist und auf den physische Gewalt ausgeübt werden kann, um die sprachliche Gewalt zu bestätigen. Das Ziel: ist: Schaden zuzufügen, einen möglichst heftigen Schlag zu versetzen, das Bild des anderen zu zerstören, da dieses Bild heute quasi mit der Identität gleichbedeutend ist. Niemand kann bestreiten, dass dies eine Schwäche der modernen Gesellschaft ist, dass sie die Schwachstelle des Narzissmus vergrößert und das Bild noch mächtiger gemacht hat als die Tatsache. Wir befinden uns heute in einer Welt, die den neuen Formen der Anbetung hilflos gegenübersteht, die sich nicht mehr ausschließlich auf das Religiöse und Göttliche beziehen, sondern gleichermaßen den Geist und das Urteilsvermögen beeinträchtigen, vielleicht mit einem noch größeren Schaden, da es keine Transzendenz mehr gibt. Das Idol ist keine Ikone, niemand lässt sich da täuschen. Das Idol ist Teil des Registers der Entfremdung, der Sucht, der Verhaltensstörung, des generalisierten Panoptikums. So sind diese sozialen Netzwerke oft in der wohlbekannten lächerlichen Binarität gefangen, die aber keineswegs binär ist: seinen Hass oder seine Schmeichelei auszukotzen, wobei sich beides nicht voneinander trennen lässt und sich absolut gleichkommt.

Die sogenannten »*Hater*« können in organisierten Banden ihr Unwesen treiben und eine gezielte Schikane ausüben. Der sprachliche Hass wallt durch die Vorstellung eines Ziels auf, braucht aber keineswegs ein Ziel, um anzuhalten. Er ist die erste Manifestation des freigesetzten ressentimenthaften Triebs, der sich noch unter der Anonymität versteckt, aber auf seine Stunde wartet, um endlich ans Licht der Öffentlichkeit treten zu können. Natürlich gibt es angesichts der »zerstörten« Sprache, deren Wert kassiert wurde, immer noch Individuen, die nicht darauf verzichten, einen qualitativen Diskurs zu praktizieren, weil sie wissen, dass dieser den Rechtsstaat garantiert, zumindest einen Rest von Rechtsstaatlichkeit. Danken wir ihnen, denn die Aufgabe gleicht dem Fass der Danaiden, das unermüdlich nicht voll ist, unermüdlich keine Ruhe lässt.

Warhols 1968 formulierte Prophezeiung, dass in Zukunft jeder fünfzehn Minuten lang berühmt sein würde, hat sich erfüllt und ins Gegenteil verkehrt: Von nun an hat jeder die Gewähr, in der Welt der verschmolzenen Realitäten, der physischen und der virtuellen, fünfzehn Minuten lang diffamiert zu werden. In gewisser Weise prognostizierten die »Zwei Minuten Hass« bereits bei Orwell die Entstehung eines Rituals der kollektiven Abscheu beim Auftauchen eines Bildes und eines Gesichts, die von der »Gedankenpolizei« als »Volksfeind« identifiziert wurden. Hass, Herabwürdigung, Diffamierung, das Gegenteil der öffentlichen Meinung (zumindest in ihrer Tradition des 19. Jahrhunderts), anders gesagt eine Art di-*fama publica*, waren schon immer mindestens mittelmäßige, aber wirksame Instrumente der moralischen und öffentlichen Ordnung.[1]

Diffamieren ist scheinbar weniger eine Lüge als eine Rufschädigung. Doch nur scheinbar, denn Diffamieren bedeutet, dass man hinsichtlich seiner Motive lügt. Es geht nicht darum, die Wahrheit zu sagen, sondern darum, das zu trüben, was als zu glanzvoll empfunden wird. Es bewegt einen dazu, das geliebte Objekt nicht mehr zu lieben. Die Diffamierung ist eine Anstiftung zum Hass, die nicht als solche auftritt. Nicht unbedingt eine Lüge über den anderen, aber eine Lüge über sich selbst. Welche Verbindungen bestehen zwischen Hass, Verleumdung und Lüge?

In der *Politeia* unterscheidet Platon zwischen der »wahren Lüge« und der »Unwahrheit in Reden«. Die erste muss man »hassen«, die zweite jedoch nicht unbedingt. Die erste ist ein absichtlich erfolgter Akt der Täuschung. »Die eigentliche Unwahrheit wird [...] nicht nur von Göttern, sondern auch von Menschen gehaßt.«[2] Da Götter weder lügen noch täuschen, ist die Dichtung, die das Gegenteil besagt, mit einer Lüge gleichzusetzen, vor der sich die Stadt und die Erziehung hüten müssen. Das ist eines von Platons Argumenten, um die Zensur der Dichter zu rechtfertigen: »Wenn einer dergleichen sagt von den Göttern, wollen wir zürnen und ihm keinen Chor geben, noch leiden, daß ein Lehrer solches zum Unterricht der Jugend gebrauche«.[3] Was die »Unwahrheit in Reden« betrifft, so ist sie manchmal gerechtfertigt, da sie »doch nützlich [ist], so daß sie den Haß nicht verdient. Nicht gegen die Feinde? Und auch der sogenannten Freunde we-

1 Die folgenden Absätze, welche die Verbindung zwischen Hass, Diffamierung und Lüge betreffen, gingen aus folgendem Artikel hervor: C. Fleury, »La haine se ment«, in *Dis-moi qui tu hais. À propos de quelques formes contemporaines de la haine. Le Diable probablement*, Bd. 11, 2014.

2 Platon, *Politeia*, übers. v. Friedrich Schleiermacher, Hamburg, Rowohlt Verlag, 1958, Zweites Buch, 382a-382e, S. 118.

3 Platon, *Politeia*, Zweites Buch, 382e-383c, S. 118.

gen, wenn diese im Wahnsinn oder aus irgendeiner Unvernunft etwas Arges zu tun unternehmen, wird sie dann nicht als ein ableitendes Mittel nützlich?«[1]

Mit anderen Worten: Die Lüge ist gerechtfertigt, wenn sie dem Allgemeininteresse dient, insofern es darum geht, sie dazu zu benutzen, andere von einer falschen Handlung abzubringen.[2] Daher kann ein solches Mittel nicht von allen verwendet werden. Es muss den »Ärzten« vorbehalten bleiben und vor dem Gebrauch von Laien geschützt werden. »Also denen, die in der Stadt regieren, wenn überhaupt irgendjemandem, kann es zukommen, Unwahrheit zu reden, der Feinde oder auch der Bürger wegen, zum Nutzen der Stadt; alle anderen aber dürfen sich hiermit gar nicht befassen.«[3] Schließlich spricht Platon von der »edlen Lüge«, die den Bürgern aufgetischt wird, um sie vor Zwietracht zu schützen, indem man sie glauben lässt, sie seien gleichfalls Erderzeugte und alle »Brüder in der Stadt«, aber dennoch ungleich, einige wertvoller, weil sie aus Gold bestehen, andere weniger wertvoll, weil sie aus Silber oder Erz bestehen. Dieser Mythos, der von der politischen Führung verfochten wird, ist eine Lüge, die in erster Linie dazu dient, die Bürger so zu instrumentalisieren, dass sie die präexistente Ordnung nicht in Frage stellen. Die Republik überzeugt sie davon, dass ihre Ungleichheiten von Geburt nicht willkürlich, sondern meritokratisch sind. Das – bewusste oder unbewusste – Paradoxon lautet dann: Um die fehlende Brüderlichkeit unter den Bürgern oder gar Zwietracht und Hass unter Gleichen zu bekämpfen, lügt die Politik, indem sie einen Mythos verbreitet, der letztendlich den Hass und das Ressentiment hervorrufen kann, die sie zu verhindern versucht. Wer weiß, ob

1 Ebd., 392a-382e, S. 118.

2 Siehe hierzu auch folgenden Artikel: C. Fleury, »Typologie des mensonges dans l'espace public: quelle régulation numérique?«, *International Review of Sociology*, Bd. 25, 2015.

3 Platon, *Politeia*, Zweites Buch, 388d-389d, S. 122.

der Grund für den Erfolg der Verleumdung sich nicht schon hier abzuzeichnen beginnt. Denn weshalb neigt die Meinung so zur Diffamierung? Auf welchem anfänglichen Ressentiment baut ein solcher Trieb auf? Ist dies eine Reaktion auf die Lüge der Macht, also ihre Usurpation und Mythisierung? Es geht nicht darum, die Diffamierung zu rechtfertigen, indem man ihr eine pseudoregulative Rolle zuweist, sondern darum, folgende Hypothese aufzustellen: Der Hass wird aus der Lüge der Macht geboren. Er ist eine Reaktion auf die Usurpation, die in den Mythos der Brüderlichkeit und Hierarchisierung verdreht wird. Was als soziale Ordnung dargestellt wird, ist bereits Hass, insofern sie nur das Ergebnis der Gewalt und Stärke der einen ist, die sich gegen die der anderen durchgesetzt haben. Und Rancière kommentiert:

> Zwischen dem Handwerker und dem Krieger, zwischen dem Krieger und dem Regierenden ist es unmöglich, den Platz und die Funktion zu tauschen, unmöglich, zwei Dinge gleichzeitig zu tun, ohne die Stadt zu ruinieren. Barriere der Anordnungen, Barriere der Lüge. Nichts bleibt von der schönen Funktionalität der Arbeitsteilung. Jeder sollte die eine Aufgabe erledigen, zu der ihn seine Natur bestimmt hat. Doch die Funktion ist ebenso eine Illusion wie die Natur. Es bleibt einzig das Verbot. Der Handwerker an seinem Platz ist derjenige, der im Allgemeinen nichts anderes tut, als die als solche verordnete Lüge, die ihn an seinen Platz setzt, zu beglaubigen, und sei es um den Preis einer Lüge.[1]

1 Jacques Rancière, *Le Philosophe et ses pauvres*, Flammarion, »Champs«, 1983, S. 52.

12
Rekurse auf den Hass

Der Hass erscheint angesichts des angetragenen, verdrängten und verleugneten Scheins plötzlich wie eine Rückkehr des Realen. Die Psychoanalyse betrachtet den Hass nicht als eine bloße Reaktion, sondern verbindet ihn mit einem ursprünglicheren Selbsterhaltungstrieb. Nicht der Hass der Lüge, sondern das Lügen über den Hass. »Am Anfang ist der Hass, sagt Freud im wesentlichen als Kontrapunkt zu der um vieles beruhigenderen Feststellung, dass *am Anfang das Wort war*«, schreibt Julia Kristeva.[1] Aber reicht die Bühne der Horde aus, um den Hass der Söhne in Schach zu halten? Das Terrain der mimetischen Rivalität der ultraliberalen Demokratien ist eine immerwährende Bühne der Horde. »Der Haß ist [...] älter als die Liebe, er entspringt der uranfänglichen Ablehnung der reizspendenden Außenwelt von seiten des narzißtischen Ichs.«[2] Ein anderer Mythos, der biblische, erzählt ebenfalls von der unmöglichen Brüderlichkeit. Der erste Mord ist der Hass auf seinen Bruder, die ontologische Unmöglichkeit für Kain, »der Hüter seines Bruders« zu sein. Er saldiert die gegenwärtige Unfähigkeit der Kultur, den ursprünglichen Hass zu sublimieren. Die Kultur ist weniger das Verbot des Brudermords als vielmehr die existenzielle Ressource, die dem Menschen angeboten wird, um den Abgründen seines Begehrens zu widerstehen. »Bin ich der Hüter meines Bruders?« ist keine Frage, sondern eine Lüge gegenüber Gott und sich selbst, denn Kain weiß, dass Menschsein bedeutet, geschaffen und Bruder zu sein, nur geschaffen und Bruder zu sein. Der Hass wohnt der Schwäche der Kreatur inne.

1 Julia Kristeva, *La Haine et le Pardon*, Paris, Fayard, 2005, p. 421.
2 Sigmund Freud, »Triebe und Triebschicksale« (1915), in *Gesammelte Werke*, Bd. 10, S. 231.

Ein anderer Name für die Kultur und den Widerstand gegen den Hass ist die *philia*:

> Die sukzessiven Prozesse der Vereinigung und Erweiterung menschlicher Gruppen, die die anthropologische Entwicklung kennzeichnen, sind die historischen Konkretisierungen des psychischen und kollektiven Prozesses der Individuation, der die Entwicklung menschlicher Gesellschaften kennzeichnet und die libidinöse Ökonomie regelt, insofern diese darin besteht, die psychische Energie der Triebe in die soziale Energie des Begehrens zu trans-formieren, was die Voraussetzung für die Bildung der philia ist – das heißt der Dauerhaftigkeit der sozialen Bindung.[1]

Es ist auf traurige Weise aufschlussreich, dass das große soziale Netzwerk Facebook die Freundschaft als neues Territorium des Neusprech gewählt hat. Doch die Freundschaft ist, wie auch die Kultur, »ernst und heilig«. Wir erinnern uns an den Dialog zwischen Oront und Alcest in *Der Misanthrop*.

> Oront: Straf' mich der Himmel, wenn ich lüge!
> Und zur Erhärtung meiner Herzlichkeit
> Kann ich den Händedruck mir nicht versagen,
> Der Ihren Freunden beigesellt auch mich.
> Hier meine Hand, und kräftig einzuschlagen
> Ersuch' ich Sie.
> Alcest: Mein Herr …
> Oront: Sie weigern sich?
> Alcest: Mein Herr, zu viel ist, was Sie mir verleihn;
> Die Freundschaft scheint mir ernst und heilig[2]

1 Bernard Stiegler, *La Télécratie contre la démocratie*, Paris, Flammarion, »Champs«, 2006, S. 71-72.

2 Molière, *Der Misanthrop*. Schauspiel in fünf Akten, übers. v. Ludwig

»Brüder« anstelle von »Freunden« wird zweifellos für das Netzwerk die nächste Etappe besiegeln, das ansonsten so gut dem vater- und brudermörderischen Hass dient. Die Stärke des virtuellen Raums besteht darin, den Hass zu versammeln, ohne, was verwundert, die Verbreitung des Hasses – augenblicklich – zu behindern. Sie koexistieren trotz ihrer Antinomie. Die Virtualisierung der Grenzen macht es möglich, dass Urszenen nebeneinander bestehen, ohne dass sich die Horden gegenseitig auffressen. Die Moderne hat die Horde nicht zum Verschwinden gebracht, sie hat sie vervielfacht und an die Kultur eine neue Herausforderung gestellt: gegenüber der Entfaltung des Hasses Resilienz zu erzeugen. Der Name-des-Vaters trat hinter dem noch unbarmherzigeren Namen-der-Gleichen zurück. Denn wie Machiavellis Fürst, der gegen die Großen für das Volk Partei ergreift, ist der Name-des-Vaters für das Subjekt und seine Emanzipation ein weniger furchterregender Gegner als der Name-der-Gleichen.

Nichts Neues unter der Sonne. Nach dem Ersten Weltkrieg und vor dem Zweiten Weltkrieg mahnt *Das Unbehagen der Kultur* bereits vor dem Versagen der Kultur, den Todestrieb einzudämmen.

> Die Schicksalsfrage der Menschenart scheint mir zu sein, ob und in welchem Maße es ihrer Kulturentwicklung gelingen wird, der Störung des Zusammenlebens durch den menschlichen Aggressions- und Selbstvernichtungstrieb Herr zu werden. In diesem Bezug verdient vielleicht gerade die gegenwärtige Zeit ein besonderes Interesse. Die Menschen haben es jetzt in der Beherrschung der Naturkräfte so weit gebracht, daß sie es mit deren Hilfe leicht haben, einander bis auf den letzten Mann auszurotten.[1]

Fulda, o.O., J.G. Cotta'sche Buchhandlung Nachfolger, 1921, 1. Akt, 2. Auftritt.

1 S. Freud, *Das Unbehagen in der Kultur*, S. 506.

Der Dialog zwischen Charles Péguy und Jules Isaac[1] spiegelte bereits allein diese höchst gefürchtete Szenerie wider, deren Ambivalenz noch immer seine Nachhaltigkeit ausmacht: die ungeheuer große Freundschaft zweier Männer und die Aufforderung des ersten an den zweiten, der glaubt, dass Toleranz zur Entwürdigung führt: »Man muss hassen.«

Ich weiß, dass manche diese primitivistische Sicht des Hasses als einen starken Schutz gegen die Aggression anderer vertreten. Nichts ist wahrer, wenn es sich dabei um eine wirkliche und nicht eingebildete Selbstverteidigung handelt. Für mich reicht die bloße Lektüre von Péguy, um zu beweisen, dass dieser Mensch nicht ressentimenthaft ist, obgleich er verletzt und antimodern ist – wobei die Antimodernität vielleicht die einzige Form ist, die Moderne zu leben, indem man ihr gegenüber kritisch bleibt. Sein Stil, unglaublich und überwältigend, spricht für sich und zeigt auf ewig die Sublimation. Ich will glauben, dass sein Aufruf zum Hass seine Angst zum Ausdruck brachte, dass die Republik durch ihre eigene Entwürdigung, die ihrer Werte und ihrer Versuchung zum Relativismus zerstört wird, die nur eine Parodie des Begriffs der Toleranz ist, der seinerseits normativ und nicht permissiv ist, wie man allzu oft glaubt.

1 Zit. v. Nicole Loraux in »De l'amnistie et de son contraire«, in *La Cité divisée. L'Oubli dans la mémoire d'Athènes*, Paris, Payot, 1997. Zit. ebenfalls von Naepels Michel, »Il faut haïr«, *Genèses*, 4/2007, Nr. 69, S. 140-146.

13
Der *mundus inversus*: Konspirationismus und Ressentiment

Ein solcher Hass auf andere richtet sich ebenso gegen Institutionen, aber auch gegen die Presse, die angeblich die öffentliche Meinung »lenkt« und deshalb der Lüge verdächtigt wird. Dieser Hass, der heute zum Ressentiment geworden ist, bildet einen ziemlich ekelerregenden Rahmen für das Leben und Denken, denn vom Ressentiment zum Verschwörungswahn ist es nur ein kleiner Schritt – es ist die kollektive Version des persönlichen Verfolgungswahns. Post-Wahrheit, alternative Fakten (*alternative facts*), Desinformation (*fake news*), dieses Universum der permanenten Unaufrichtigkeit, doch schlimmer noch, dieses Universum, das aus der Wahrheit das Ergebnis eines falschen, perversen Verfahrens macht, eine Wahrheit, die vollständig durch Abschottung hergestellt wird, durch die Weigerung, anders zu denken, durch die psychische Gewissheit, Opfer einer Ungerechtigkeit und einer Ordnung zu sein, die mich desavouiert. Diesen Punkten müsste man ein ganzes Buch widmen, und ich werde mich in diesem davor hüten, dieser Reflexion nachzugehen. Der Stand dieser Kunst ist bereits beträchtlich und wird sich in Zukunft noch steigern, so groß wie der Angriff auf die Rationalität ist. Wir treten in eine starktriebgesteuerte Ära ein, die sich nicht einfach durch den Appell an die Vernunft beruhigen wird, die sie längst desavouiert und der Seite des Konspirationismus zugeschlagen hat.

Marc Angenot[1] hat die unbestreitbare Verwandtschaft zwischen Ressentiment und Verschwörungsideologie, bei der das eine das andere ununterbrochen fördert, bereits sehr wohl festgestellt.

1 Marc Angenot, »Nouvelles figures de la rhétorique la logique du ressentiment«, *Questions de communication*, 2007, Nr. 12, S. 57-75.

> Im Zentrum des Ressentiments steht eine invertierte, umgekehrte Axiologie: Niedertracht und Versagen sind Indizien für ein Verdienst, und Überlegenheit hier auf Erden und die Instrumente und Produkte dieser Überlegenheit sind von der Natur der Dinge her verwerflich, da sie gleichzeitig usurpiert und mit Blick auf irgendeine moralische Transzendenz entwertet werden, die das Ressentiment konstruiert hat. Die Axiologie des Ressentiments radikalisiert und moralisiert zugleich den Hass auf das Herrschende. Der Erfolg ist das Böse, der Misserfolg die Tugend: das ist die gesamte »Genealogie der Moral« auf eine Formel gebracht. »Niemand kann unschuldig regieren«, sagte Saint-Just.[1]

Das war übrigens die Stärke von Saint-Justs Argumentation, ihre Unwiderlegbarkeit und damit der Beweis für seine Ideologie, denn nichts konnte ihm einen Fehler nachweisen, er war unfehlbar wie das dogmatische religiöse Wort. Warum musste man den Königsmord adeln? Weil es darum ging, die Funktion des Königs zu töten, vor allem aber darum, zu begreifen, dass Louis Capet, indem er der König war, gnadenlos und immer schon ein Usurpator war – was stimmt. Er hat immer schon dem Volk die Rechte geraubt, unabhängig davon, ob er ein guter oder schlechter König war, diese Überlegungen sind bei einer solchen Argumentation völlig irrelevant. Das Ressentiment stellt dieselbe Logik auf, indem es die Werte umkehrt: Wenn Sie in dieser ungerechten Welt reich sind und wenn es Ihnen gut geht, dann weil Sie Komplizen dieser ungerechten Welt sind, denn sie ist systemisch und berücksichtigt den individuellen Wert der Personen in keiner Weise. Eine solche Umkehrung der Werte kann dann nur zum Totalitarismus und Egalitarismus im Sinne der Verdinglichung führen: Anstelle der herrschenden Verdinglichung entfaltet sich die Verdinglichung

1 Ebd.

der Beherrschten, die dann zu den Herrschenden werden. Der Teufelskreis wird nicht durchbrochen, er kommt lediglich einer neuen Gruppe zugute. Das Ressentiment ist mithin kein Denken, um soziale Gerechtigkeit herzustellen, sondern eine Ideologie, ein Machtverhältnis, das versucht, sich zu etablieren und die Interessen einer neuen Gruppe zu fördern, die sich beraubt fühlt.

> In Ressentimentdiskursen ist eine summarische eristische Dialektik am Werk, das heißt so etwas wie die Kunst, immer Recht zu haben [...], unzugänglich zu sein für Einwände, Widerlegungen und Antinomien, die man bei Ihnen entdeckt, wobei das Ganze ein unüberwindliches Dispositiv und auch eine unerschöpfliche Reserve bildet: Man hat nie gewonnen, es gibt noch immer die alten Benachteiligungen, die nicht korrigiert wurden, Narben, die an die Vergangenheit und ihr Elend erinnern, die ehemals herrschende Gruppe ist noch immer da, feindselig und verächtlich, und – wenn es nicht gelungen ist, sich ganz von ihr zu befreien, sie durch irgendeine »Endlösung« zu vernichten – behält sie noch immer einige Vorteile, die sie zu einem nicht endenden Hindernis für das gute Bild machen, das man von sich haben möchte.[1]

Die bislang herrschende Gruppe muss vernichtet werden, um darauf zu hoffen, wieder ein »Selbstbild« herzustellen, das dem Ich-Ideal der ressentimenthaften Subjekte mehr entspricht. Solange die anderen nicht vernichtet sind, gibt es eine Art Stich in der Seele, ein Loch, das der Bitterkeit, die so stark wird, dass sie unerträglich ist. Beim genozidären Wahnsinn der Ultralösung, die das »Problem« verschwinden lässt, anstatt es zu lösen, gibt es genau diesen

1 M. Angenot, »Le ressentiment: raisonnement, pathos, idéologie«, in Michael Rinn (Hg.), *Émotions et discours: L'usage des passions dans la langue*, Rennes, Presses universitaires de Rennes, 2008, S. 83-97.

Mechanismus: zu glauben, dass die totale Ausrottung endlich wieder Sicherheit geben, den ressentimentgeladenen Trieb beruhigen und die gerechte Ordnung wiederherstellen kann, während sich doch einfach eine neue ungleiche Ordnung organisiert, bei der aber das ehemalige Opfer nun der Henker ist. Man begreift leicht, dass dieser Mechanismus kein Ende findet, es sei denn man glaubt, dass die Ausrottung total war, und selbst dann ist es eine mafiöse und verabscheuungswürdige romantische Vision zu glauben, dass die Ausrottung des anderen möglich ist und dass die neue »Reinheit« unversehrt bleiben wird. Nein, es werden neue Ressentiments entstehen, da nur die Arbeit der Dekonstruktion des Triebes, nicht seine Freisetzung, ihn einschränken oder gar stillen kann. Niemand vermag sich dieser Arbeit zu entziehen, weder als Einzelner noch als Gruppe. Und sie ist nie abgeschlossen, da die individuelle und kollektive Geschichte immer wieder neue Herausforderungen mit sich bringt, die es zu bewältigen gilt. Auch weil die ganze analytische Arbeit noch nicht getan ist, muss man sie gewissermaßen desavouieren und ihr eine »unfälschbare«, unfehlbare, also »mythologische« Ordnung der Dinge entgegensetzen, die eine trügerische »grandiose« Lektüre der Welt bietet, was Angenot als »außerdialektische Komponenten« bezeichnet, die man mit einer simplen, immer schon verdächtigen wissenschaftlichen Argumentation nicht widerlegen kann.

> Abgesehen von seiner windigen Argumentation ist das Denken des Ressentiments auch an außerdialektischen Komponenten zu erkennen, das heißt an »Lieblingsmythen«. Dieses Denken, das abwertend und misstrauisch ist, ist ein großer Konsument und Produzent bestimmter, wohlbekannter Arten von »Mythen«: dem Mythos des Komplotts, der niederträchtigen Verschwörung, den Mythen des Ursprungs, der Verwurzelung, dem Mythos des unter den Seinen zu gebärenden Rächers. Man kennt den Überzeugungseffekt solcher Mythen: Sie sollen zu einer Großen Erklärung dieses *mundus inversus* beitragen,

dieser verkehrten Welt, in der ich und die Meinen nicht am richtigen Platz sind.[1]

Der Begriff des *mundus inversus* ist sehr wichtig, um die unverbrüchliche Verbindung zwischen Ressentiment und Verschwörungsdenken zu verstehen, denn er ist aufgrund seiner Fähigkeit zum Holismus geeignet, auf alle Fragen und Versäumnisse der heutigen Welt einzugehen. Er ist eine Art magische Lösung, die auf alles eine Antwort hat, alle narzisstischen Kränkungen des ressentimenthaften Individuums erklären kann und darüber hinaus eine wunderbare Verwässerung der eigenen Verantwortung erlaubt. Das Verschwörungsdenken ist in der Psychiatrie wohlbekannt, da es paranoiden Strukturen vorbehalten ist, die alle äußeren Zeichen in eine einzige Richtung interpretieren, nämlich die Bestätigung ihrer ursprünglichen These. Es gibt keinen Ausweg. »Einige Politologen [...] diagnostizieren in der gegenwärtigen öffentlichen Kultur das starke Wiederaufleben einer ›paranoiden Logik‹, deren Symptome die Verschwörungsthesen von rechts und links sind.«[2] Es ist das Wesen der Psychose, einen Ausweg zu verhindern, Betreuung oder Wiedergutmachung zu verhindern, und das ist auch der Grund, weshalb es so schwierig, ja fast unmöglich ist, von diesem Übel geheilt zu werden.

Die paranoide These ist umso schwieriger zu dekonstruieren, als sie gerade die ultimative Klarsicht verkörpern soll. Die Paranoia hat eine wichtige Rolle, vergessen wir das nicht: Sie stellt den narzisstischen Trieb des Subjekts wieder her, gibt ihm das Gefühl von Intelligenz zurück, die bei ihm ignoriert und nicht anerkannt wird. Was die Gesellschaft ihm verweigert, bietet ihm die Paranoia auf dem Silbertablett dar. Deshalb ist es ziemlich logisch, dass er sich daran klammert, denn es gibt dort die einzige

1 Ebd.

2 M. Angenot, »Nouvelles figures de la rhétorique la logique du ressentiment«.

leicht zugängliche Reparatur. Man muss sich in Erinnerung rufen, dass die Psychose in der großen Zerstörungsbewegung des anderen immer ein selbsterhaltendes Denken ist, sei es bewusst oder unbewusst. Diese Dynamik, diese selbsterhaltende Energie stellt die Qualifizierung der Psychose als »Krankheit« in Frage, so sehr ist sie die Lebenskraft eines Übels. Wenn man sich jedoch auf die dynamischeren und subjektiveren Definitionen von Krankheit bei Canguilhem bezieht, um nur ihn zu nennen, ist die Krankheit die »Erfahrung eines positiv Neuen«,[1] um in seinem Sein als gesunder Körper fortzubestehen. Sie ist eine Innovation des Lebewesens »zum Zwecke der Heilung«,[2] schreibt Canguilhem noch. Die Psychose verfolgt nicht den »Zweck der Heilung«, sie ist im Allgemeinen eine Verleugnung der Krankheit. Man muss klar zwischen der perversen Leugnung der Krankheit und der Anosognosie unterscheiden, die unter die neurokognitive Störung fällt.

Die Verwendung der Gesundheit als Metapher hilft uns, die innere Dynamik des Subjekts und der Demokratie zu erfassen. Sie ist wichtig, um die Form von *vis medicatrix naturae* zu begreifen, die wir auf den Weg bringen, erfinden, konsolidieren und konzeptualisieren müssen, um die Gesundheit des Individuums und

1 »Die Krankheit ist für das Lebewesen die Erfahrung eines positiv Neuen und nicht bloß Verminderung oder Potenzierung«, in Georges Canguilhem, »IV Krankheit, Genesung, Gesundheit«, *Das Normale und das Pathologische*, übers. v. Monika Noll u. Rolf Schubert, Frankfurt am Main u. a., Ullstein, 1977, S. 121-136.

2 »Krankheit ist nicht nur Gleichgewichtsstörung oder Disharmonie, sondern auch – und vielleicht vor allem – Streben der innermenschlichen Natur nach einem neuen Gleichgewicht. Die Krankheit ist eine umfassende Reaktion zum Zwecke der Heilung. Der Organismus schafft eine Krankheit, um sich zu heilen. Die Therapie soll diese spontanen hedonischen und therapeutischen Reaktionen zunächst einmal gewähren lassen und nötigenfalls verstärken. Die medizinische Technik ahmt die Heilwirkung der Natur (*vis medicatrix naturae*) nach.« In Georges Canguilhem, »I Einführung in das Problem«, *Das Normmale und das Pathologische*, S. 19-25.

der Organisation, in der es lebt, zu schützen. Bildung und Behandlung zielen letztendlich darauf ab, diese *vis medicatrix naturae* zu erarbeiten, die in der Lage ist, Innovationen zum Zwecke der Heilung hervorzubringen, das heißt Reformen, die der Aufrechterhaltung einer dauerhaften Demokratie gewidmet sind.

> Das Ressentiment hat – bei dem, der bestreitet – immer in Reaktion auf die Entzauberung[1] operiert, das zentrale Konzept von Max Weber. Die Ideologien des Ressentiments sind eng mit den Wellen der Angst vor der Moderne, der Rationalisierung und der Deterritorialisierung verbunden. Die Mentalität der Gemeinschaft,[2] die homogen, warm und stagnierend ist, neigt in offenen, kalten, rational-technischen Gesellschaften dazu, bissig zu werden. Das Ressentiment, das unter gramen und viktimisierten Gleichen wieder eine Solidarität herstellt und den Rückzug auf die Gemeinschaft aufwertet, erscheint als ein Mittel, um mit geringem Aufwand wieder Wärme herzustellen; ein Einvernehmen im warmen Irrationalen, während man sich mit anonymen und kalten gesellschaftlichen und internationalen Entwicklungsmechanismen konfrontiert sieht, unkontrollierbaren »kalten Monstern«, die eben keine kollektive Taktik und keinen kollektiven Erfolg erlauben.[3]

Indem Angenot das Ressentiment und die Entzauberung miteinander verbindet, hat er einen klaren Blick, insofern eine fehlende Sublimierung der Entzauberung das Ressentiment unausweichlich macht. Bei der Prävention können wir uns, ohne über den Zwang zur Sublimierung der Angst – die einzige wirkliche Herausforderung – zu gehen, gegen ihre Entfaltung wappnen, indem wir dar-

1 »Entzauberung« im Original auch auf Deutsch, Anm. d. Übers.
2 »Gemeinschaft« im Original auf Deutsch, Anm. d. Übers.
3 M. Angenot, »Nouvelles figures de la rhétorique: la logique du ressentiment«.

auf achten, die extremen Prozesse der Rationalisierung und Deterritorialisierung nicht zu verstärken, die unweigerlich zu einem Gefühl der Verdinglichung führen und damit in Reaktion darauf zu einem Widerstand, der sich sehr schnell lieber der Opferleidenschaft unterwirft, als sich für einen aktiveren staatsbürgerschaftlichen und demokratischen Widerstand zu engagieren.

14
Zur Ich-Erweiterung I

Es ist intellektuell lächerlich und ethisch gefährlich, die psychischen und sozialen Existenzbedingungen des Individuums zu negieren, ihre enge Interaktion nicht zu sehen und zu glauben, dass eine vollkommen konstruierte Rationalität eine unkontrollierte Freisetzung der Todestriebe des Individuums kontrollieren kann. Hermann Broch plädierte in seinem großen Werk über die *Massenwahntheorie* dafür, politische Psychologie zu lehren und die Massenwahnerscheinungen zu untersuchen,[1] das, was er als alltägliche Blindheit und als alltäglichen Rausch bezeichnete. Wenn nichts in dieser Richtung unternommen werde, drohten zwei Phänomene aufzutreten, die für die »massenmäßig orientierte Geistesverwirrung«[2] gleichermaßen schädlich waren, nämlich die »Irrationalbereicherung« und die »Rationalverarmung«,[3] wobei Erstere eher zu einem religiösen Überborden gehört und Zweitere zu einem überbordenden populistischen Anspruch, wobei beide natürlich verwandte Phänomene sind.

1 Hermann Broch, *Massenwahntheorie* (1955), Frankfurt am Main, Suhrkamp Verlag, 1979, S. 11.
2 Ebd., S. 11.
3 Ebd., S. 14.

Warum »politische Psychologie«? Weil Hermann Broch sich sehr wohl bewusst ist, dass es keine mystische Entität wie »die Masse« gibt, als wäre sie eine eigene Entität mit einem eigenen Willen. Die kollektive Psychologie ist die Untersuchung der »Außenweltbedingungen, unter welche das Ich durch das Vorhandensein einer soziologischen Gruppe, wie es die Masse ist, gestellt erscheint«.[1] Wenn das Ich sich nicht mehr mit der Welt verbinden kann, wenn es sich mit anderen Worten von ihr ausgeschlossen fühlt oder sie nicht einmal mehr geringfügig verändern kann, kommt es angesichts dieser Unmöglichkeit zu einer »Ich-Erweiterung« durch die Welt nach und nach zu deren genauem Gegenteil, nämlich zu einer »Ich-Verengung«, und beim Individuum wird »ein zur Ekstase entgegengesetztes Gefühl ausgelöst, nämlich das der Furcht, hinter der bekanntlich stets Todesfurcht steht«.[2] Das Ich kann seinen Todestrieben, seiner Angst vor dem Nichts und dem Tod nur widerstehen, wenn es eine Art Aussetzung dieser Angriffe vornimmt, indem es ihnen eine kreative Lebensenergie und die Kraft der Sublimierung entgegensetzt.

Dafür gibt es mehrere Wege: Die Erweiterung des Ichs kann verschiedenartig erfolgen: Liebe und Freundschaft, im aristotelischen Sinne des Wortes, also weiter gefasst als die bloße Wahlverwandtschaft, sind ein Grund, sagen wir eine Gelegenheit zur Vergrößerung, Erweiterung des Ichs. Die ästhetische Erfahrung, die Kunst, die Geisteswissenschaften ebenso. Wir haben auch gesehen, dass die *vis comica* eine Form der Ich-Erweiterung ist, oder genauer gesagt eine sehr wirksame Dynamik zur Dekonstruktion der Ich-Verengung, da sie das Bild von der Welt, das als zu stereotyp und restriktiv empfunden wird, ständig auf den Kopf stellt. Das Lachen ist eine Form von Urteilsvermögen. Ich wurde mit dem Lachen großgezogen, sich dem Schrägen zuzuwenden, sofort vom Schrägen auszugehen, sofort die Dinge von unten zu se-

1 Ebd., S. 45.

2 Ebd., S. 48.

hen. Lachen, um die Illusion des Besitzes zu dekonstruieren: »Das Erkennen der Welt, das Erkennen des Non-Ich, wird zu einem sublimierten Besitz der Welt, kurzum zu einer Triebsublimierung. Es hat sich herausgestellt, daß es unmöglich ist, die gesamte Welt tatsächlich zu besitzen, aber statt dessen ist der symbolische Besitz als Möglichkeit vorhanden, und nun wird von diesem verlangt, daß er das leiste, was der primitive Possessivwert nicht zu leisten vermocht hatte, nämlich die Aufhebung der Zeit.«[1] Wir sehen deutlich, dass die moderne zeitgenössische Illusion vorschlägt, auf die Symbolisierung zu verzichten, um das Ich zu »erweitern«, und dass sie aus diesem eigentlich ethischen, intellektuellen, metaphysischen und symbolischen Problem ein materielles und technisches Problem macht. Und das funktioniert natürlich nicht, es schafft Abhängigkeiten und falsche Kompensationsfähigkeiten; sobald das Wi-Fi jedoch nicht mehr funktioniert, herrscht in den armseligen geistigen Behausungen Panik. Die Ich-Erweiterung ist keine Allmacht des Ich, sondern das genaue Gegenteil. Sie zeugt vom Wissen des Ich um seine Grenzen und von der Notwendigkeit, sie zu sublimieren, um nicht möglichen tödlichen Auswüchsen ausgesetzt zu sein. Die Symbolisierung ist die Antithese zur Allmacht, insofern ihre Absenz akzeptiert wird, das Subjekt aber eine qualitative Beziehung zu ihr herstellt, welche den Schmerz des abwesenden Besitzes zu überwinden erlaubt. Dies ist eine der ersten Lehren der Psychoanalyse: Wie kann man der Trennung, der Abwesenheit des Objekts und des anderen standhalten, wie kann man dem »Non-Ich« standhalten, das mich umgrenzt? Das Kind glaubt zunächst, von der Mutter untrennbar zu sein, es glaubt zweifellos, dass es sie und sie es ist, doch diese Illusion legt sich sehr schnell; zweifellos ist die Vorahnung der Trennung schon bei der Geburt unvermeidbar, und die Erziehung wird bei ihm nach und nach dazu beitragen, das Auftauchen der Macht zur Symbolisierung zu begleiten: Hier liegt die Mutter begraben.

1 Ebd., S. 47.

15
Was die Trennung bedeutet

Die Trennung ist keine Abkehr, Ablehnung der Schuld gegenüber den Älteren und einer bestimmten Form emotionaler Abhängigkeit, des trügerischen Glaubens, unabhängig zu sein, ohne Verpflichtung. Verstehen ist niemals mit einer karikaturistischen Geste gleichzusetzen: Die Trennung zu akzeptieren, sie als Pflicht zu betrachten, eine bestimmte Form der Ferne zu akzeptieren, ist etwas ganz anderes, was das Subjekt auch nicht zu einer Verleugnung der kindlichen Bindung veranlasst. Dennoch kann die Angst vor der Trennung, ohne sie jemals zu sublimieren, an eine Selbstviktimisierung grenzen, weil man sich nicht mehr als Einziger und Einzigartiger beschützt, erwartet und geliebt fühlt. Das ist nie ganz klar, und die physischen und ganz realen »Eltern« sind nicht unbedingt von dem Ding der Unmöglichkeit betroffen, dem phantasierten, fast magischen Schutz nachzutrauern.

Es gibt eine Autorin, deren Lektüre die ganze Ambivalenz der Beziehung zu den Eltern beleuchtet, die zugleich unermesslich ist und die größten Entwicklungen des Kindes begleitet, sich aber trotz allem im Rückzug befinden kann, oder von der das Kind weiß, dass es nicht mehr das erwartet, was es in der Vergangenheit erwartet hat. Ambivalenz, wieder einmal.

Als Simone Weil nach New York aufbricht, wendet sie sich am Kai an ihre Eltern: »Wenn ich mehrere Leben hätte, würde ich euch eines davon widmen. Aber ich habe nur eines, und dieses schulde ich anderswo.«[1] »Ich schulde euch alles«, sagt das Kind zu seinen geliebten Eltern, aber diese Schuld schulde ich auch dem »Anderswo«, und so nimmt das Offene Gestalt an. Weils »Hier liegt die Mutter begraben« hat ihr nie den Zugang zu ihrer

1 Simone Weil, *Correspondance familiale*, I, in *Œuvres complètes*, VII, Paris, Gallimard, 2012, S. 8.

Kindheit versperrt.[1] »Alles geschah so, als hätte der familiäre Blick ihr Sein immer vereint – und, wenn nötig, wieder vereint –, als hätte kein äußerer Blick sie von sich selbst getrennt. Der elterliche Blick – vor allem der mütterliche – bestätigte weit über die Adoleszenz hinaus die Identität dieses genialen und unruhigen Kindes, das glaubte, *mit mittelmäßigen intellektuellen Fähigkeiten geboren worden zu sein.*«[2] Und die Trennung war nie leicht, aber sie war da. Oft beschwert sich die Tochter Weil bei der Mutter Weil und wirft ihr vor, nicht oft genug zu schreiben, und dann, ein paar Zeilen weiter, wird der Vorwurf als unbegründet erkannt, und Simones Leben erweist sich als gnadenlos, was die mögliche Zeit für andere betrifft. Ihre Eltern sind in ihrem Herzen und Geist allgegenwärtig, doch die Straßen der Welt sind unendlich, und es gibt kein denkbares Zurück, man muss gehen, schreiben, die Herausforderung des mathematischen und griechischen Denkens annehmen, die Herausforderung der Versöhnung der modernen und der antiken Zeit annehmen; und daher erscheint der Verbleib beim mütterlichen Schoß unplausibel. Er wäre hinderlich und würde die erzieherischen Ambitionen der Eltern pervertieren. Einen Monat vor ihrem Tod, als sie krank und von starker Müdigkeit geplagt ist, sind sie es, an die sie denkt: »Ich bin am Ende, kaputt, jenseits jeder Möglichkeit der Wiederherstellung. […] Im günstigsten Fall […] kann ein Gegenstand vielleicht nicht wiederhergestellt, aber provisorisch zusammengeklebt werden […]. Ich glaube, ja bin fast überzeugt, dass selbst dieses provisorische Zusammenkleben nur von meinen Eltern vollbracht werden kann, nicht anders.«[3] Ihr ganzes Leben lang schwankt Weil zwischen dem Bewusstsein der Distanz und dem Wunsch nach der wieder-

1 »Es gibt bei Simone Weil keinen Ausschluss außer der Kindheit«, in Robert Chenavier, »Avant-propos«, in S. Weil, *Correspondance familiale*, I, S. 16.

2 Ebd.

3 Ebd., S. 21.

gefundenen Einheit, dem Verlangen nach Liebe, wie Aristophanes sie in Platons *Gastmahl* beschrieb,[1] und erinnert jeden von uns an unser ursprüngliches Schicksal, eines und nur eines zu sein, vor den zweien von Mann und Frau. Ihre Suche nach Gott hängt zweifellos damit zusammen, mit diesem symbiotischen Empfinden. Von dem Einen wieder zusammengefügt, repariert zu werden, wer hat sich nicht eine solche Heilung erhofft? Ich für meinen Teil hatte, als der gewaltige Bruch erfolgte, nicht einmal mehr Zugang zu einem solchen Verständnis. Es stellte sich heraus, dass sie zu jeder Morgen- und Abendstunde und, wenn es sein musste, auch tagsüber da waren, der Vater und die Mutter, die Mutter und der Vater, auch die Großmutter, nicht einfach als Familie, gewiss, doch in dem Moment handelt es sich fast um etwas anderes, um etwas wie eine Pflicht jenseits des Alters und des Lebens, eine liebende und stille, verantwortungsvolle, rege und effiziente Brüderlichkeit. Um etwas wie ein Gebot.

Mit vierzehn Jahren verfiel Simone Weil in »eine dieser bodenlosen Verzweiflungen der Adoleszenz«, weil ihr bewusst wurde, dass sie nicht ihr Bruder war, dessen Genie bereits anerkannt war, zumindest war sie davon überzeugt; und was sie rettete, war das Gefühl, dass nur die einfache, authentische und anhaltende Anspannung der Anstrengung, der Anstrengung der Aufmerksamkeit, um zur Wahrheit zu gelangen[2] – andere würden vom philosophischen Stachel sprechen –, die Seele aus ihrer erwiesenen Mittelmäßigkeit retten konnte. Später wird sie André Weil, ihrem Bruder und Vertrauten, dafür danken, dass er ihr gesagt hatte, dass »die Zukunft [sie] braucht«,[3] und fügt hinzu, dass sie das Altertum der Griechen bevorzuge, um sich an diese »Zukunft«, so wie sie sich darstelle, anzubinden. In ihrem Briefwechsel mit ihrem Bruder kommt Weil auf Nietzsches Interpretation

1 Simone Weil, *Écrits de Marseille*, IV, in *Œuvres complètes*, VII, S. 185.
2 R. Chenavier, »Avant-propos«.
3 S. Weil, *Correspondance familliale*, I, S. 438.

der griechischen Tragödie zurück. Der Philosoph täuscht sich ihrer Meinung nach, wenn er die Griechen als »hoffnungslos«[1] an die Proportion gebunden beschreibt. Ein Satz, der nicht oxymorisch ist, sondern von einem Nichtverstehen des antiken Geistes in der Moderne zeugt. Es gibt keine Verzweiflung. Es gibt zwar den bitteren Geschmack der Notwendigkeit, aber dieser besteht gleichzeitig mit einer Form von Glück, vielleicht der Verpflichtung. War dies quasi angeboren oder implizit der Sinn der Sublimierung? Konnte Nietzsche nur eine melancholische Sublimierung herstellen? Wie dem auch sei, Simone Weil hat ihre Seite gewählt, die des Maßes und der Harmonie gegen das Dionysische, die der Mathematik und der Geometrie gegen das herrschende Chaos, auch wenn sie dieses wiederholt am eigenen Leib erfahren konnte und die aktiven Jahre vor dem Krieg ihr Denken geprägt haben. Sie lehnt es jedoch ab, sich von der Störung und Versuchung des Wahnsinns anziehen zu lassen. Alle, die ihre Augen offen halten, haben eine schmerzerfüllende Vorstellung von der Existenz.[2] Dennoch unterwerfen sie sich deshalb nicht der Zerstörung und Angst. Die Griechen waren frei von Angst.

1 Ebd., S. 467.

2 Ebd., S. 475: »Sie hatten sicher eine schmerzerfüllende Vorstellung vom Dasein, wie alle, die ihre Augen offen halten; aber ihr Schmerz hatte einen Gegenstand; er hatte einen Sinn in Bezug auf die Glückseligkeit, für die der Mensch geschaffen ist und der ihn die harten Zwänge dieser Welt berauben. Sie hatten keinen Gefallen am Unglück, an der Katastrophe, an der Störung. Während es bei so vielen Modernen (insbesondere Nietzsche, glaube ich) eine Traurigkeit gibt, die damit zusammenhängt, dass sie um die Bedeutung von Glücklichsein gebracht wurden; sie haben das Bedürfnis, sich zu vernichten.«

16
Zur Ich-Erweiterung II: Demokratie, ein offenes Wertsystem

Die Angst ist eine Wahrheit der Modernen. Wenn die Ich-Verengung fortbesteht, vertieft sich die Angst. So beschreibt Hermann Broch »eine hoffnungslose Angst«. Dann zeigt Broch verschiedene Arten von »Stützgerippen«[1] auf. Die traditionellsten beziehen sich auf die materielle Realität, kurz das Eigentum, die Beziehung zur Macht oder zur intellektuellen Realität mit der Erkenntnis oder auch mit der emotionalen Realität, wobei es darum geht, »Wertsysteme« zu schaffen, die »auf Vermeidung von Panik«[2] abgestellt sind, insbesondere der Panik, die mit der Endlichkeit verbunden ist oder mit der Gefahr, die auch der andere darstellen kann. Alle unsere Wertsysteme versuchen mithin, unsere existentielle Angst zu beruhigen und das Subjekt aus der Umklammerung zu befreien, mit dem Ziel, etwas zu tun. Das Ressentiment erzeugt hingegen eine Umkehrung dieses Wertsystems; es wird zwar ein Wertsystem erzeugen, doch eines, von dem sich das Subjekt nicht emanzipieren kann: Es wird im Gegenteil dessen triebhafte Neigungen wiederholen, sie verfestigen und dabei einen Zustand des Rückzugs auf sich selbst und auf seine Gewissheiten herstellen. Broch lässt uns an Karl Poppers Beschreibung »offener Gesellschaften« denken, da er einen ähnlichen Begriff verwendet, um ein gesundes Wertesystem gegenüber einem ungesunden zu definieren.

Selbst wenn der Mensch natürlicherweise dazu neigt, wie durch eine Art konditionierten Schutzreflex die Welt unter sein Wertsystem subsumieren zu wollen, muss er dennoch denken können,

1 H. Broch, *Massenwahntheorie*, S. 49.
2 Ebd.

dass es noch einen Rest gibt und etwas, das sich dieser Synthese widersetzt.

> Jeder Mensch, jede soziale Gruppe, jeder Beruf usw. versucht, die Welt in seinem spezifischen Apperzeptionsschema, das eben das einer Wertschematik ist, zu begreifen und ausschließlich in diesem unterzubringen.[1]

Das Problem ist also nicht, dass das Individuum oder die Gruppe so zu handeln versucht, denn das ist zunächst ganz natürlich; das Problem entsteht, wenn sie sich daran klammern und nicht in der Lage sind, die Grenzen ihres Wertsystems zu überschreiten, und wenn alles, was diese Grenzen überschreitet, deshalb als illegitim angesehen wird. Es geht nicht darum, relativistische Systeme anzuerkennen, die ihre Werte und Argumentationen nicht hierarchisch ordnen. Es geht im Gegenteil darum, Wertsysteme zu schaffen, die mit einem kritischen Denken vereinbar sind und die eine Diskussion mit kontradiktorischen Überlegungen zulassen, auch wenn sie diese ablehnen, aber in gutem Glauben, nicht in bösem Glauben, wie Schopenhauer ihn theoretisiert hat. »Ein System, welches unter der Herrschaft einer Wertdogmatik steht, darf als geschlossenes System bezeichnet werden.«[2] Das ist klassischerweise bei Religionen oder fundamentalistischen und totalitären Ideologien der Fall. »›Offene Systeme‹ hingegen zeichnen sich dadurch aus, daß sie nicht versuchen, in einem bestimmten materialen Wertdogmengebäude sämtliche Weltphänomene unterzubringen, sondern sich bemühen, die erwünschte absolute Geltung durch ständige Fortentwicklung des Systems zu erreichen.«[3] Die Wissenschaft ist ein offenes System *par excellence*, das mittels einer sukzessiven Stabilisierung der Wahrheiten arbeitet, auch wenn

1 Ebd., S. 50.
2 Ebd.
3 Ebd.

diese von einer neuen Überlegung, die sie nach wissenschaftlichen Regeln in Frage stellt, zu Fall gebracht werden können.

Broch geht also einen Schritt weiter, um das Individuum mit einem offenen oder geschlossenen Wertsystem zu verbinden und dann die Ressourcen zu beschreiben, die das Individuum hat, um all seinen Todestrieben zu widerstehen, denn die Ausübung dieses oder jenes Wertesystems ist nicht ohne Folgen für die Psyche des Individuums und der Gemeinschaft. Jedes in einem Individuum vorhandene Wertsystem ist natürlich nicht das alleinige Ergebnis individueller Werte, sondern beruht auf einer ständigen Interaktion zwischen der Persönlichkeit des Individuums und den (familiären, kulturellen, institutionellen, ökonomischen) Gesellschaften, in denen es sich bewegt. Broch erinnert daher daran, dass es für das Individuum notwendig ist, diesen gegenüber eine kritische Funktion auszuüben, und das obgleich es sich seiner Zugehörigkeit zu verschiedenen Gemeinschaften bewusst ist, die ihm überdies Rückendeckung geben, und obgleich es so Gefahr läuft, sich ihnen zu entfremden. Broch beschreibt einen »Idealtypus der Gemeinschaft«, der dem Individuum sowohl ein »Maximum an rationalen wie an irrationalen Werten bietet, letztere ebensowohl in Gestalt der freien Persönlichkeitsentwicklung wie der von Gemeinschaftsgefühlen«.[1] Brochs Theorie ist umso interessanter, als sie das Rationale und das Irrationale nicht einander entgegensetzt, sondern einräumt, dass beide für den Menschen wesentlich sind.

Wir können darüber hinaus hinzufügen, dass die Vernunft als Ganzes nicht notwendig in der Wissenschaft zum Ausdruck kommt oder in Anlehnung an eine ihr vorausgehende Methode der Zertifizierung. Die Vernunft erfindet nach und nach auch ihre neuen Bewertungs- und Messinstrumente, Instrumente, die bislang in Bezug auf die wissenschaftliche Rationalität als unzulänglich angesehen wurden. Gleichwohl sind der menschliche Geist

1 Ebd., S. 53.

und die damit verbundenen kognitiven Emotionen sowohl vom Rationalen als auch vom Irrationalen beseelt, was noch nicht wissenschaftlich bewiesen ist und vielleicht auch nie bewiesen werden wird. Beide sind essentiell, um die Seele des Individuums zu »versorgen« und ihm Ressourcen zur Verfügung zu stellen, mit denen es seine Existenzangst und sein mögliches Abgleiten in Ressentiments überwinden kann. Wenn Broch für die irrationale Realität besonders sensibel ist, dann weil er die Sinnlosigkeit der Welt, in der er lebte – Nazideutschland –, am eigenen Leib und in der eigenen Seele erfahren hat und weil er sicherlich spiegelbildlich dazu eine mystische Form des Widerstands entwickelt hat, die in der Lage ist, sich diesem völligen – mörderischen – Werteverfall zu entwinden und dabei Offenheit zu wahren. Brochs Mystizismus ist ein offenes und keineswegs dogmatisches System, doch auch ein System, das sich nicht allein mit der mathematischen Logik umfassen lässt. Der Szientismus kann ein wahres Blutbad anrichten, ganz wie der Fanatismus.

> Es läßt sich mit ziemlicher Sicherheit behaupten, daß jedes Zentralwertsystem, und mag es noch so kulturaufbauend gewesen sein, in dem Augenblick zerfällt und zu einem richtigen Massenwahn degeneriert, in welchem seine Theologie zum geschlossen-autonomen System wird und als solches hypertrophiert.[1]

Daher ist es wichtig, dass das zentrale Wertesystem in der Lage ist, angesichts neuer Werte und »Fakten«, die bislang weder erfahren noch gedacht wurden, eine Art regelmäßige Homöostase zu erzeugen. Einmal mehr erfolgt die Anpassung an diese neue Realität nicht sofort und kann ein tiefes Gefühl der Destabilisierung auslösen. Wenn ein Subjekt in seinem geschlossenen System bleibt und zu neuen Symbolisierungen und Sublimierungen unfähig ist,

1 Ebd., S. 55.

ist die Konsequenz unausweichlich und es rutscht in eine Psychose ab, die für es selbst und für die Gemeinschaft gefährlich ist. Wenn es ein offenes System aufrechterhält, bedeutet dies keineswegs, dass es sofort vor den Anstürmen materieller, emotionaler und intellektueller Unsicherheit geschützt ist, die durch diese neue Realität hervorgerufen werden, sondern dass es in der Lage ist, sich ihnen zu stellen. Broch spricht dann von einer möglichen psychischen »Zerrissenheit«,[1] die er eher mit einer Neurose als mit einer Psychose vergleicht, wobei die Neurose trotzdem sehr schwer sein kann. Wenn man Popper und Broch in einen Dialog eintreten lassen kann, dann genau deshalb, weil beide versucht haben, die demokratische Gesellschaft als ein offenes System zu denken, und Broch sogar so weit ging zu glauben, dass der eigentliche Zweck der Demokratie im »Kampf gegen den Massenwahn« und in der »Zurückführung des Menschen in das offene System der Humanität« besteht.[2] Sicher ist Brochs Theorie ganz von christlichem Mystizismus geprägt, insofern er versucht, die »demokratische Bekehrung«[3] analog zur religiösen Bekehrung zu denken. Darin ist er gar nicht so weit von den Wegbereitern der Französischen Revolution entfernt – zumindest von einigen, zu denen Robespierre ebenso wie Rousseau gehören –, die die Religion wegen ihres sektiererischen Aspekts kritisierten, aber versuchten, ihren Mechanismus der Einigung und der Herstellung eines Gemeinschaftsgefühls zu verstehen. Rousseau sprach von »Zivilreligion«, und Robespierre wollte die Prinzipien der Republik heiligen. Ich habe in *Les Pathologies de la démocratie* versucht, dieses sehr französische Phänomen zu erklären, und die folgende Hypothese aufgestellt: Wenn der Begriff des Laizismus in Frankreich so normativ ist, dann vielleicht, um einem jeden zu erlauben, ohne Dogma ein Verhältnis zur Transzendenz aufzubauen, und

1 Ebd.
2 Ebd., S. 63.
3 Ebd.

zumindest zu erlauben, dass es in diesem staatsbürgerlichen und persönlichen Verhältnis zur Transzendenz ein mögliches und gemeinsames nicht konfliktuelles Territorium gibt. »Das Schema aller religiösen Bekehrungen kann daher auch sehr gut für ihre säkulare Fortsetzung gelten.«[1] Das Interessante an Brochs Überlegungen – und man kann sie schätzen, ohne seinen Hang zur Mystik teilen zu müssen – ist, dass sie zu verstehen erlauben, wie die Demokratie für das Individuum »auf ständige ›Rationalitätsbereicherung‹ ausgerichtet ist«, und diese Form der Rationalitätsbereicherung bezieht sich auf einen sehr persönlichen, intimen und keineswegs politischen Raum.

17
Der Mensch des Untergrunds: Dem Abgrund widerstehen

Es gibt sehr gefährliche Nachbarschaften zwischen dem Herzen eines Menschen und dem Ressentiment, das oft irreversibel ist. Doch manchmal, in der Literatur, gibt es eine mögliche Ablösung, zum einen durch den Stil als Symbolisierungskraft, zum anderen durch die Handlung, die von dieser Umkehr erzählen kann, von der Unmöglichkeit für den Menschen, mit seinem eigenen Ressentiment so weiterzuleben. Dostojewski befasst sich als Schriftsteller mit diesem gravierenden Problem, insbesondere in *Schuld und Sühne*, obwohl er sich in einer schwierigen persönlichen Situation befindet, die von Schulden und Verbitterung gekennzeichnet ist.

In seinem Briefwechsel von 1865[2] erzählt der Schriftsteller, dass

1 Ebd.

2 Georges Nivat, »Préface«, in Fedor Dostoïevski, *Crime et Châtiment* (1866), Paris, Gallimard, »Folio«, 1975, S. VII-X.

er durch die Pflicht zum »Fasten« die Lust am Essen verloren hat, das heißt durch fehlende Mittel, sich richtig zu ernähren. Dann erklärt er, dass er plant, eine Geschichte zu schreiben, die das »psychologische Protokoll eines Verbrechens« beschreibt. Das Verbrechen, das er beschreibt, ist durch und durch abscheulich, auch wenn jeder glauben kann, dass das Schicksal des jungen Mannes, eines angehenden Kriminellen, nicht gerechtfertigt ist, insofern er genauso elend ist wie die Welt, die er verabscheut. Der Held ist arm und mit großer Sicherheit verzweifelt. Er lässt sich, schreibt Dostojewski, von »seltsamen Ideen« leiten, die ihn durch die Tötung eines anderen, nämlich einer »alten« Frau, einer »törichten«, »tauben«, »kranken« Wucherin, ins Verderben stürzen. Muss man eine solche Handlung als Verbrechen bezeichnen, fragt er sich, obwohl die Frau sehr alt ist, früher oder später ohne fremde Hilfe sterben wird und ein mediokres und egoistisches Spiegelbild ihrer Umgebung ist? Die Antwort ist positiv. Und genau hier rettet das Buch den Täter, indem es ihn verurteilt, nicht zum Ressentiment und zum Verharren in seiner mörderischen Gewissheit, sondern zur Reue, und ihm so den Weg zu einem weitaus schwierigeren, aber trotz allem erlösenden Vorgehen zeigt.

> Unlösbare Fragen stellen sich dem Mörder, unerwartete und unvermutete Gefühle quälen sein Herz. Die göttliche Wahrheit und das menschliche Gesetz gewinnen wieder die Oberhand, und schließlich ist er gezwungen, sich selbst anzuzeigen. […] Das Gefühl der Isoliertheit und Trennung von der Menschheit, das er empfand, sobald das Verbrechen vollbracht war, hatte ihn gefoltert. Der Verbrecher entscheidet selbst, seine Tat zu sühnen und es auf sich zu nehmen zu leiden.[1]

1 Briefwechsel von F. Dostojewski, Brief an M. A. Katkov, September 1865; zit. n. G. Nivat, »Preface«.

Diese Studie über die psychologische Umkehr des Verbrechers wird Dostojewski erlauben, eine neue Figur des Menschen auszuarbeiten, nämlich eine, die gleichzeitig die Enttäuschung und das Ressentiment überwindet, auch wenn sie unaufhörlich mit ihnen flirtet und Gefahr läuft, ihnen zu erliegen, nämlich den »Menschen des Untergrunds«.[1] Wie könnte man diesen Menschen besser beschreiben, der, konfrontiert mit den modernen, technischen, urbanen und industriellen Revolutionen, die ihre soziale Abmilderung und gerechte Verteilung noch nicht gefunden haben – zumal sich das damalige Russland keineswegs auf dem Weg zu einem sozialen Rechtsstaat befand –, ein solches Maß an materieller und immaterieller Unsicherheit nur sehr schwer – um den Preis seines Lebens und Gewissens – überwinden kann? So geht er in den Untergrund, kann diese unterirdische Wanderung aber wie ein Orpheus neuer Art überstehen.

In der Literatur am Ende des 19. Jahrhunderts werden die Antihelden geboren, die »Männer ohne Eigenschaften«, die Gewöhnlichen, Mittelmäßigen, Traurigen, die Waisen einer schönen Herkunft, die sich ebenso als Waisen der Zukunft fühlen, weil nichts sie zu Auserwählten zu bestimmen scheint. Sie sind gekränkt, furchtbar narzisstisch gekränkt, also geben sie sich ein »Recht auf Verbrechen«,[2] so wie Aragon später von einem »Recht, wild zu sein«,[3] sprechen wird. Es gibt noch einen anderen großen Autor, der das Durchwandern des Überdrusses zum Leitmotiv seines Werks machen wird. Jedes Buch von Huysmans zeichnet das Porträt eines Individuums, das von der Moderne eingeengt, von einer grauenvollen Mittelmäßigkeit umgeben, quasi ohne Transzendenz,

1 »Aufzeichnungen aus dem Untergrund«, 1864 in der Zeitschrift der beiden Dostojewski-Brüder veröffentlicht; zit. n. C. Nivat, »Preface«, S. XIII.

2 Ebd.

3 Louis Aragon, *Roman inachevé*, 1956. Siehe C. Fleury, *Les Pathologies de la démocratie*, das Kapitel »De la frustration à la violence généralisée«.

nach Sinn sucht und sich nur am Absurden reibt, mit kaum Freiheit und Talent, sich dessen zu bewusst ist, um fröhlich zu sein: »das gräßliche moderne Leben«, »der neumodische Amerikanismus in den Sitten«, »die Verherrlichung roher Gewalt«, »die Apotheose des Geldschranks« – man meint, eine Beschreibung der heutigen Welt zu lesen, die vom Merkantilismus und dem Spektakel histrionischer Machtverhältnisse fasziniert ist. Und natürlich die Anprangerung des »ekelerregenden Geschmacks der Massen«, der Ablehnung »jeden erhabenen Gedankens«, der Bemühung, »sich zum Übernatürlichen emporzuschwingen«, und das finale Urteil, das sogar der Literatur den Garaus machen könnte, die doch alles sublimieren kann: die Tatsache, »dem guten Stil abzuschwören«.[1] Huysmans erzählt davon, von den Qualen der Modernität und des unglücklichen Bewusstseins, wobei er immer mit der Bitterkeit flirtet, aber nie in das heraufbeschworene Ressentiment verfällt, sondern eher auf der Seite der Melancholie und des Überdrusses steht, einer Entmutigung, die kapituliert, auch wenn er sich mit der Ausrichtung auf den Stil weiter bemüht. Denn niemand kann die Qualität von Huysmans' Stil leugnen, die Tatsache, dass er beißend ist wie die Ironie, dass er die Niedrigkeit der Seele zielgenau beschreibt, dass er zuweilen den Reiz der Schönheit erfasst, dass er erzählt, dass das Individuum der Moderne nicht entkommt, als wäre sie eine Art schwarzer Tümpel. Der bloße Blick auf die Titel von Huysmans' Werken erlaubt zu begreifen, was er als Individuum und als Autor sucht: einen Ort, an den man sich zurückziehen kann, ohne dem Ressentiment zum Opfer zu fallen; kurz gesagt, einen Zufluchtsort. *Sac à dos* (dt.: *Unterm Affen*) erzählt von dieser Wanderung durch Krieg und Krankheit, *À rebours* (dt.: *Gegen den Strich*) macht sie endgültig unmöglich, *Là-bas* (dt.: *Die Schule der Satanisten*) versucht sie wieder, *En ménage* (dt.: *Trugbilder*) macht sie lächerlich. »Leben fern von

1 Joris-Karl Huysmans, *Tief unten*, übers. und hrsg. v. Ulrich Bossier, Stuttgart, Philipp Reclam jun., 1994, 1. Kapitel.

seinem Jahrhundert«,[1] das sollte man erreichen, aber auch das ist unmöglich. Das ist übrigens eine mit der heutigen Welt geteilte Wahrheit: Ein Zufluchtsort scheint unerreichbar, die Konnektivität – mit dem Ideal des »ohne Rest« – macht die physische Realität eines Zufluchtsortes technisch unmöglich. Natürlich bleiben die Symbolisierung und Sublimierung und die Möglichkeit, von da an überall einen Zufluchtsort zu schaffen, ja sogar die moralische Verpflichtung, da er technisch geprochen verboten ist. Huysmans lebte noch nicht in diesem riesigen Panoptikum, das wir heute haben, aber er zeigte, dass der moderne Geist bereits da war mit der Idee, einen neuartigen Imperialismus durchzusetzen, die Unterwerfung unter diese eine und einzige Raum-Zeit.

Wir erinnern uns an die genialen Zeilen, die eine Art Defekt anzuprangern schienen, obwohl sie zweifellos die einzige Art und Weise beschreiben, in der Welt zu leben, nämlich selbst in mehreren Zeitlichkeiten zu leben. Wir leben nicht im selben Jetzt, hatte Bloch geschrieben. Inwiefern ist das letztlich ein Übel? Gewiss, Seelen, die nostalgische Gefühle haben, befinden sich im Exil und können in Ressentiments verfallen; doch oft ist die Nostalgie ein Zufluchtsterritorium, eben ein Territorium, das ein »Jetzt« bietet, eine Raum-Zeit, in der die Illusion, gelassen leben zu können, aufrechterhalten bleibt. Es stimmt, dass die Nostalgie für sich selbst und für andere ziemlich unhaltbar ist. Sie erschöpft auch und isoliert, weil die Umgebung es leid wird, sie entweder zu verhindern oder ihr mit rationalen Argumenten zu begegnen, doch ist sie in erster Linie eine existentielle und emotionale Wahrheit, die nicht wirklich einen kontradiktorischen Dialog verträgt, und außerdem, seien wir realistisch, haben diejenigen, die die zeitgenössische Melancholie konstatieren, die Nostalgiker, keineswegs unrecht; sie wählen einfach aus den unzähligen enttäuschenden Tatsachen das aus, was ihre These stützt. Was Nostalgiker und Melancholiker vor dem Ressentiment schützt, ist, dass sie sich nicht

1 J.-K. Huysmans, Vorwort des Autors 20 Jahre nach seinem Erscheinen.

mehr sehnen, sondern bedauern, enttäuscht sind und eine illusorische Vergangenheit unmöglich vergessen können, aber das schützt sie letztlich, weil sie nichts von dieser Welt »begehren«. »Wie ein Eremit war er des Lebens überdrüssig und erwartete nichts mehr von ihm: reif zur Einsamkeit; und ebenso war er gleich einem Mönch unendlich matt; er wollte sich sammeln, nichts mehr gemein haben mit den Weltlichen, die für ihn die Utilitaristen und Dummköpfe waren.«[1] Huysmans beschreibt dies perfekt, den »Wunsch, nichts mehr mit den anderen gemein zu haben«, und nicht, wie der ressentimenthafte Mensch, den Wunsch, die anderen zahlen zu lassen, die ihm das Gefühl geben, von diesem Gemeinsamen ausgeschlossen zu sein.

Die Beziehungen zwischen dem Nostalgiker und der Moderne ähneln der von Durtal und Madame Chantelouve, die mit ihrem ganzen Begehren auf Letzteren springt, der sie so gut es geht zurückweist, fast entsetzt über die lüsterne Attacke: »Nein«, antwortete er, »unsere Interessen sind unmöglich in Einklang zu bringen; Sie wollen alles, und ich will nichts; besser, wir machen Schluß; unsere Beziehung würde sich in die Länge dehnen und in Bitterkeit und ewiggleichen Vorwürfen enden.«[2] Denn wo der Nostalgiker nichts mehr will, will die Moderne alles, sie will nicht aufgeben: Alles, was die Technik erlaubt, wird gemacht, der Wille zur Macht darf keine Grenzen haben, denn er erblickt darin eine irreparable Frustration, was sage ich, einen Angriff auf den Fortschritt, obwohl dieser doch auf der Seite der Vervollkommnung der Seelen steht und damit notwendig auf der Seite der Sublimierung der Grenzen und nicht ihrer Leugnung. Jeder versteht, dass es möglich ist, die Grenzen zu verschieben, zu prüfen, ob sie anderswo liegen, doch jeder versteht auch, dass die Moderne sich

1 Joris-Karl Huysmans, *Gegen den Strich*, übers. v. M. Capsius, Berlin u. Leipzig, Magazin-Verlag Jacques Hegner, o. J.

2 J.-K. Huysmans, *Tief unten*, 19. Kapitel.

nicht nur damit zufriedengibt und die Tatsache geltend macht, dass die Grenzen für den Menschen nicht strukturell sind.

Wenn die Literatur die Geschichte rettet, dann deshalb, weil sie häufiger einen möglichen Weg der Erlösung vor Augen hat, den Menschen im Untergrund, der dem Ansturm der Ressentiments widersteht, um schließlich den Weg der Reue und eines möglichen neuen Lebens zu wählen. Umgekehrt ist das, was eines Tages als Geschichte bezeichnet werden wird, oft der Schauplatz eines entfesselten Ressentiments, das sich als historische Kraft des Wandels versteht, obwohl es nur Trägheit und Feigheit ist, sich zu engagieren. Im Übrigen trägt die Geschichte sowohl den ressentimenthaften Trieb als auch die lange Zeit, die notwendig ist, um das Ressentiment zu »reparieren«. Nicht dass diese Reparatur endgültig wäre, aber die Geschichte gestattet die Entstehung von etwas anderem: Aus dem Ressentiment herauszukommen erfordert manchmal mehrere Generationen, wie die Psychoanalyse in ihrer Familienklinik sehr wohl weiß. Es bedarf mehrerer Generationen, um nicht mehr zu reproduzieren oder sich nicht mehr in der Falle der Konfrontation und Reaktion auf das zu befinden, was in der Familie und in dem kulturellen Umfeld, aus dem man stammt, produziert wurde. Zuweilen braucht es mehrere »Psychen«, um mit einer gewaltigen Verletzung fertigzuwerden.

Zweifellos würde Hegel hier eine mögliche List der Vernunft sehen – die niedrigste der menschlichen Leidenschaften zu benutzen, um die Geschichte zu verändern –, das ist jedoch eine »optimistische« Sichtweise, denn Hegel glaubt an den Sinn der Geschichte und an ihre unumkehrbare Entwicklung. Von daher dient jede Leidenschaft, sei sie groß oder klein, den Interessen der historischen Vernunft. Der postmoderne Geist teilt die idealistische Sicht des Hegel'schen Denkens nicht, das jedem Ereignis einen Platz in dem großen Ganzen der Geschichte verschafft. Nicht jede Phase der Geschichte hat die gleiche Rolle oder das gleiche Gewicht für den zivilisatorischen humanistischen Aufstieg. Große kollektive ressentimenthafte Momente lösen Reaktionen aus, die zu einer Rückwärtsbewegung führen, von der man sich nur schwer erholen kann. Und schon gerät die Geschichte in ihrem progressiven Verständnis ins Stocken. Die Erlösung, die eher aus der Literatur bekannt ist, sollte häufiger in der »realen« Welt der Gesellschaft auftauchen, als eine Art Zeichen »großer Gesundheit«, anders gesagt, als Fähigkeit der Gesellschaft und der Individuen, aus denen sie sich zusammensetzt, zu erfahren, was dieses »unterirdische« Gefühl bedeutet, aber gemeinsam Ressourcen zu finden, um dem Abgrund zu trotzen. Krank werden und wieder aufstehen, sagte Canguilhem. Hier sind wir. Die Qualen des Ressentiments durchleben, aber nicht der Tatsache erliegen, dass man daraus einen historischen, heraufbeschworenen Moment machen kann, der in einen Krieg oder in die Abneigung gegen andere münden kann, mit den klassischen Folgen, die wir kennen.

Ich wünschte, ich hätte die drei Hier-liegt-begraben – das Bittere (*l'amer*), die Mutter (*la mère*), das Meer (*la mer*) – besser voneinander trennen können; aber das scheint unwahrscheinlich, so sehr sind die Dynamiken miteinander verwoben, antworten aufeinander, bürgen füreinander und korrigieren sich. Gegenüber dem individuellen und kollektiven Ressentiment ähneln sich die Gegenmittel: die Frage der materiellen Sicherheit oder, besser gesagt, einer kontrollierten materiellen Unsicherheit, welche die emotionale Unsicherheit nicht zum Überborden bringt. Der Sinn des politischen, sozioökonomischen Kampfes ist, ein Umfeld zu schaffen, das möglichst wenig Angst auslöst und das sich als eine mögliche unterstützende Struktur darstellen kann, insofern es zwar nicht vorsätzlich unterstützt, aber auch nicht die Unmöglichkeit jeglicher emotionalen Unterstützung hervorruft. Die Materialität kann nicht das Ganze sein. Sie ist es zwar oft, verweist aber trotzdem auf eine minimale Struktur, die erlaubt, nicht jedes Phänomen der psychischen und physischen Absicherung in Frage zu stellen. Insofern reicht die »materielle« Unterstützung allein nicht, um Ressentiments zu vermeiden, da der unregulierte Affekt auf die Seele eine tiefere Wirkung haben kann. Pierre Bourdieu hat dies erkannt, indem er zwischen dem positionsbedingten Elend und dem situationsbedingten Elend unterschied. Während Zweiteres auf einer objektiven Tatsache beruht, verweist Ersteres auf den erahnten Abstand, den Vergleich mit dem anderen, der mich verhöhnt, das Gefühl der Nichtanerkennung und Demütigung, das Gefühl, nicht das zu haben, was mir »zusteht«. Das positionsbedingte Elend ist das perfekte Terrain für die Entfaltung individueller und kollektiver Ressentiments, wenn nichts unternommen wird, um es zu lindern. Unabhängig von der materiellen und wirtschaftlichen Unterstützung gibt es die symbolische »Unterstützung«, die Fähigkeiten zur Symbolisierung und Sublimierung des Subjekts, um seine eigenen ressentimenthaften Entgleisungen zu überwinden. Dazu bestehen mehrere Möglichkeiten: die *vis comica*, die eine Umkehrung der Angst und eine Unempfindlichkeit für die Stiche trauriger und tödlicher Gefühle erlaubt. Die *vis comica*, der ein kommendes Buch gewidmet wird, schläft seit zwanzig Jahren in ihrer Schublade, sie muss endlich erwachen. Andere erkundete Wege sind die des Stils und des Werks, man könnte von *Poiesis* sprechen, jenem Akt des Machens und Denkens, jenem Akt, der zuweilen an die Kunst oder das Know-how grenzt; und dann gibt es natürlich noch den Weg der *Philia*, im weitesten Sinne des Wortes, der Tugenden der Liebe und der Freundschaft. Diese verschiedenen Gebiete bieten Möglichkeiten der Sublimierung und Symbolisierung, die absolut entscheidend sind, um dem Groll zu entgehen. Sie gestatten zwei Dinge: die Schaffung einer gemeinsamen Welt und die Ich-Erweiterung.

Manche könnten der Meinung sein, dass »Hier liegt die Mutter begraben« weniger berücksichtigt wurde. Dem ist nicht so. Es war bereits Gegenstand eines Buches über das *pretium doloris*, über das Risiko des Wahren, der Trennung vom eigenen Urteilsvermögen, der Trauer um die kindliche Bitte um Schutz. Der Ausgang aus der Unmündigkeit, hatte Kant geschrieben. Die Mutter ist auch das, was Winnicott als primäre mütterliche Sorge bezeichnet hat, oder wie ein Elternteil zu einer Ressource wird, die diese Welt stützt, wie er durch seine Fürsorge, die mit einer imaginativen Entwicklung gleichgesetzt wird, die Entstehung der Individuation beim Kind begleitet. Winnicott hat oft erzählt, wie er selbst zum Psychiater wurde. Geschichte wird, wie wir wissen, immer im Nachhinein geschrieben, doch ist es nicht ohne Bedeutung, dass Winnicott diese Erzählung wählte, um seine eigene Bekehrung zur Pflege, anders gesagt die Geburt seiner Berufung, zu beschreiben. »Meine Mutter weint unter dem Baum, weint, weint, weint. So lernte ich sie kennen, als sie eines Tages auf ihre Knie hingestreckt war, so wie heute auf dem toten Baum. Ich lernte, sie zum Lächeln zu bringen, ihren Tränen Einhalt zu gebieten, ihre Schuldgefühle aufzuheben und ihren inneren Tod zu heilen. Sie wiederzubeleben, ließ mich leben«, schreibt Winnicott in seinem Gedicht »The Tree« (1963). Sich zu trennen ist nicht auf die bloße physische Trennung zu reduzieren, sondern zeugt von der Fähigkeit zur Symbolisierung, zum Beispiel etwas daraus zu machen, dem unendlichen Schmerz der Mutter, ihrer Depression, obwohl man ein Kind ist und es zu schwer ist. Diese Schwierigkeit nicht zu leugnen, sondern zu lernen, mit ihr zu wachsen und ihr zu entschweben, die richtige Distanz zu finden, um ihr und vor allem sich selbst und anderen Sorge angedeihen zu lassen, denn der Wiederholung muss Einhalt geboten werden. Hier liegt die Mutter begraben, das ist die erste Trauer und der Verzicht, den man aufbringt, um erwachsen zu werden, die Tatsache, den Rilke'schen Anspruch der Offenheit zu bewahren, auch wenn sich bestimmte Wege verschließen, die der Kindheit eigen sind. Man muss diese so sichere Welt verlassen, in der alles möglich ist und nichts verwirklicht werden muss, in der man sich alles vorstellen und erhoffen kann und alle sich – mit einem seligen Lächeln – mit dieser reinen Potentialität zufriedengeben. Die Welt der Kindheit, die Welt der Erwachsenen, die dem wunderbaren Kind zugewandt ist, das alle narzisstischen Brüche repariert, indem es einfach nur ist, nichts weiter. Aber diese Sache ist nicht von Dauer, weder für das Kind noch für die Erwachsenen. Denn Ersteres kann von dem »wohlmeinenden« Ausmaß der elterlichen Allmacht verschlungen werden oder, schlimmer noch, daran Gefallen finden. Auch davon muss man sich trennen und eine andere Form des Offenen erfinden, die schon mit dem *pretium doloris* erfasst ist, einen Fuß in das Risiko und den Tod setzen, aus dem großen Trugbild der reinen Potentialität ausbrechen und nicht allzu ernüchtert sein. Hier liegt letztlich das Ich-Ideal begraben, das, selbst wenn es liebevoll ist, von anderen vermittelt ist – und von da an beginnt man, ein Selbst zu formen.

»Hier liegt begraben« soll heißen, man hat es hinter sich, es ruht, in Frieden, aber nicht ausschließlich; einem teilweisen Frieden. Ist es begraben, überwunden, verdrängt, sublimiert, ich weiß es nicht, aber es ist hinter einem, mit dem Anspruch, sich nicht zu wiederholen, nicht in der unfreiwilligen Wiederholung steckenzubleiben. Es geht nicht darum, sich dem Unbewussten zu widersetzen; sondern einfacher darum, mit ihm zu spielen, seine Windungen zu verstehen und sich nicht vom Lockruf des Dunklen verführen zu lassen, wenn es denn ein solcher ist. Wir sind Genesende, wie Nietzsche mit Blick auf Zarathustra schreibt,[1] jenem Mann, der dem Ressentiment schwacher Geister widersteht, die zutiefst »krank« sind, aber nicht die Absicht haben, gesund zu werden. Ist man noch »krank«, wenn man sich weigert, sich als solches zu bezeichnen, wenn die Vorstellung der Heilung unpassend und herabsetzend erscheint? Im Unterschied dazu befindet sich der Genesende auf halbem Weg zwischen der zu überwindenden Krankheit und der noch zu erringenden Heilung. Er hat es durchgemacht. Er hat die Anstrengung des Durchmachens auf sich genommen, und zwar genau dessen, was ihn peinigt, nämlich ein

1 Friedrich Nietzsche, *Also sprach Zarathustra* (1883), in *Sämtliche Werke. Kritische Studienausgabe*, hg. v. Giorgo Colli u. Mazzino Montinari, München u.a., Deutscher Taschenbuch Verlag u. Walter de Gruyter, 1980, Dritter Theil, Der Genesende.

»abgründlicher Gedanke«. »Hier ist Donners genug, dass auch Gräber horchen lernen«, deklamiert Zarathustra und stellt sich dem Angriff des Nichts, das ihn dahinraffen könnte. Der Angriff ist echt: »Ekel! Ekel! Ekel!« Zarathustra bricht wie ein Toter zusammen. Und dann, hier liegt das Bittere begraben, steht Zarathustra wieder auf, nimmt einen Apfel in die Hand, riecht und schmeckt ihn, und die Zeit, sich mit der Welt zu unterhalten, kommt wieder. Nietzsche hat dann eine wunderbare Formulierung für die Sublimierung, von der wir von Anfang an gesprochen haben, die uns zum Verlassen der Höhle befähigt, die sich von ästhetischen Erfahrungen ernähren kann und unserem Leben das Gefühl von einer Existenz verleiht, die dieses Namens würdig ist. Wie? Welchen Weg schlägt Zarathustra vor? »Alle Dinge wollen deine Ärzte sein«,[1] anders gesagt, wenn Zarathustra der ihn umgebenden Phänomenologie Gehör schenkt und sie aufnimmt, wenn er mit der Natur verschmilzt, wird die Welt »gleich einem Garten« sein. Wenn er es versteht, sich wie Orpheus von den Schleiern der Natur zu ernähren – den Schleiern der Isis, wie Hadot sagte –, das Geheimnis des Lebendigen zu leben und nicht von seiner Größe erdrückt zu werden, sondern sich einfach seines *Tremendums*[2] bewusst zu sein, wenn er lernt, dies zu tun, dann wird sich seine Seele erhöhen, dem Universum gleichen und die Endlichkeit transzendieren, nicht indem sie sie leugnet, sondern indem sie fähig ist, sie zu sublimieren und die Theorie von der ewigen Wiederkehr zu entfalten.

Es ist klar, dass *amor fati*[3] eine Theorie des Anti-Ressentiments

1 Ebd.

2 Das *Tremendum* ist wörtlich übersetzt das »heilige Schaudern«, das für die Erfahrung des Erhabenen und des (göttlichen) Erschauerns typisch ist.

3 *Amor fati* (wörtlich »Liebe zum Schicksal«) ist Nietzsches ethische und metaphysische Theorie, die besagt, dass sich Zarathustras Weisheit auf die Fähigkeit stützt, die Zukunft zu lieben, sie als Kraft des Lebendigen und Wirklichen zu begrüßen.

ist, insofern es darum geht, alles, was auch immer es ist, so zu begehren, dass es ewig wiederkehren kann, mit der ganz nietzscheanischen Herausforderung, eine kreative Wiederholung zu erfinden. »[...] Alles bricht, alles wird neu gefügt; ewig baut sich das gleiche Haus des Seins. Alles scheidet, Alles grüsst sich wieder; ewig bleibt sich treu der Ring des Seins«.[1] Auf der anderen Seite gibt es diejenigen, die das Werden verletzt, indem es ihnen das Gefühl gibt, Opfer zu sein. Es gibt die »Taranteln«,[2] die Nietzsche beschreibt, um die verabscheuungswürdige Natur eines Menschen zu erfassen, der dem Zwang zur Rache unterliegt und dem es nicht gelingt, aus der »Lügen-Höhle« herauszukommen, die seine »Wuth« und seine Rachsucht darstellen. Die Fähigkeit des Menschen, sein Ressentiment zu besiegen, hat natürlich etwas Odyseeisches, auch wenn es nicht darum geht, den Weg von Odysseus zu wiederholen. Aber es gibt hier durchaus ein Epos, nämlich das der Bitternis, die sich in das Meer verwandelt. Man muss Pounds *Cantos* lesen,[3] auf die Gefahr hin, dass einem schwindlig wird, weil die Sprache so flirrend und die Polyphonie so groß ist. Ein großartiges Buch über die Sublimierung und Fahrt durch die kollektive und individuelle Geschichte. »*Und gingen hinunter zum Schiff / Kiel gegen Brecher gestellt, Bugspriet aufs heilige Meer / Und wir holten Segel und Rah an auf jenem schwarzen Schiff*«. So beginnt die Reise: der gleiche Ruf des offenen Meeres wie bei Melville; die gleiche Dunkelheit von einem Bewusstsein, das weiß, dass es sterben kann, und das dieses Risiko zweifellos eingeht, um dem noch sichereren Tod zu entgehen, wenn es am Kai bleibt. Also sticht das schwarze Schiff in See.

Man muss *Die Cantos* auch lesen, weil es die Affinität zum Faschismus gibt. Innerhalb des Werks zeichnet sich so – wie immer –

1 Ebd., S. 272.
2 Ebd., S. 128.
3 Ezra Pound, *Die Cantos*, zweisprachige Ausgabe, übers. v. Eva Hesse u. Manfred Pfister, Zürich, Arche, o.J.

die Notwendigkeit ab, sich vom Autor zu distanzieren. Pounds Stil ist ein ständiger Kampf, von einer Feder, die sowohl von ihren Qualen als auch von ihrer Begeisterung erfasst wird, von ihrem Willen zur Erneuerung, zu einer Quasi-Auferstehung der Seele und des Volkes, doch man spürt stets die heraufziehende Bitterkeit, die mögliche Verkehrung ins Ressentiment, wobei der Stil vor dem endgültigen Fall rettet. Die *Pisaner Cantos* beschreiben zweifellos diesen Geisteszustand, der hart gegen sich selbst und andere ist, hart und poetisch, hart und doch manchmal in seiner Härte nachgiebig: »›Beherrsche dich, dass andre dich ertragen.‹ / Lass ab von Eitelkeit / Du bist im Hagel ein geschlagner Hund [...] / Lass ab von Eitelkeit / Wie klein dein Hass / Genährt von Falschheit / Lass ab von Eitelkeit«.[1] Und vor allem der Schluss, der aufklärt, was lange Zeit im Diskurs vernebelt war, wie ein Aufbäumen, eine Ode an die Menschlichkeit, an das Werk vor allem, an das vereinte Tun und Denken. Denn bei Pound gibt es den Traum von der Verbindung von Sagen und Tun, von dem Namen und dem Handeln, von *Praxis* und *Poiesis*. Pound zitiert hierzu immer wieder den chinesischen Ausdruck *zhengming*, den man mit »die Namen berichtigen« übersetzen kann. »Der Ausdruck stammt aus den *Gesprächen des Konfuzius* und bezeichnet die Idee der Übereinstimmung von Name (*ming*) und Realität (*shi*). Laut Konfuzius »verdient es nur ein Herrscher, der sich gemäß dem Prinzip des Herrschers verhält, Herrscher genannt zu werden«.[2] Diese Pflicht zur Rektifizierung der Namen zeigt den Weg der Moral, die er zu etablieren versucht, die Kohärenz von Sein und Sagen, die äußerste – unmögliche – Herausforderung, die sinnliche und die symbolische Ordnung vollständig in Übereinstimmung zu bringen, zu bewirken, dass der Name vollständig in einem Körper verkörpert wird und dass dieser Körper seine

1 Ezra Pound, *Die Pisaner Cantos*, in *Die Cantos*, Canto LXXXI, S. 815.

2 Formulierung von Anne Cheng in Jonathan Pollock, »Éclatement et dissolution du sujet dans *Les Cantos* d'Ezra Pound«, *Revue Silène*, 2008.

Arbeit tun kann, ohne sich zu dissoziieren. Dieser Traum von der Entität, vom Nichtvorhandensein eines Rests, ist sehr typisch für absolutistische, hier genauer gesagt faschistische Gedanken, so als gäbe es gegenüber der Unreinheit des anderen für sich den Traum von der Reinheit. Glücklicherweise reihen sich die *Cantos* aneinander und spinnen ein Gewebe, das komplexer ist, als es scheint, und schlagen sich schließlich auf die Seite des Unreinen, dessen, was getan und versucht werden kann, auch wenn es nicht perfekt ist oder seinen Zweck verfehlt. Das Meer kann auch im Schiffbruch zum Ausdruck kommen. Das ist auch tatsächlich die Figur, die Pound verwendet, um die Wahrheit seines Seins zu sagen.

> Doch dass man tat statt nicht zu tun
> dies ist nicht Eitelkeit
> Mit Anstand an die Tür gepocht zu haben
> Dass ein Blunt sie öffne
> Zu lesen aus der Luft lebendige Überlieferung
> und aus dem Greisenaug die unbesiegte Flamme
> Dies ist nicht Eitelkeit
> Der Fehler liegt im Nicht-Tun
> und in dem Kleinmut, der nichts wagte …[1]

Das ist keineswegs ein Angriff auf das Zittern der Verwundbaren, sondern eine Anprangerung derer, die zittern und sich mit der Feigheit abfinden, die sie zudem nicht mehr wahrnehmen, die sich entscheiden – dieses Wort passt nicht –, die sich »entscheiden«, nichts zu tun. Um die Anziehungskraft zu verstehen, die Mussolini auf Pound ausübte und die Pounds Mangel an Unterscheidungsvermögen zeigt, muss man sein Denken analysieren, das letztlich naiv ist, was das Wesen des vermeintlich großen Mannes betrifft, aber sehr wachsam, was die mögliche Ergreifung der Macht

1 Ebd., Canto LXXXI.

durch Oligarchen angeht: »Ihr fürchtet die Macht eines einzigen Mannes, ich die Macht einiger weniger.«[1] Pound gehört zu jenen Dichtern, die an die Allianz zwischen dem »großen Mann« und dem Volk glauben, als ob beide sich gegenseitig retten könnten. Eine sehr idealistische Sicht, die an die Realität der menschlichen Psychen stößt, sich im Laufe der Jahre und der *Cantos*, des Schreibens und des Lebens, des Exils und des Irrenhauses – Pound wurde 13 Jahre interniert und wegen Hochverrats angeklagt, weil er ein glühender Verehrer des Faschismus war – schließlich legt, da ihm die Augen aufgehen. In der großen Bewegung der *Cantos* erkennt er diesen Irrweg und bittet um Vergebung: »Ich habe meine Mitte verloren / da ich antrat gegen die Welt. / Träume prallen aufeinander / und zerschellen / und dass ich mich machte an ein *Paradiso* / terrestre. [...] Lass die Götter mir nachsehn, was ich / hervorgebracht / Lass die, die ich liebe, mir nachsehen, was ich / hervorgebracht.«[2] Der Schiffbruch als bildliche Darstellung der zum Meer gewordenen Bitterkeit, der Schiffbruch, um seinen Fehler und den der Welt auszusprechen, nicht um ihn zu leugnen, um, nach zwei Weltkriegen und der Katastrophe des Verbrechens gegen die Menschlichkeit, die Geburt Europas anzukündigen. Wir haben es mit Jankélévitch gesehen: Mit Europa wird das Unverjährbare geboren. »Wie die einsame Ameise aus dem verheerten Ameisenhaufen, / aus Europas Zerrüttung, ego scriptor.«[3] Wenn Pound als Figur interessant ist, dann auch weil er eine psychotische Dimension offenbart – inwieweit ihn das Irrenhaus vor einem Gerichtsverfahren wegen Hochverrats geschützt hat, ist alles andere als einfach zu beantworten. Doch reicht die Lektüre der *Cantos*, um zu verstehen, dass wir es hier mit einer Sprache zu tun haben, die um ein Werk und um Gesundheit ringt und den Windungen einer kranken, verletzten Seele

1 E. Pound, *Cantos américains*, in *Die Cantos*, S. 431.
2 E. Pound, *Entwürfe und Fragmente*, in *Die Cantos*, S. 1185.
3 E. Pound, *Die Pisaner Cantos*, Canto LXXVI, S. 721.

folgt, die ihren Enthusiasmus wiederkäut wie andere ihren Hass. Sie ist auch fiebrig, unruhig und unverständlich. Diese Sprache verliert uns, uns Leser, und nicht nur das Individuum Pound.

Jedem würde es zweifellos gefallen, dass die Kunst der Sublimierung mehr bietet als den Appetit auf Bitterkeit. Das kommt vor, denn es gibt immer noch nie dagewesene, unerwartete Erscheinungen. Die klinische Funktion der Sublimierung erlaubt, das, was Reich als Sexualökonomie oder noch einfacher als Sexualleben bezeichnete, anders zu betrachten. Es knüpft direkt an die Freud'sche libidinöse Investition an und zeigt, wie das Individuum durch Symbolisierung und Sublimierung den Bereich der libidinösen Investition vergrößert und den Wunsch verstärkt, die Welt kennenzulernen und seine Lebenskraft in den Dienst eines höheren Ideals zu stellen. Ausweitung des Bereichs des Kampfs, sagen manche, Ausweitung des Bereichs der libidinösen Investition: Die Sublimierung ist de facto eine Theorie des Handelns und Begehrens, bei der eine Ethik der Anerkennung bei sich selbst und bei anderen zum Tragen kommt. Bei diesem Geschmack an der Bitterkeit besteht ein Bewusstsein für die unheilvolle Unruhe der Welt und die Fähigkeit, Widerstand zu leisten, manchmal durch das Engagement, manchmal durch die *vis comica*, manchmal durch Ausreißen, ja sogar Flucht, Ausbruch, »Draußensein«. Regelmäßig nicht da sein, nicht mehr da sein. Die Fähigkeit zur Tarnung.[1] Das Territorium der Literatur ermöglicht, sämtliche

1 Mit Antoine Fenoglio entwickele ich genau diese Kunst der Tarnung unter dem Begriff »verstohlen« (im Original auf Deutsch, Anm. d. Übers.), oder wie man eine unentdeckbare Grundlage herstellt, eine Dauerhaftigkeit, die eine Institution darstellt, die den Individuen eine Rückversicherung in Form von etwas verschafft, »was (uns) nicht gestohlen werden kann«. Siehe »Quel dessein pour la régulation démocratique?«, C. Fleury-Perkins u. Antoine Fenoglio, Seminar *Design with Care*, Conservatoire national des arts et métiers, chaire Humanités et Santé, 13. November 2019, in »Le design peut-il aider à mieux soigner? Le concept de *proof of care*«, *Soins*, Nr. 834, April 2019.

Ressentiments zu sublimieren und gerade die Bitterkeit der Dinge, Wesen und Ideen zu schätzen. Aber es gibt auch nichtliterarische symbolische Territorien, die uns die »Kunstfertigkeit« geben können, die wir brauchen, um nicht unterzugehen. An der Bitterkeit Geschmack zu finden, diese Fähigkeit zu entwickeln, hilft uns, zu Vermessern der Welt zu werden. Weil wir diesen Geschmack nicht fürchten, weil wir ihn zu schätzen wissen, erhöht er die Dichte der Welt, sagen wir vielmehr: unsere Vorstellung von der Welt.

Der Geschmack an der Bitterkeit ist auch eine Form der Heilung vom Ressentiment.

Namenregister